中证中小投资者服务中心
CHINA SECURITIES
INVESTOR SERVICES CENTER

投资者

INVESTOR

第3辑
（2018年7月）

郭文英　徐　明　主编

法律出版社
LAW PRESS·CHINA

投资者

INVESTOR

卷首语

2018 年 4 月 27 日，中国人民银行、中国银行保险监督管理委员会、中国证券监督管理委员会（以下简称证监会）和国家外汇管理局联合发布了《关于规范金融机构资产管理业务的指导意见》（银发〔2018〕106 号），业界将该文件称为“资管新规”。“资管新规”提出不刚兑、不保本保息、净值化管理等制度促使行业规范发展，对投资者来说是一种积极保护，进一步加强了投资者保护工作力度。本辑的政策解读栏目结合《上市公司治理准则》对该文件进行研究探讨，后面部分开展对公司治理、中小投资者权利保护的事后救济制度模式构建等内容的讨论。同时继续坚持实践性、探索性、前瞻性的研究态度，围绕中小投资者保护工作这个核心，吸纳法学家，金融、经济界名家，业内一线从业人员和研究人员共同为推动中小投资者保护工作建言献策、深入探讨与研究。本辑共分为 6 个栏目，共收录了 15 篇文章以飨读者。

【政策解读】收录了 2 篇文章。

刘燕的《资管计划的结构、功能与法律性质——以券商系资管计划为样本》是以券商系资管计划为样本来分析资管计划的法律性质，简要描述“大资管”在整个金融市场中的定位，回顾我国券商系的资管计划前身——委托理财时代的交易、规则以及风险暴露与处置，并梳理“大资管”时代资管计划的结构及功能的扩张。在此基础上，对信托、委托等法律标签如何与资管计划对接提出一些初步想法。

林雨晨的《上市公司治理准则最新修订：积极推动机构投资者参与公司治理实践》是就中国证监会最新发布的《上市公司治理准则（征求意见稿）》新增的机构投资者章节这一重大修订变动为契机，从公司治理与股东权益保护的相关理论溯源入手，探讨成熟市场股东积极主义的兴起和壮大历程，深入剖析我国机构投资者参与公司治理的现状和问题，归纳了《上市公司治理准则（征求意见稿）》中新增内容的亮点，并提出了对机构投资者推动公司治理实践的未来展望和建议。

【理论探究】收录了3篇文章。

汪青松、肖宇的《差异化股权制度东渐背景下的中小股东保护》认为,差异化股权制度从欧美到亚洲逐渐发展起来。近年来,作为亚洲主要资本场所的中国香港特别行政区和新加坡也都开启了拥抱差别化股权制度的变革之路,并相继在2018年4月和6月实施了最新的上市规则,允许采用了双重类别股权构造的公司上市,以顺应新经济公司在公司治理上的特殊性。这种变革趋势能够给我国公司法和证券法的发展带来有益的启示和借鉴。但同时,差异化股权构造对中小股东利益的影响也是双面向的,由此就需要采取有效的措施来加强对采取差异化股权构造的公司中的中小股东利益的保护。

蒋大兴、薛前强的《股东大会授权董事会的法理分析——基于理论与实践的双重解读》认为"股东大会授权董事会问题"横跨两个公司治理视域——既包含两个机构(股东会与董事会)权力的初次配置,也包含股东大会将其所获权力再度交由董事会行使这一"转赋权"。文中梳理公司权力分配的历史生长脉络,从商业实践与司法裁判两个层面还原授权问题的具体实证纹路与可能的冲突,并为问题之解决提供些许建议。

张钦昱的《我国公开征集投票权规范性研究》认为,我国公开征集投票权制度存在诸多缺陷,难以体现公开征集投票权维护中小股东合法权益的制度价值。完善我国的公开征集投票权制度,应当从立法着手,立足我国法律缺位、实践不足的现状,可以借鉴域外有关公开征集投票权的经验,明确我国公开征集投票权的主体资格,尤其是要赋予非直接利害关系人公开征集投票权主体资格。此外,还要完善公开征集投票权中的信息披露机制。

【市场实务】收录了4篇文章。

罗荟的《投服中心民事赔偿诉讼方式研究》在对比研究域外群体性纠纷解决模式后认为,中证中小投资者服务中心有限公司采用示范诉讼模式能有效解决证券市场的民事赔偿问题,同时其也具备提起示范诉讼的正当性基础,可以构建具有中国特色的示范诉讼模式。

杜勇波、张海洋的《对"抢帽子"市场操纵行为的认识与反思——由一起"黑嘴"案引发的思考》进一步厘清"抢帽子"市场操纵行为的实质内涵、构成要件。文章从一起案例谈起,对"抢帽子"行为的实质属性、构成要件、立法的完善及证明路径进行了论述，提出了相应的观点。

谢刚凯、张永卫的《上市公司并购重组现状及趋势分析》通过分析中国证监会第六届上市公司并购重组审核委员会审核项目的情况，尤其是审核未获通过项目情况，着重分析上市公司并购重组审核关注点、支持的领域和发展趋势。

林蔚然、刘畅、汪哲、陈建桦的《证券交易所现场检查制度的相关问题研究》在新修订的《证券交易所管理办法》中明确了证券交易所的一线监管职责并赋予其对上市公司等市场参与主体进行现场检查的权力的契机下，通过对交易所现场检查相关规定以及监管实践的梳理，在借鉴境外经验的基础上，对交易所现场检查的制度基础提出了进一步的完善意见。

【投教园地】收录了 3 篇文章。

杨柯、李绚的《上海期货交易所投资者教育产业服务实践与发展》结合期货市场 20 余年来与实体经济共生发展的历程，阐述上海期货交易所多年来坚持以服务实体经济为宗旨，在产业服务方面的实践和探索。近年来，为培育机构投资者，优化市场结构，上海期货交易所面向产业客户推出“风险管理研讨班”，并逐步形成面向不同受众、各具特色的“期货大讲堂”系列投资者教育品牌，帮助解决制约企业利用期货市场面临的市场环境、管理水平和人才培养等因素，从产业服务实践出发，探讨投资者教育的模式。

刘飞烨、潘琼的《湘财证券投资者教育实践与探索》指出了投资者教育工作的必要性。随着市场的不断发展，创新成为常态，将会有越来越多的新产品、新业务、新业态出现，证券公司不但要充分了解市场上的产品，更要对投资者的需求具有深入了解，通过更加专业的服务提升投资者满意度，拓宽投教工作思路，使投资者权益得到最大程度的保护，让证券公司和投资者获得双赢的局面，使整个市场迎来更加健康的发展。

沈宇锋的《资管新规监管背景及逻辑》以宏观外部视角，通过梳理分析新规出台的背景因素，帮助大家解读新规背后的监管逻辑，以便更好地理解和把握新规，并希望在此基础上对实际的资管业务有所指导和借鉴。

【案例探析】收录了 2 篇文章。

张巍、邓峰的《公司章程的多层次审查：投服中心的初始贡献》认为，公司章程自治日益成为一个理论问题，其合规性和正当性审查，也日益并且应当成为资本市场、证券监管和公司法律研究的重点问题之一。无论是公司登记机关、产业监管部门还是证监会、证券交易所、法院,还是以法定公益股东为定位的中证中小投资者服务中心有限公司,也都面临这一问题的挑战。诸如控股股东滥用股权、小股东权利保护等重大命题都与章程审查密切相关。文章对章程审查的必要性、现有审查的法律体系和层次进行了总结,结合中证中小投资者服务中心有限公司已开展的工作,对所有上市公司章程梳理的初步结论进行了阐释,并对未来的工作进行了展望。

范雪飞、连环的《从两个调解案例看上市公司虚假陈述民事诉讼前置条件之缓和》认为,当下正是前置条件将取消而未取消的过渡时期,应当立足于前置条件的证据本质,将前置条件的范围进一步放宽,所有已经生效的,能够初步证明行为人实施了证券虚假陈述行为的,相关国家机关、社会团体或者虚假陈述行为人做出的,书面形式的表面证据(prima facie evidence)都应当被纳入前置条件中。其不仅几乎涵盖了全部或者至少涵盖了绝大多数情形下人们能够证明行为人实施了虚假陈述行为的表面证据,同时还符合民事诉讼法对起诉基本事实的要求,而且还满足了证券市场证据的专业性和技术性要求,最大限度地达到了对保障投资者的诉权、证券市场稳定、证据专业性以及遵守民事诉讼法的兼顾。

【域外译丛】收录了1篇文章。

该部分包含了《德国〈投资者示范诉讼法〉译文》,在考虑中小投资者团体诉讼构建模式时,德国的示范诉讼模式提供了一个可供参考的思路,而在构建我国本土化的团体诉讼模式制度时,应该从三个维度来考量:诉前,包括案件范围、原被告的明确、管辖权等;诉中,包括民事赔偿案件的损害计算、证据认定的效力等;诉后的执行程序,明确保护中小投资者权利的路径。

目　录

政策解读

理论探究

市场实务

投教园地

CONTENTS

Investor Education

Case Study

Overseas Observation

I 政策解读

INVESTOR

资管计划的结构、功能与法律性质

——以券商系资管计划为样本

刘　燕*

摘　要:对资管计划法律性质的争议已久,“委托 vs. 信托”难分伯仲。其原因既有分业监管的法律框架对民商法定性的干扰,也有概念层面的辩论与实践脱节的局限。以券商系资管计划为样本,可以发现,在定向资管计划、集合资管计划、优先 – 劣后的结构化资管计划、专项资管计划的名义下,券商系资管计划覆盖了从结构融资到受托投资管理的各类金融活动,发挥了资产管理、融资借贷、融资担保等不同功能,还通过对接与嵌套参与了我国影子银行的形成。“受人之托、代人理财”背后蕴含的“合同自治”成了资管计划基因突变的民商法基础,而证券监管规则通过设置受托人义务和受托财产安全的底线,维系着资管市场的基本秩序,并曾经在系统性风险出现时以国家信用兜底。“信托 vs. 委托”之争难以触及商业实践的真正痛点,但信托说的历史功绩不容否认。当资管回归本源后,应在构建一个完整的资产管理法律框架的同时,明确受托管理人信义义务的具体内容。

关键词:资管计划　大资管　信托与委托之争　系统性风险

一、问题与研究进路

本文的目的是探讨资管计划的法律性质。“大资管”包括银行理财、信托计划、券商资管、基金专户、期货资管、保险资管等各种业态,既具共性,也有差异。笔者选择以券商系资管计划为样本进行研究,主要有以下几点考量。

---

* 北京大学法学院教授。

第一,券商系的资管计划是我国资管业态发展的起点,也最早被直接命名为“资产管理”。同时,券实践中商系资管的交易模式最丰富,既涉及投资人端,也涉及融资人端,可谓贯穿了整个投融资业务链条,最具代表性。当然,各金融子行业的资管都各具特色,商业逻辑也略有差异,[①]但交易模式与功能基本上都没有超出券商系资管计划的范围。

第二,之所以看重交易模式,是因为它是对资管计划进行法律定性的前提与基础。资管计划法律性质的争议几乎与我国资管业20年的发展如影随形,在旷日持久的“委托 vs. 信托”之争中,学界的主流观点旗帜鲜明地持“信托”说。然而,法律上的定性离不开法律概念,但我们所使用的法律概念大多是近二三十年从域外借鉴过来的,不少概念的内涵与外延在学者中并无共识。更关键的是,我国金融市场发展阶段、商业交易模式与域外不完全相同,作为舶来品的法律概念与规则有时很难与之对接。本质上,金融交易是商业操作与法律(合同与监管)规则的一体化,这一理念被国内学者表述为“金融交易的三位一体”,[②]域外则称之为“金融的法律理论”。[③] 因此,相较于从法律概念出发给商业实践贴标签,本文更愿意首先关注资管计划的交易结构和功能。当交易操作细节都明晰了,法律定性或许也就不能成为一个争议问题了。

第三,正如业界人士所指出的,本次“资管新规”更多地是解决中国特色的影子银行问题,核心是银行的违规信贷业务对大资管渠道的充分运用或滥用,它与域外典型的资产管理并非一码事。[④] 的确,资管新规引发最大反响的是在银行理财领域,但焦点并非银行理财的法律定性问题或“委托 vs. 信托”之争,而是银行业务的影子化带来的系统性风险及其化解。而券商系资管业务在发展的前10年中就出现了系统性风险问题。从某种意义上说,近年来“大资管”的快速发展、风险积聚以及当下严厉的监管风暴,都可以在券商系资管计划中找到前车之鉴。

---

① 关于银行理财,参见柳灯、杨董:《银行理财十年蝶变》,经济管理出版社2015年版,第57~88页;关于信托计划,参见谈李荣:《金融信托交易模式演进的法律逻辑》,载《华东政法大学学报》2017年第5期;缪因知:《证券投资信托的法律构造与监管流变》,载《当代法学》2017年第2期。

② 参见楼建波:《金融商法的逻辑》,中国法制出版社2017年版,前言第1~2页;刘燕:《打破刚兑需要信托法,更需要监管法》,载微信公众号:InlawweTrust,2017年12月15日。

③ See Katharina Pistor,“A Legal Theory of Finance”,41 *Journal of Comparative Economics* 315(2013).

④ 参见官巨:《“大资管”名不符实　何以回归本源?》,载微信公众号:金融混业观察,2017年12月8日。从影子银行角度分析,参见孙国峰、刘琼:《资管业治乱,探索目标导向的金融监管模式》,载《财经》2017年第29期;法学角度的最新观察,参见郭雳:《中国式影子银行的风险溯源与监管创新》,载《中国法学》2018年第3期。

二、资产管理及其在金融市场中的位置

资管新政的讨论催生了许多有意思的概念,“大资管”“大信托”“大证券”,然后又是“影子银行”“金融乱象”等,名头越来越大。如此宏大的词汇,某种程度上意味着概念的内涵和外延都是不太清晰的,或者不容易清晰化。法律人天生希望把事情搞精确,否则很难进行法律适用。因此,讨论资管计划的法律问题,首先需要明确资管计划在金融市场中的角色。此次资管新政给“资产管理”作出了一个明确的定义,①它确实意味着跨越不同金融子行业的“大资管”。那么,这种“大资管”与金融市场之间是什么样的关系?

(一)大资管与金融市场

金融传统上被称为资金融通,如今已成为一个资源分配机制,不仅分配资金,还分配风险,通过重新配置风险进行风险管理,这就形成了银行、证券、保险和期货等金融子行业。如图1所示,金融市场就其最基本的功能而言可被切分成资金融通和保险或风险管理两大块。“资金融通”包括直接融资与间接融资。银行属于间接融资领域,由存款人通过银行把钱放给借款人。直接融资领域是投资银行在中间做撮合,然后由发行人直接发行证券给投资人。这两个金融子行业在真正进行资金输送与重新分配。在“保险和风险管理”这一块下既有保险公司承担的传统保险,也有新型的风险管理工具——衍生品,或者叫衍生交易、衍生工具。

此外,金融业还包括信托、基金等传统或典型的资产管理业态。作为营业性行为的信托,从历史源流看,与银行有非常密切的联系,很多国家都是银行兼营信托业务,所以在图1中把它放在了银行的旁边。② 相反,基金在历史上是与证券市场投资交织在一起的,故图1中把它放在了投资银行旁边。③ 可以说,在“大资管”概念登场之前,金融市场已经形成了这样一个以功能划分的不同子行业组成的基本格局。

---

① 参见《关于规范金融机构资产管理业务的指导意见》2018年第2条。

② See Charles S. Tippetts, “Fiduciary Powers of National Banks”, 15 *The American Economic Review* 417 (1925); 参见廖强:《制度错位与重建:对我国信托业问题的思考》,载《金融研究》2009年第2期。

③ 参见[美]马修·P.芬克:《幕内心声:美国共同基金风云》,董华春译,法律出版社2011年版,第7~9页。

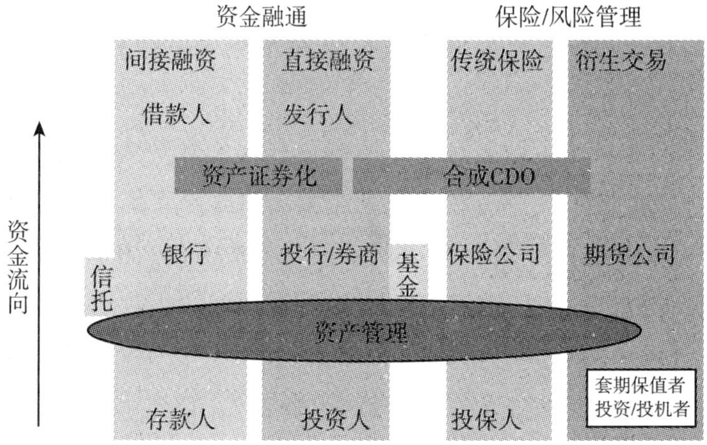

图1　资产管理在金融市场中的位置

在金融市场的版图中,我们也可以以金融中介机构为分界点,把资金融通区分为提供资金的一方和接受资金的一方。"大资管"基本上是嵌在资金的终端提供者与金融中介机构之间,并贯穿各个金融子行业。以功能定义,资管业务是金融中介机构或者金融服务机构接受投资人的委托,为后者进行投资管理的专业服务,由委托人承担投资风险。尽管银行、投行、保险公司、期货公司等金融中介的初始功能是存贷款、承销证券或提供保险,但其专业性带来的客户黏性长期来看必然会推动金融中介走向代客理财或资产管理。普通民众与金融机构(无论是银行还是保险公司,抑或券商)打交道久了,自然会信赖后者的专业性;当个人财富增长到一定程度时就会期待专业金融机构来帮自己理财。这就很自然地从原来的存款关系、炒股票的关系或者投保人的关系,走向委托理财的关系。摩根士丹利的总裁早就指出,资产管理在不久的将来会成为单一业态的金融子行业中最大的业态。① 这一点近年来也为我国学者所认同。②

(二)"大资管"与证券化

图1也展示了嵌入金融机构与借款人之间的金融业务创新,那就是资产证券化及其与衍生品的结合——担保债务凭证(Collateralized Debt Obligation,CDO)与合成型担保债权凭证(Sythetic Collateralized Debt Obligation,Sythetic CDO)。资产证券化

① 周琼:《对资产管理行业和影子银行的思考》,载《资管研究》(中国财富管理50人论坛内部刊物)2014年第2期。

② 参见巴曙松、杨倞等:《2016年中国资产管理行业发展报告》,中国人民大学出版社2016年版,第1页。

及其与衍生品的结合又称为"结构融资",它将传统的企业借款改造为依托于贷款或应收账款等债权类资产来发行证券融资。这种新的交易模式也打破了传统上间接融资与直接融资市场之间的界限。

20 世纪 70 年代之后,"大资管"和"证券化"对金融市场进行了根本性改造,但是这两个改造的定位不一样,金融中介与客户之间的商业逻辑及法律逻辑均不相同:资产证券化是融资模式创新,资产管理是投资模式创新。这也就是我国的资管新政将资产证券化(Asset Backed Securitization, ABS)剔除出去的原因。资产管理是银行、信托、证券、基金、保险、期货等公司接受投资人的委托,对后者的财产进行受托投资和受托管理的金融服务,它不同于资产证券化。后者属于投资银行业务,是主要服务于融资人端的金融创新。

按照一些日本学者的说法,"资产管理"与"证券化"的配合也代表了从以间接融资体系为主向以直接融资体系转型的中间状态。间接融资和直接融资都是亚洲人的概念,英美国家金融界并没无此分类。日本与中国一样,以银行为代表的间接融资市场非常发达。我国强调要从间接融资走向直接融资,提高直接融资的比重。日本也是如此,但发现转型很难,因此,日本学者认为可以先从"机构型的间接融资"转向"市场型的间接融资"。以银行为中介的融资属于"机构型的间接融资",而"市场型的间接融资"引入了投资者来直接承担投资风险,但仍然保留金融中介的主导地位的融资方式,具体体现为大力发展资管产品和证券化产品。在这种情形下,投资者直接购买证券或证券化产品并承担风险,因此,这是一种直接投资行为;但另外,这些投资依托于金融机构提供的专业指导与组织机制,所以叫作市场化的间接金融。[①] 由此来看,资管的大发展以及与证券化的交织并非我国独有的现象,在以传统的间接融资为主导的国家向直接融资过渡的过程中或许都会有这个过程。

(三)"大资管"与影子银行

影子银行是 2007 年美国次贷危机中兴起的概念,描述的是以非银行金融中介、证券化、回购等为主要构成要素的信用中介系统,它与作为传统信用中介的银行体系相对立,以证券市场为主要活动领域。有意思的是,我国的"大资管",特别是银行理财也被称为影子银行,但业务特色与域外并不相同。我国的影子银行实际上是银行的影子,是银行在传统体系之外以理财产品、资管计划等为主要工具,构造了一个本

① 参见郑蔚:《日本"传统型"向"市场型"间接金融转化的经济分析》,载《现代日本经济》2010 年第 4 期;杨东:《市场型间接金融:集合投资计划统合规制论》,载《中国法学》2013 年第 2 期。

质上仍然从事信贷业务的体系。[1] 之所以把大资管与影子银行联系在一起,一则是因为国际金融界长期以来把中国的大资管特别是银行理财视为"影子银行",[2]二则也是因为近年来国际层面对资管行业结构脆弱性的关注刚好与中国目前对大资管背后的影子银行乱象的整顿不谋而合。

2008年金融海啸后,西方各国都针对影子银行问题进行了金融体系改革,影子银行的风险得到了明显控制。相较证券化或回购、信用违约互换(Credit Default Swap,CDS)传统高风险领域而言,目前影子银行系统中风险存留且越来越突出的领域正是资产管理。金融稳定委员会(Financial Stability Board,FSB)2017年发布了两份报告——《影子银行的活动、风险以及后危机时代处理金融稳定问题的政策工具之充分性》与《应对资产管理业务结构脆弱性的政策建议》,[3]指出须密切关注以货币市场基金(以下简称货基)为代表的资管领域的潜在风险。其实,货基在2008年金融危机中本是一个纯粹的受害者——雷曼破产引起一家持有雷曼短期票据的大型老牌货基——主要储备基金(Primary Reserve Fund)跌破了面值而清盘,从而引发了投资者对货币市场基金的全面挤提,但它同时也展示了货基作为最终的资金供给者对金融体系的重大影响。不仅如此,由于货基是商业票据的主要购买者,货基市场的资金枯竭就波及实体企业发行的商业票据无人认购,企业现金流断裂。这也是美国政府迅速入市救货基的根本原因。而货币市场基金的崩盘也正反映出资管行业一个最大的脆弱之处——流动性错配。

资产管理行业的结构性脆弱(structure vulnerability)基本不涉及合法性的问题,而是指资管行业的运作模式容易暴露在系统性风险下。首先是流动性错配。包括货币市场基金在内的开放式基金都可以每日赎回,但基金投资的证券要变现,却需要市场流动性来承接,它不一定即时可得。其次是加杠杆。高杠杆以对冲基金最为典型,但是也有一些普通的集合投资计划开始加杠杆投资。再次是基金管理人的营运风险。一些基金管理人管理的资产规模甚至可以超过商业银行的资产规模,它们是否

① 参见王喆、张明、刘士达:《从"通道"到"同业"——中国影子银行体系的演进历程、潜在风险与发展方向》,载中国社会科学院世界经济与政治研究所:《中国社会科学院世界经济与政治研究所国际投资研究室工作报告No. 201702》,最后访问日期:2018年3月28日。

② See Dan Awrey(2015),"Law and Finance in the Chinese Shadow Banking System", *Cornell International Law Journal* Vol. 48, pp. 1-49;参见沈伟:《中国的影子银行风险及规制工具选择》,载《中国法学》2014年第4期。

③ FSB, *Policy Recommendations to Address Structural Vulnerabilities from Asset Management Activities*, Jan 12, 2017; FSB, *Assessment of shadow banking activities, risks and the adequacy of post-crisis policy tools to address financial stability concerns*, July 3, 2017.

构成系统性重要机构比较有争议。传统上，基金管理人不构成系统性重要机构，因为它不承担投资风险和损失，用行业术语来说就是基金管理公司属于“不动用自己资产负债表的金融中介”。相反，保险公司和银行都需要动用自己的资产负债表，所以它们会承受资本充足率、流动性指标控制或者偿付能力等监管要求，而传统的基金管理人不受这些限制。最后是借券下的刚兑。金融机构为了维护自身信誉或者为客户提供更好的服务，在自己所主持的借券交易出现风险时为客户来补券，即进行刚兑。

可以看到，流动性错配、高杠杆、刚兑、管理人的营运风险等，也是我国当前整顿金融乱象时出现频率最高的词汇。虽然国际组织文件所针对的场景与我国的情形不完全一样。换言之，域外和国内的影子银行在产生的原因、阶段、形态上都有很大不同，但就资管行业内在的局限性及其与影子银行体系风险的关联而言，中外几乎一模一样。因此，近年来国内外的监管者对资产管理行业的关注都是基于系统性风险的考量，它也体现了2008年后金融监管的新维度——宏观审慎监管。

三、资管计划的前身——委托理财时代的风险与治理

从域外历史来看，资产管理业的兴起与投资，特别是证券投资密切相关。在我国，20世纪90年代初证券市场开张伊始，资产管理就出现了，只不过人们一般称之为“委托理财”或“代客理财”。委托人主要是上市公司和一般股民；[①]担任受托人的，除了证券公司外，还包括民间各类炒股高手。1998年出台的《证券法》禁止证券公司接受客户的全权委托后，证券公司的“代客理财”业务逐渐作为一种独立业务形态正式进入证券监管视野。

（一）从“委托理财”到“资产管理”——规范性文件中的语词演变

最早提出“资产管理”概念的，是1996年9月18日深圳人民银行发布的《深圳市证券经营机构管理暂行办法》，它第一次把资产管理明确地列入券商经营范围，并将资产管理业务与自营业务、代理业务区分。不过，该办法对“资产管理业务”的具体形态并无详细规定。此时正值沪深股市开始长达两年的大牛市，为证券公司大规模开展代客理财业务提供了十分有利的条件。资产管理业务在券商中逐渐风行，各家券

① 早期一些上市公司对募来的钱不知道该做什么，就交给证券公司委托理财。证券公司先基于投行业务为客户募集资金，接着又替客户进行理财。参见刘任俭：《我国券商委托理财业务的现状、问题和规范发展的举措》，载《新金融》2002年第3期。

商开始设立专门的部门。[①]

中国证监会统一行使证券监管权后,1999 年 3 月发布了《关于进一步加强证券公司监管的若干意见》,将“资产管理”正式纳入综合类券商的业务范围:综合类券商除可以从事经纪业务、证券承销和上市推荐外,“还可以从事证券的自营买卖,资产管理,发起设立证券投资基金和基金管理公司等”。不过,等到 2001 年证监会正式就资产管理业务出台规范性文件时,相关表述变成了“受托投资管理”,此后的集合资管则被称为“集合性受托投资管理业务”。[②] 经历了 2002 ~ 2003 年行业阵痛后,2003 年 12 月 18 日证监会发布了《证券公司客户资产管理业务试行办法》(以下简称《03 版试行办法》),回归“客户资产管理业务”的提法,并第一次明确界定了证券公司资产管理业务的三个基本类型:定向资产管理、专项资产管理与集合资产管理。2005 年修订《证券法》时,资产管理业务正式被纳入证券公司的业务范围,但名称略有变化,变为“证券资产管理业务”。

尽管规范性文件中的语词一直在变化,但自证监会正式规范券商系资管业务以来,“资产管理”的含义就是明确且确定的。比较 2001 年《关于规范证券公司受托投资管理业务的通知》(以下简称《01 通知》)与 2018 年《关于规范金融机构资产管理业务的指导意见》(以下简称《资管新规》)的表述可以发现,二者均典型地体现了“受托投资管理”这个核心,只是受托资金的投资范围在扩大:

“受托投资管理业务,是指证券公司作为受托投资管理人,依据有关法律、法规和投资委托人的投资意愿,与委托人签订受托投资管理合同,把委托人委托的资产在证券市场上从事股票、债券等金融工具的组合投资,以实现委托资产收益最优化的行为。”——《01 通知》

“资产管理业务是指银行、信托、证券、基金、期货、保险资产管理机构等金融机构接受投资者委托,对受托的投资者财产进行投资和管理的金融服务。金融机构为委托人利益履行勤勉尽责义务并收取相应的管理费用,委托人自担投资风险并获得收益。”——《资管新规》

(二)证券监管对委托理财业务规则体系的构建

受托投资管理意味着由委托人而非受托人承担投资风险,因而对受托人的义务

---

① 参见杨光:《我国证券公司资产管理业务的历史发展及监管逻辑》,载《上海政法学院学报(法治论丛)》2017 年第 4 期。

② 参见 2001 年 11 月 28 日《关于规范证券公司受托投资管理业务的通知》、2003 年 4 月 29 日《关于证券公司从事集合性受托投资管理业务有关问题的通知》。

与责任提出了更高的要求。《01 通知》规定：受托人在从事受托投资管理业务过程中应当遵循诚实信用原则，以专业技能管理受托投资，保护委托人的利益，不从事任何有损委托人利益的活动。该通知明确禁止诸多可能涉及利益冲突、利益输送或损害委托人利益的行为。例如，受托人必须在自营业务、经纪业务与受托投资管理业务之间设立防火墙，不得混合操作。这也是为了与《证券法》禁止的“全权委托”区分开来。法律禁止全权委托是为了防止经纪人基于多赚佣金的目的而频繁利用客户账户买入卖出，即所谓“翻炒股票”，导致客户资产因大额手续费支出而受损。资管业务与此不同，受托人收取的是管理费，后者与客户资产规模相关，因此，做大客户资产价值（而非翻炒股票）对客户与受托人都有好处。

券商系的资产受托管理在证券市场上操作，涉及账户开设、投资决策、资金与证券托管、与被投资公司的关系等一系列重要的技术事项，需要监管规范从一开始就加以明确。例如，《01 通知》规定：(1)受托人与委托人签订受托投资管理合同，以委托人的名义设置股票账户和资金账户，并通过委托人的账户进行受托投资管理；(2)受托人可以选择银行托管其受托投资管理的证券经营资产；(3)受托人不得向委托人承诺收益或者分担损失；(4)受托人管理的全部受托投资持有一家公司发行的证券，不得超过该证券（总股本）的 10%；(5)当委托人持有一家上市公司已发行的总股份接近 5% 时，受托人应当提前通知委托人，并督促其履行国家有关法律、法规规定的义务；如果委托人拒不履行有关义务，受托人应当向证券交易所报告，等等。

梳理《01 通知》的上述规则，可以发现若干对法律上界定受托投资管理的性质有重要影响的因素。

第一，账户主体。证券公司作为受托投资管理人与委托人签订受托投资管理合同，以委托人的名义设置股票账户和资金账户，并通过委托人的账户进行受托投资管理。这一点也反映了证券市场委托理财（不限于证券公司作为受托人）的基本操作模式，即受托人进入委托人账户操作，对外仍然是委托人自己的投资。同时，这种操作模式也便于委托人对受托人的行为进行监督，包括及时止损或要求受托人及时平仓。

第二，受托财产的独立托管。受托人可以选择银行托管其受托投资管理的证券经营资产。关于受托财产是否独立存管，2001 年的规则没有强制独立存管，但要求受托人将受托投资资产与其自有资产及不同委托人的资产相互独立，对不同的受托投资资产分别设立账户、独立核算、分账管理，确保不同委托人之间在名册登记、账户设置、资金划拨、账册记录等方面相互独立。2003 年集合受托管理开闸后，新的监管规则提出了集合资管必须交由银行托管的要求。此后,独立第三方存管的规则成为证券市场中受托管理财产状态的标配。

第三,受托人不得刚兑。《01 通知》第 11 条规定,受托人应根据在与委托人签订的受托投资管理合同中约定的方式为委托人管理受托投资,但不得向委托人承诺收益或者分担损失。

第四,对外投资限制与产融关系的处理。证券市场中的投资活动必然会触及被投资的上市公司和金融业之间的关系问题,即产融关系问题。《01 通知》要求受托人管理的全部受托投资持有一家公司发行的证券,不得超过该证券(总股本)的 10%。相较基金业的双向 10% 限制——“任何一个基金或者一个基金管理人管理的基金持有一家上市公司的股份不能超过 10%,同时持有任何一家公司的股份不能超过基金资产的 10%”,受托投资管理少了资产集中度的要求,这也体现了对单一委托理财情形下委托人投资意愿的尊重。但是,在处理受托资金与被投资企业的关系时,资产管理领域与基金业的规则是一致的,均要避免基金或者受托管理的这种金融力量控制产业公司。这也是在资产管理领域的任何投资渠道下都必然要处理的问题。

(三)委托理财的异化

每一个行业的资管业务都会受制于该行业自身的最强基因。中国券商业的独特发展路径也使它身上带着一些所谓的“原罪”,如挪用客户保证金、挪用客户的证券、挪用客户的国债等。在受托理财业务中,它也意味着受托财产的独立性并未得到维护。产生这种局面的原因有多方面。

一是我国金融子行业,如证券、信托、保险等最初都是从银行业分离出来的。银行业务模式的特点是,老百姓把钱存到银行后,银行可以自由使用存款来放贷。因此,证券公司从业人员最开始也有一种思维惯性,认为对于客户存放在证券公司营业部的交易资金或证券等可以统一周转、使用、调配,只要客户提取资金或证券时再支付给后者就行。[①]

二是证券市场承担着为国企改制融资的任务。券商承销,特别是包销上市公司的股份发行,若卖不出去只能压在自己手上,占用资金。但证券公司恰恰天然存在资金不足的问题——银、证、保三家金融中介,银行和保险都是资金池(吸收存款与保费),只有券商不是资金池,因为传统的证券承销或经纪业务都属于代理人业务,不动

① 彭冰:《客户交易结算资金的法律问题》,载吴志攀、白建军主编:《证券市场与法律》,中国政法大学出版社 2000 年版,第 274 页。

用券商自己的资产负债表。但是,我国资本市场的证券发行多为包销,券商的资金压力非常大,有时不得不挪用客户的资金来支持承销业务。

三是券商开始做自营业务后,对资金的需求更大。客户存放在营业部的资金和证券俨然成了券商的资金池,挪用情况也就更厉害了。

委托理财业务异化的另一个特征是刚兑的兴起,其方式就是券商提供"保底收益"。相较承销、经纪业务,受托理财是证券公司迅速扩大资产规模的便捷途径。[①] 因此,为吸引客户、最大限度地争夺客户的理财资金,券商不仅要展示自己的专业能力,还要为客户提供保底收益。这也意味着,当股票市场下行时,券商面临很大的偿付压力。因此,一旦开始提供保底理财,券商和客户之间就不再是委托理财关系,而更像是一种借贷关系。1999 年 9 月允许"三类企业"入市后,保险资金、住房公积金以及铁路、农垦等系统的资金相继涌入股市,采取的手法均是直接或变相地委托理财。证券公司大量吸收资金、承诺回报,吸新还旧维持发展,积蓄了大量风险。[②]

理财向融资的蜕变不仅体现在证券公司的受托理财业务中,还体现在证券公司作为监管人的第三方监管合同中,即炒股大户与有富余资金的企业或金融机构之间签订理财合同,由开户券商作为第三方监管人。这种理财合同通常也是证券公司为客户间融资提供居间服务的方式。第三方监管合同通常会约定监管人的职责包括监督受托资产移转和处置、监督投资方向、通知重要事项、强行平仓、资产移交和收益清算等监管义务。[③] 但是,由于证券公司与融资客户之间的利益关联,监督条款常常沦为一纸空文。

2001～2004 年的长达数年的大熊市,令证券公司违规操作的风险全面爆发。国债回购危机、委托理财危机、三方监管理财危机、保证金挪用危机,最终发展为行业性的系统性风险。券商从事理财业务,为客户保本保收益,或者从事自营业务,挪用客户资金与证券在股市坐庄,有些则投入实业或房产上,大多都被套牢。此外,德隆系等民营金融大鳄通过自己控制的证券公司和信托公司发行大量理财产品或信托计划募集资金,除收购整合实业外,主要投入到证券市场维持新疆屯河、湘火炬等三只股票的价格,最终随着股价的崩盘而灰飞烟灭。2005 年收拾残局,整个证券行业中几乎一半的证券公司被关闭,全行业亏损 220 亿元,平均每家证券公

① 参见刘任俭:《我国券商委托理财的现状、问题和规范发展的举措》,载《新金融》2002 年第 3 期。

② 参见陈英:《17 家券商被证监会关闭　挪用客户保证金是主因》,载《证券时报》2006 年 2 月 18 日,A02 版。

③ 高民尚:《审理证券、期货、国债市场中委托理财案件的若干法律问题》,载《人民司法》2006 年第 6 期。

司亏损20亿元。[1]

(四)危机应对与制度重建

券商系统性风险的化解对法治是一个严峻挑战。理论上,由于券商缺乏资金池,除非股东能够增资,否则无法自救。金融体系中最终能够提供资金的只有中央银行,即央行的“最后贷款人”角色,但央行依法只能对商业银行提供贷款。这个问题在美国2008年金融危机中也充分展现出来,影子银行体系的核心中介——独立投行——面临流动性危机或破产风险,要靠美联储来救助,但这样做就必须要修改联邦储备法。若不修法,独立投行就只能卖给商业银行(如大通曼哈顿就收购贝尔斯登,美国银行收购美林),或者紧急转型成银行控股公司(如大摩和高盛),以得到美联储的救助。

我国的中央银行法(《中国人民银行法》)也规定,央行作为最后贷款人可以向商业银行提供再贷款,但并未规定向证券公司或者证券登记结算公司提供最后贷款人服务。因此,为化解证券市场系统性风险,国务院作出特别决议,指示中国人民银行向证券市场提供资金,以国家财政来兜底解决系统性风险问题。2004年11月9日中国人民银行、财政部、银监会、证监会联合发布了《个人债权及客户证券交易结算资金收购意见》,个人委托理财或购买集合信托产品而损失的投资本金,作为对证券公司、信托公司的债权而由国家收购。其中本金部分在10万元以内的,予以全额收购;累计在10万元以上部分,按九折价格收购。机构(如上市公司、信用社、住房公积金中心等)参与委托理财的,政府不提供兜底,而是要求机构参加相关证券公司的破产清算。

机构投资者的失落引发了一轮起诉中国证券登记结算公司(以下简称中证登)的浪潮。这是因为机构委托券商理财往往采取了“委托国债理财,获得固定回报”的形式。但券商买入国债后转手投入回购交易获得资金,然后入市炒股坐庄等,或者出借给第三方炒股大户。熊市消灭了庄家,也消灭了融资坐庄的券商。当国债回购到期时,券商无法还款赎券。在场内封闭式质押回购模式中,中证登作为中央对手清算(Central Counter Party,CCP)有担保交收的职责,必须向国债的首期买入方(资金出借方)付款。因此,中证登只能将作为质押品的回购标的国债卖出,导致委托国债理财的机构投资者的损失。当相关证券公司破产后,中证登也就成为机构委托人的追

---

① 参见李中东:《券商祭》,载《证券市场周刊》2005年第3期。

索目标。委托理财下复杂的交易模式与多重主体的交易，使纠纷的处理颇为棘手。[1] 2003年最高人民法院曾草拟了《关于审理金融市场上委托理财类合同纠纷案件的若干规定(征求意见稿)》，但由于关于保底理财合同到底是委托、信托还是无名合同，保底理财业务属于特许金融业务还是一般民商事交易等问题始终存在很大争议，因此，司法解释也一直未出台。

2004～2005年证券市场系统性风险的化解以财政兜底告终，也促使时任央行副行长后担任全国人大财经委副主任的吴晓灵女士强烈呼吁加强对理财这一高风险业务的监管。一般来说，券商的投行业务不会亏损，替客户承销股票不会破产，经纪业务基本上是旱涝保收，破产或被关闭的主要原因是理财业务，因为理财实际上已经蜕变成借贷融资，变成了对第三人的负债。[2] 此前，中国人民银行内部已经成立了金融稳定局，对理财这种交叉金融产品的风险传染问题进行研究，并起草了征求意见稿。不过，随着2005年股权分置改革与股市回升，这个稿子也没有了下文。不过，草灰蛇线，十年不绝，终成今日之大资管新政——《关于规范金融机构资产管理业务的指导意见》。[3]

回顾10多年前券商委托理财危机，也可以发现，从民商法角度去定性一个金融交易可能很重要，也可能并非那么重要。委托理财的法律性质虽然在司法层面始终未得出结论，但核心的危机已经靠国家兜底被化解掉了。这恐怕也是监管部门始终觉得自身的责任难以放弃的原因。当然，行政监管措施的整齐划一有时看来太过于粗暴专断，也容易助长道德风险。此后的制度建设仍然是由监管部门来主导的，它包括两个方面：一是2005年修订《证券法》对证券市场基础设施建设的完善，包括资金独立第三方存管以及证券的透明持有和集中登记；二是对证券公司的资产管理业务的重构，体现为中国证监会2003年12月颁布的《证券公司客户资产管理业务试行办法》(以下简称2003年《试行办法》)。这个办法经历2008年的补充、[4]2012年的修订和2013年的微调(以下简称2013年《管理办法》)，奠定了今天券商系资管计划的基本范式。在这个过程中，从资管计划的基本形式到资管计划的

---

① 对此过程的细致分析，参见范中超：《国债回购危机：回顾与反思》，载《太平洋学报》2007年第4期；王旸：《中国交易所回购市场法律分析》，载《环球法律评论》2010年第6期；牛文婕、张松涛：《证券登记结算业务中司法介入的实践与建议》，载应勇主编：《金融法治前沿》(2010年卷)，法律出版社2010年版，第92～100页。

② 此外，还有自营业务，特别是坐庄。但若非保底理财下获得的资金支持，券商的自营业务也难以做大。

③ 参见《"资管新政"的前世今生》，载微信公众号：群贤沙龙第51期，2018年1月7日。

④ 中国证监会2008年5月31日针对定向资管和集合资管分别颁布了实施细则——《证券公司定向资产管理业务实施细则(试行)》和《证券公司集合资产管理业务实施细则(试行)》。

功能,都没有太大变化。

下面,笔者将针对这些资管计划的具体形式和实践运用来观察其功能以及对法律定性造成的困扰。

四、资管计划的形态与功能

2004 年之后,券商资管计划有了正式的名称和分类,包括定向资管计划、集合资管计划和专项资产管理计划,后者又称专项资产支持计划。定向资管计划是接受单一委托人的理财委托,而集合资管计划则有两个或两个以上的委托人。两者大致可以对应国际上对资管业务的一组基本分类:全权委托 vs. 集合投资计划或基金(Collective Investment Scheme,CIS)。实践中,从集合资管计划发展出结构化资管计划,成为加杠杆炒股和杠杆收购的工具。此外,专项资产支持计划虽然也被叫作资管计划,但本质上是资产证券化业务。如前所述,在"大资管"和金融市场的定位中,资产证券化业务并不属于资产管理,而是属于融资类业务。从这个角度来看,券商资管计划的大发展是在投融资链条的两个方向同时进行的,借用日本学者的概念,就是构造了中国式的"市场型间接金融"框架。

(一)定向资管计划

定向资管计划只有一个委托人,其可以对受托券商提出理财的具体要求,集中体现在双方签订的定向资产管理合同中。因此,定向资管计划是有最大自由度的资产管理模式。

在对外关系上,2003 年《试行办法》要求委托理财通过该客户的账户办理,但 2013 年的《管理办法》要求通过专门账户来办理。调整的缘由,据说是通过委托人账户进行资产管理导致受托人的管理行为与《证券法》禁止的"全权委托"难以区分,专门账户则避免了这种尴尬。尽管定向资管仍然意味着受托人行使主动管理职责,但委托人也并非消极的受益人。例如,委托人须自行行使其所持有证券的权利,履行相应的义务;若投资于上市公司的股票达到公告、报告或要约收购的标准,也由委托人履行信息披露以及其他证券法下的义务。此外,自 2008 年实施细则到 2013 年《管理办法》,要求受托证券公司将委托人的财产交由第三方独立托管,但《资管新规》不再强制独立托管,而是由定向资管合同当事人约定是否托管。

实践中,在 2012 ~ 2016 年,定向资管计划主要为银行大客户服务,而不是像域外那样接受保险资金、退休基金、社保基金或其他机构投资者的投资委托。券商为银行服务有以下几种场景,其管理决策的权限大小相差悬殊。一是银行的委外业务,即银行全权委托券商负责其一笔资金的投资业务,券商进行主动管理,享有投资决策权。二是为银行办理部分投资事务。比如,投资标的由银行确定,券商主要做一些服务性工作,包括寻找询价对手、跟对方协商定价、最后报告给银行成交等。三是通道类业务。如银行的理财资金要投结构化证券投资信托的优先级,但银信合作的额度已满,就借助券商定向资管计划作为通道,实现对信托的放款;再如,银行想给自己的客户发放一笔贷款,但受制于银行的贷款规模或者客户所处的限制性行业而无法放贷。因此,银行用理财产品作为券商定向资管计划的单一委托人,将定向资管下的资金投向单一信托计划,最后由信托计划放款给相关借款人客户。可以说,2012 年以后定向资管计划的大发展基本摆脱了原来代客炒股票角色,而是成为银行投资顾问、事务办理者或者通道。前两种功能还有资产管理的属性,通道功能则与资产管理毫不相干。

(二)集合资管计划

集合资管计划是资产管理业务的常态,指专业的投资管理人接受多个委托人的委托,将其委托资金汇集在一起进行共同投资。因此,集合资管计划在域外通常也称为“基金”(fund)或“集合投资计划”(Collective Investment Schemes,CIS)。

在我国,“基金”通常被视为“证券投资基金”的简称,但这里还隐含了一个“公募”与“私募”的区分,即我国的证券投资基金都是投资于证券市场品种的公募基金,由专门的基金管理公司发起并管理。对于私募的证券投资基金,目前有两种形态:一种是券商的集合资管计划,另一种是基金公司的专户。证券监管规则对于私募(无论是券商资管计划还是基金专户)都有投资门槛、投资者人数以及营销方式限制。由此产生的一个问题是,证券公司是否可以做公募的集合投资计划?理论上(功能的角度),证券公司、基金管理公司等各位金融市场中介若有资产管理能力,完全可以发起公募或者私募的资管产品。不过,我国公募基金在 20 世纪 90 年代中期产生时,定位于由券商之外的专门基金管理公司来经营。由此也造成券商系的委托理财处于“禁止全权委托”与“基金公司独立化”的双重夹击之下。不过,2012 年后的金融创新和金融混业改革抛弃了这种将特定金融机构与产品绑定的思路,证券公司、保险公司、私募基金管理人等都可以发起设立公募的证券投资基金。[①] 因此,目前证券公司可以设立公募证券投资基金,但集合资管计划仍属于私募范畴。

与定向资管计划不同,证券监管规则明确要求集合资管计划不能做通道,受托管理人必须履行主动管理的职责。这是因为,集合资管计划存在不同的委托人,若受托人将管理权限出让给某一委托人,其决策可能会损害其他委托人的利益。因此,集合资管计划的受托管理人应主动管理,谨慎平衡不同委托人的利益,消除潜在的利益冲突。此外,集合资管计划按监管要求一直实行计划资产的第三方独立存管。由于集合资管计划主要在证券市场投资,需要依托专门的账户(包括证券账户和资金账户)进行,为此中证登为券商集合资管计划设定了三联名账户,其名称中包含计划管理人、托管人以及资管计划的名称。如宝万之争中披露的万科的某一个券商集合资管计划,其三联名账户为“国信证券 – 工商银行 – 国信金鹏分级 1 号集合资产管理计划”。由此我们可以了解,这是券商设立的集合资管计划,由国信证券作为管理人,工商银行是计划资产的托管人,集合资管计划的名称为“国信金鹏分级 1 号集合资产管理计划”。

(三)集合资管计划的变形:优先 – 劣后的结构化资管计划

实践中,券商系集合资管计划近年来最引人注目的,并非普通的两个或多个委托人出资设立的资管计划,而是只有两个委托人,但二者之间形成优先—劣后安排的特殊的集合资管计划。在 2015 年股灾中充当场外配资工具的结构化资管计划以及宝万之争中钜盛华和万科设立的资管计划,皆为此类,它们充当了加杠杆炒股和加杠杆收购的金融工具。

在这种集合资管计划中,两个委托人的权利和义务、法律地位、收益、风险等均不同。一个被称为优先级委托人,另一个被称为劣后级委托人。以钜盛华的资管计划为例(见图 2),银行理财作为优先级委托人,钜盛华作为劣后级委托人,设立券商集合资管计划或者基金(子)公司专户计划,在二级市场购买万科股票。按照资管合同,资管计划的托管人为资管计划在中证登开立证券交易账户,在相关银行开设资金账户,以便进行证券交易的清算交收。

① 参见中国证监会《资产管理机构开展公募证券投资基金管理业务暂行规定》(〔2013〕10 号)。

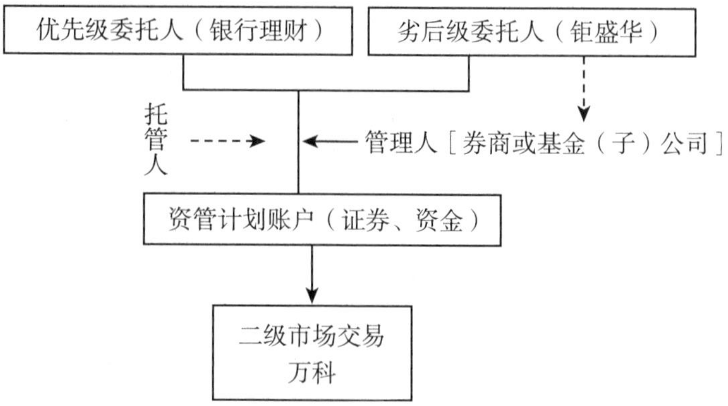

图2

这种优先－劣后安排的交易实质，是劣后级委托人借入优先级委托人的资金来炒股。整个计划下购入的股票作为担保品，计划管理人则作为担保品的受托人。若股票价格下跌，计划管理人强制平仓以保证优先级委托人的安全。资管计划通常约定，优先级委托人获得固定回报，剩余权益则为劣后级享有；若计划资产变现后未能实现优先级委托人的固定回报，劣后级委托人须补足差额。因此，这种资管计划属于典型的担保融资交易的安排，与场内的融资融券下的担保安排并无本质区别，只是结构上更复杂，参与主体更多。

结构化资管计划之所以在宝能收购万科中大放异彩（或臭名昭著），主要是因为它相对于其他杠杆收购工具更方便好用。目前，我国金融体系能够提供的杠杆收购工具，如并购贷款、并购债或及结构化证券投资信托等，都存在一定的局限性。（1）银行并购贷款。2008年后出现的并购贷款主要提供给大型国企进行跨境收购，很少发放给民营企业的境内收购，而且审批程序严格，限制条件较多。（2）并购债。证券市场中也有并购债，但品种少，发行门槛高。（3）结构化证券投资信托。信托公司提供的结构化证券投资信托是2015年股灾中场外配资的主要通道，但它对于杠杆收购则不好用，因为原银监会（现为中国银行保险监督管理委员会）对结构化证券投资信托有投资单票不超过20%的限制，以防范风险。换言之，一个结构化证券投资信托至少要买5只股票，每只股票不得超过信托资产的20%。对于杠杆收购来说，这几乎是不现实的。

相比之下，结构化资管计划的优势突出：它是一个成熟的金融产品，有标准化的合同，设立非常方便，且没有单票投资上限。此外，资管计划的对接和嵌套也很方便。配一个银行理财资金或信托计划作优先级时，后者只需直接购买资管计划的优先级份额就可以了。对于收购方而言,结构化资管计划的便利性尤其适合渐进式收购,可以随着收购标的数量的增加而不断设立新的资管计划来快速融资。[①]

此外,在证券市场中购买股票或者作为收购工具的资管计划还面临一个特殊的问题,就是作为持有股票的主体或者投资人的身份。实践中,中证登的三联名账户为资管计划提供了资本市场的身份证。如果从商业逻辑角度来更清晰地观察,可以将上面的结构化资管计划的图示顺时针旋转90度(见图3),这样,结构化资管计划就非常像一个公司,而其购入的万科股票就是公司的资产。当然,法律上不会将资管计划定位为法人,最多可以称之为一种"特殊目的载体"(Special Purpose Vehicle, SPV),对此我们可以借用"会计主体"的概念来理解,用一张资产负债表来反映。会计主体的范围比法律主体更广,除法人外,也可以是法人下设的不具有法人地位的分支机构,或者是多层控股关系组成的企业集团。在金融业务中,大到银行,小到某个金融产品,它们作为资金中介都可以用资产负债表来反映,构成一个会计主体以及特殊目的载体(SPV)。

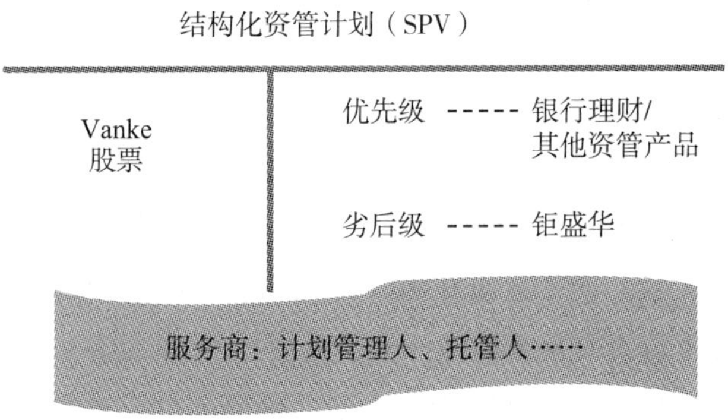

图3

将图3与公司的资产负债表对照,就可以对优先级、劣后级委托人的法律地位获得一种直观的认知,即类比为公司资产负债表中的债权人与股东。SPV将得到的全部资金(来自股东以及债权人)用来购买万科的股票,作为SPV的资产。为这个SPV服务的机构,包括了资管计划的管理人、托管人以及接受委托下单买股票的券商经纪人等。此外,为了保证优先级委托人的固定回报,结构化资管计划通常还会约定保证人或其他信用增级、流动性提供者。将结构化资管计划类比于公司,也就很容易理

① 对于结构化资管计划的一个完整的分析,参见刘燕、楼建波:《资管计划与企业并购》,载《清华金融评论》(增刊)2016年12月。

解,为什么在这种结构化计划中由劣后级委托人而非计划管理人进行投资决策,因为劣后级委托人是公司的股东,计划管理人更像是股东们聘用的经理。

从一个更大的视角来看,图 3 中的结构化资管计划也与域外杠杆收购中的壳公司收购模式非常类似。例如,全球知名的私募股权投资机构——科尔伯格·克拉维斯(Kohlberg Kravis Roberts & Co. L. P. ,KKR)所做的第一单针对美国证券市场中型规模以上的上市公司的杠杆收购交易,其基本架构就是在壳公司中搭建多层优先级和劣后级资金安排,保险公司、退休基金、对冲基金等分别认购不同层次的债务凭证,再由壳公司去收购目标公司。[①] 宝能的结构化资管计划与之异曲同工。但问题在于,宝能并未将所有的融入资金都安排在一个计划中,而是设立了太多的资管计划,以至于为这些计划提供优先级资金的机构投资者(如银行理财、信托计划等)也无法判断自己究竟与谁绑在了同一个战车上。特别是当优先级投资者想要变现退出或者管理人强制平仓的时候,可能存在法律障碍,因为各家资管计划作为劣后级委托人的一致行动人,其卖出股票可能会受到证券法下对大股东或收购人处置股票的限制。因此,在信息披露不充分的情形下,这种结构化资管计划确实会给资管计划的优先级委托人带来风险。[②]

(四)特定目的的专项资管计划

特定目的的专项资管计划即资产证券化。按照通说,资产证券化属于结构融资,融资人将其持有的未来可带来现金流的资产转让到一个 SPV 中,再以 SPV 为核心发行优先级和劣后级证券给投资者。因此,资产证券化是一个典型的融资工具和融资渠道。然而,从 2003 年《试行办法》到 2013 年《管理办法》,证监会一直将专项资产支持计划置于资管计划体系中,直到此次《资管新规》将资产支持型证券(Asset Backed Securitization,ABS)剔除。这不禁令人好奇,作为一项融资业务和投资银行业务的资产证券化,证监会在资管计划体系中究竟是设置为受托投资还是受托融资?

2003 年《试行办法》基本上是从受托资产管理业务的角度描述的,“证券公司为客户办理特定目的的专项资产管理业务,应当签订专项资产管理合同,针对客户的特殊要求和资产的具体情况,设定特定投资目标,通过专门账户为客户提供资产管理服务。证券公司可以通过设立综合性的集合资产管理计划办理专项资产管理业务”

① 参见 George P. Baker、George David Smith:《新金融资本家》,张爱玲、孙经纬译,上海财经大学出版社 2000 年版,第 80 ~ 89 页。

② 参见刘燕、楼建波:《企业并购中的资管计划——以 SPV 为中心的法律分析框架》,载《清华法学》2016 年第 6 期。

(2003年《试行办法》第15条)。2013年《管理办法》维持了上述角度,只是在中间增加了一句关于融资人的信息,即"……证券公司应该充分了解并向客户披露资产所有人或融资主体诚信合规状况、基础资产的权属情况、有无担保安排及具体情况,投资目标的风险收益特征等相关重大事项。……"(2013年《管理办法》第14条)。

从某种意义上说,监管规则之所以能够从投资人角度描述资产证券化,是因为在"市场型间接金融"中的任何一项资金融通交易,都可以被看作投资端与融资端的对接。如图4所示,从投资人端启动的交易是资产管理业务,即投资人委托金融机构作为管理人办理对外投资;而从融资端启动的业务是投行业务,即融资人委托金融机构作为管理人设计结构融资的架构,以基础资产作为担保进行融资或者进行资产证券化,后者也就是专项资管计划的业务流程。

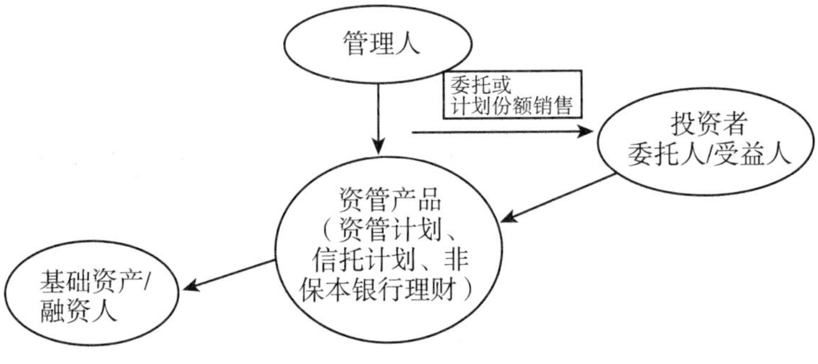

图4

当然,监管规则的含糊其辞无法掩盖两个棘手的问题。第一,从理论上说,资产支持证券一定会有多个投资者(即使是私募),通常还会分为优先级与劣后级,以劣后级作为资产支持证券的增信措施。那么,这种专项资产管理计划与集合资管计划、特别是结构化资管计划有何区别?第二,从实践层面来看,不同时期的监管规则都强调"证券公司从事客户资产管理业务,应当建立健全风险控制制度,将客户资产管理业务与公司的其他业务严格分开"。[①] 那么,证券公司究竟应如何安置专项资产管理业务?

目前,法学界对专项资产管理计划的诟病,主要集中在证监会因受制于分业经营与分业监管而未能为专项支持计划引入信托结构,将专项计划建立在委托合同的基础上,导致破产隔离风险。[②] 其实,相较专项资管计划定位的错乱,信托与破产隔离问

① 参见2003年《试行办法》第7条、2013年《管理办法》第7条。
② 参见沈朝晖:《企业资产证券化法律结构的脆弱性》,载《清华法学》2017年第6期。

题的严重性恐怕还居其次。这是因为,我国目前的企业资产证券业务多是以工商企业未来的营业收入(如特许权收费、公园门票、学费收入等)进行证券化。① 此类未来应收账款既非会计报表上的资产,也就无真实出售、出表或破产隔离之说,实际交易中基础资产所有人或借款人往往需要提供多重担保。因此,大多数企业资产证券化本质上仍然是借款人的信用融资,而非资产融资。此时,投资者控制风险的方式是以复杂而有效的账户安排来锁定未来的现金流路径,②基础法律关系是信托还是委托的问题似乎湮灭于错综复杂的合同安排中。

更何况,在我国,信托尚未被很好地用以解释资产证券化。由央行主导的信贷资产证券化虽然是用信托来架构的,但其中的信托逻辑并不清晰。按照《信贷资产证券化试点管理办法》(2005 年)的描述,委托人(银行)将资产交给受托人设立信托,受托人发行资产支持证券,投资者购买资产支持证券(信托受益凭证)并将现金交给受托人,由后者转交给委托人。其交易结构如图 5 所示。这种信托初看起来像一个他益信托,因为有委托人、受托人、受益人三方。但在他益信托下,受益人并不需要花钱购买信托收益凭证,而是坐享其成。另一方面,商事信托交易通常都是自益信托,但若是自益信托,为什么这里的委托人与受益人不是同一人呢?显然,《信贷资产证券化试点管理办法》描述的交易模式并非信托逻辑在资产证券化领域的直观运用。③

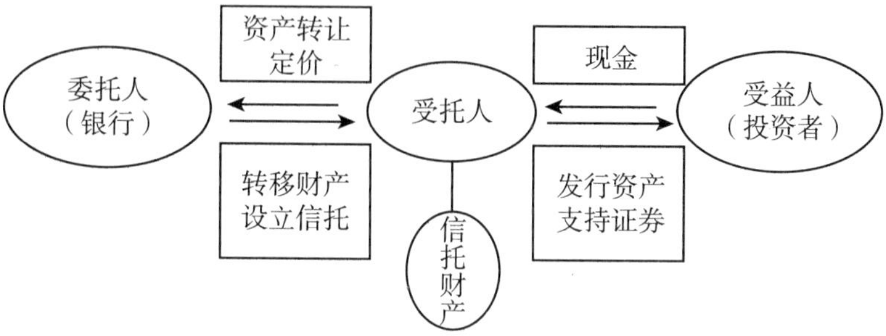

图 5　信贷资产证券化试点办法下的信托结构

① 这是从基础资产类型来看的。若着眼于融资数量,则蚂蚁小贷、融资租赁公司等金融类机构融资人占绝对优势。参见中国证券投资基金业协会:《资产证券化业务备案情况综述(2017 年度)》,载中国证券投资基金业协会网:http://www.amac.org.cn/tjsj/xysj/zczqhywsj/392845.shtml,最后访问日期:2018 年 8 月 1 日。

② 参见[美]弗兰克·J. 法博齐、维诺德·科赛瑞:《资产证券化导论》,宋光辉、刘璟、朱开屿译,机械工业出版社 2017 年版,第 148 ~ 158 页;冯光华等:《中国资产证券化市场发展报告 2016》,中国金融出版社 2016 年版,第 127 页。

③ 更完整的分析,参见楼建波、刘燕:《论信托型资产证券化的基本法律逻辑》,载《北京大学学报》(哲学社会科学版)2006 年第 4 期。

因此,我们需要回归投融资链条的起点,基于资产证券化的结构融资属性将其改造成融资人信托,即从融资人端启动的自益信托。在这个自益信托中,作为基础资产持有人的融资人(信托下的委托人与受益人)将其资产交给受托人设立资产支持计划(信托),同时,融资人取得信托受益权份额作为对价。然后,融资人将信托受益权凭证转让给其他的投资者以募集资金,投资者日后可基于信托受益权而从信托财产的现金流中获得补偿。当然,融资人自己也可保留一部分信托受益权凭证,作为劣后级受益人,将优先级信托受益权凭证转给投资者。因此,当信托应用于资产证券化,其操作流程应当是"融资人信托+转让信托收益权凭证"(见图6)。

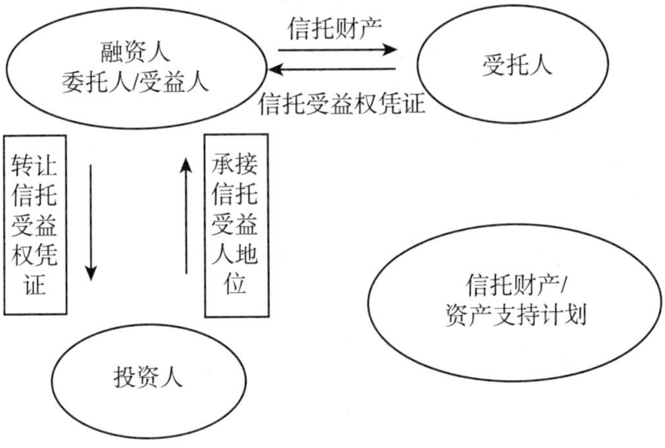

图6

从图6来看,当证监会错用了资产管理的逻辑来描绘资产证券化时,可能掩盖了一个最核心的理论问题:如果这里确实存在一个信托,那么受托人的信义义务到底指向谁?换言之,受托人到底应该全心全意地为融资人服务,还是全心全意地为投资人服务?

五、资管计划的法律定性:方法 vs. 结果

对我国证券公司资产管理业务发展过程的梳理,展现了一幅奇妙的图景:定向、集合、专项、结构化四类资管计划,覆盖了从结构融资到受托投资管理的各类活动,发挥了资产管理、融资借贷、融资担保等不同功能,连接起不同市场板块下的资金提供者与资金需求者,在某种意义上搭建了日本学者所描述的"市场型间接金融"的完整框架。不仅如此,它们还通过买入份额或对外投资的方式,与其他金融子行业中的资

管产品进行对接和嵌套,帮助商业银行绕开贷款规模、资本充足率等管制。

所有这一切,都是在“受人之托、代人理财”这一神奇的术语下发生的。在某种意义上,“受人之托、代人理财”更像是“合同自由”的代名词,它是否属于真正意义上的“资产管理”反而不那么重要了;而监管规则则通过对交易基本流程的描述、对受托人义务和受托财产安全等设置的底线,维系着资管市场的基本秩序。现实中资管计划呈现的多样性,无非是金融市场中的主体在合同自由、意思自治的基础上,在监管框架允许的范围内(或者通过绕开监管障碍),自主设计了满足其特定需求的投融资交易。每一项交易都是一个合同,借用卢梭的名言“人生而自由,但无往不在枷锁之中”,或许可以说,“金融如水,但无往不在合同与监管中”。

那么,对于这样一个复杂而灵动的交易体系,传统的法律定性之争——“信托 vs.委托”是否过于简单了?

(一)法律定性需关注的事实前提

法律定性体现了对法律概念的应用,是从民商法角度对金融交易的事实过程所作的抽象。目前,学界与实务界对于对资管计划的法律定性已有大量的讨论,在信托与委托区别的各个方面都进行了详细的辨析。不过,这种争论往往更多地从抽象的概念或原理出发,对实践中资管计划的一些重要细节关注不够。它们尤其集中于资管计划功能、计划管理人或受托人的角色以及受托财产的地位等方面。

1. 计划管理人/受托人

在不同的资管计划中,计划管理人/受托人扮演的角色并不相同,相应的权利义务关系也各有特点。

(1)在定向资管计划中,受托管理人的角色取决于委托人的具体要求或相关合同的具体约定,可能是主动管理(如银行委外),可能是事务性处理,也可能是纯粹的通道,即所有事务都由委托人或委托人指定的第三人决定并实施。

(2)在集合资管计划,特别是全体委托人的法律地位一致的“平层型集合资管”中,受托管理人负有主动管理的职责,与公募证券投资基金的管理人类似。此外,受托管理人也可能用自己的资金跟投一部分资管计划的份额,此时它与委托人组成一个有限合伙并充当普通合伙人(General Partner,GP)。

(3)在分级型集合资管,即结构化资管计划中,由于劣后级委托人承担投资风险,优先级委托人仅仅是提供资金并取得固定回报,因而资管计划的投资决策权也属于劣后级委托人。券商作为受托管理人的作用是持有资管计划下的财产作为担保品,在财产价值波动或贬值时强制平仓以保护优先级委托人的资金安全。此外,资管计划的受托管理人还需要承担受托管理财产的估值、清算交收、记账等事务管理性的工作。

(4)在专项资管计划中,受托管理人基本上扮演的也是一个担保品持有人的角色,监督SPV现金流向投资人。当然,券商系的专项资产支持计划与银行系的信贷资产证券化略有不同,券商作为管理人还会设计交易架构、监督原始权益人的运作等。即便如此,恐怕也很难说券商在专项资管计划中的职责属于主动管理。典型的资产证券化的资产都是自变现(self-liquidating)的,现金流源于基础资产下的借款人到期还钱,并不需要受托管理人进行主动管理。从这个角度来看,将资产证券化下的受托管理人定位于事务管理型更为合适。[①]

尽管不同资管计划下的角色不同,但由于监管的介入,受托管理人在以下两个方面的职责是一致的:第一,不得对委托人提供保证收益或弥补亏损的承诺,即不得刚兑;第二,不得存在利益冲突或其他损害委托人利益的行为(如挪用受托资产,将不同的委托人的受托投资资产混合管理等)。监管规则在这些方面的描述与信托法下受托人的忠实及勤勉要求颇为相似,有些地方甚至更为详细。

2.受托管理财产的地位

自2001年立规开始,券商系资管计划就倾向于受托财产的独立托管。2003年《试行办法》强制要求集合资管计划的财产由第三方托管。2008年后各类资管计划下的财产均被要求独立托管。此次《资管新规》后,证监会始放松对定向资管的强制第三方托管要求,允许委托人与受托人自主约定,同时要求充分揭示风险。

当然,对于部门规章下独立托管的法律意义,学界尚存争议。有观点认为,证监会的规章不具有破产隔离的效果,因为《立法法》明确规定基本民事制度须由法律设定。相反,也有学者基于我国最高人民法院的相关实践,认同资管计划的独立性。[②]在20世纪90年代末,最高人民法院针对交易所、证券登记结算机构、证券经营机构名下证券与资金的冻结、划拨问题先后两次作出指示,明确区分客户的账户与券商的账户,禁止司法机关划拨证券公司管理下的客户交易结算资金和证券。[③] 此举表明,

① 当然,我国现在大多数的企业资产证券化是将未来应收账款证券化,需要依赖原始权益人未来的经营,远称不上是自变现资产。

② 参见刘正峰、张晓萍:《论自益信托与委托合同在中国证券业的竞合与法律适用》,载《经济体制改革》2007年第2期。

③ 《关于冻结、划拨证券或期货交易所证券登记结算机构、证券经营或期货经纪机构清算账户资金等问题的通知》(法发〔1997〕27号)、《关于贯彻最高人民法院法发〔1997〕27号通知应注意的几个问题的紧急通知》(法明传〔1998〕213号)。

证监会规章通过合同约定及账户分设方式实现的财产隔离在司法上是被承认的。对此的一个佐证是2005年修订后的《证券法》第139条对此前司法确认的客户证券交易账户的独立地位以及破产隔离效果予以追认。尽管上述法律与司法文件都未直接针对资管计划,但基本上可以推定,资管计划下的财产独立托管的账户安排恐怕也会具有同样的司法效果。

(二)法律定性的意义与局限

现实中丰富多彩(或混乱芜杂)、蓬勃发展(或畸形繁荣)的资管计划,也折射出法律定性的理论争议与现实痛点之间的游离。我国金融市场中间接融资的绝对主导使"大资管"始终笼罩在"融资通道"的阴影下,券商系资管计划也不例外。在此种交易中,借贷关系或保底刚兑成为市场机构与大众投资者(委托人)心照不宣的共识,政府在系统性危机爆发时的入场兜底,在某种意义上也助长了市场参与者的道德风险和预期。面对中国特色的大资管,学界的委托、信托之争在市场,特别是大众投资者普遍的"类存款"认知面前俨然皆不得其门而入。

当然,姑且不论学理上的优劣或差异,"信托说"在实践中的积极意义还是值得充分肯定的,主要体现在两方面。第一,在分业监管的背景下,用"信托关系"来统率各金融子行业下的资管业务的法律基础,有助于打破分业框架的束缚,推动人们理解不同金融机构所从事的其实是同类业务,因此需要统一监管标准,消除不公平竞争与监管套利。事实上,这也是业界最早提出"大资管与信托法"关系的有识之士的主要出发点。[①] 第二,信托作为衡平法的产物,与道德昭示密切相关。由此带来的受人之托、忠人之事、恪尽职守等观念与文化,被誉为商业合作与社会发展的黏合剂。[②] 因此,强调信托的理念也有助于我国金融服务业培育信义义务的观念,树立忠实、勤勉的职业操守与责任感,更好地保护委托人或投资人的利益。

不过,如今《资管新规》已开始统一各资管子行业的监管标准,上述"信托说"的第一重目的已经达到。就第二重目的而言,《资管新规》强调回归"资产管理的本源",而从域外资管行业发展的历程来看,受托管理人信义义务的建立并非一定要通过统一适用信托法来实现代理法(合同法)、公司法、合伙法等都属于存在信义关系(fiduciary relationship)的法域,皆有信义义务的适用空间,只要通过个案或者监管规

---

① 参见夏斌、张承惠:《委托理财出多门可以休矣》,载《银行家》2003年第6期。

② 参见[英]D. J. 海顿:《信托法》(第4版),中英文本,周翼、王昊译,法律出版社2004年版,第38(中)、37(英)页。

则逐步明确受托管理人的行为标准,同样可以彰显信托文化或者信托观念。这样,也能够尊重现实中资产管理基础法律关系的多样性,同时兼顾金融监管的角色,令资产管理的法律框架和法律关系的层级与细节更加清晰。

从这个意义上说,“回归大信托”之类的提法恐怕更多的是一种政策宣言而非法律立场。一方面,“大资管”并不都是信托;另一方面,“大信托”也不能解决所有的问题。传统的信托法是在相对简单的民事信托场景下处理信托内外的法律关系的。一旦移步至复杂的商事信托交易中,这些原理与规则难免捉襟见肘。例如,结构化资管下不同利益主体之间的关系用公司来类比就更为适宜。此外,信托法理也基本不关注信托财产对外投资时对被投资对象的干扰,遑论基于产融关系的考量对信托资产作为一股金融力量而施加限制。换言之,信托法作为民商法并非专为金融而设计,它是金融市场很重要的一部基础性法律,但并非全部。没有一个国家的资管行业是完全靠信托法(以及信托业法)来解决问题的,而是出台专门的监管法,如美国《投资公司法》和《投资顾问法》、英国《金融服务与市场法》等,并由监管部门制定一系列配套的规章制度。这些监管规则或突破或补充或丰富了信托法的一些最原始的规则,甚至对“信义义务”进行了扩展。从这个角度来看,现代资管行业的法律框架是一个立体而丰富的法律集群(见图7),且还在不断扩展中,如当前基于宏观审慎角度对资管行业系统性风险的监管。①

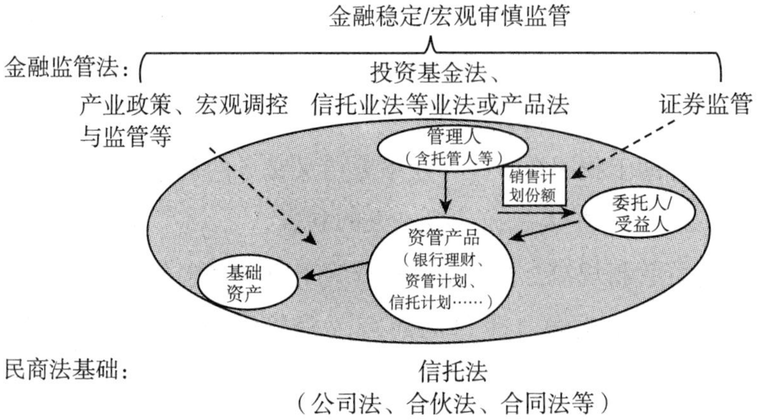

图7

① 对此一法律框架的解释,参见刘燕:《大资管“上位法”之究问》,载《清华金融评论》2018年第4期。

（三）路径比结论更重要

行文至此本已可收笔，但对“信托 vs. 委托”之争不给出一个说法似乎有负标题中的承诺。其实，对于资管计划的法律定性，已有学者基于实践中资管计划的特点提出了新的解释路径，如刘正峰博士的“自益信托与间接代理的竞合”，[①]缪因知博士的“委托与信托之中间状态”。[②] 在此，信托与委托之争已然消逝，取而代之的是一种尊重市场中真实形成的资管关系的法律谦抑。

笔者也认同这种法律现实主义立场。在金融市场快速变化的当下，与其执着于概念之争，莫如针对具体问题具体分析。特定的结论可能时过境迁，重要的是切入的角度与处置的方式，以便法律的干预最有利于金融市场的健康发展。它不仅适用于对资管计划的历史回顾，也适用于对现实的观照。例如，以此来看《资管新规》，可能也会发现，在“回归资管本源”背后或许抑制了金融市场中一些必要的工具发挥效用，如结构化资管计划作为杠杆收购工具的意义。忌惮于宝万之争中杠杆收购工具的滥用，目前的监管规则禁止优先－劣后的结构化资管计划，在相当程度上消灭了杠杆收购。然而，杠杆收购是否有原罪？对于优先－劣后的结构化资管计划到底应该如何监管？对此，法律人尽可追问下去，不管答案是否在前方。

---

① 刘正峰：《论证券资产管理关系的法律适用》，载《上海财经大学学报》2008 年第 3 期。

② 缪因知：《资产管理内部法律关系之定性：回顾与前瞻》，载《法学家》2018 年第 3 期。

上市公司治理准则最新修订:积极推动机构投资者参与公司治理实践

林雨晨*

摘　要:本文就中国证监会最新发布的《上市公司治理准则(征求意见稿)》新增的机构投资者章节这一重大修订变动为契机,从公司治理与股东权益保护的相关理论溯源入手,探讨了成熟市场股东积极主义的兴起和壮大历程,深入剖析了我国机构投资者参与公司治理的现状和问题,归纳了《上市公司治理准则(征求意见稿)》中新增内容的亮点,并提出了对机构投资者推动公司治理实践的未来展望和建议。

关键词:上市公司治理准则　机构投资者　股东积极主义

2018年6月15日,中国证券监督管理委员会(以下简称证监会)正式发布了《上市公司治理准则(征求意见稿)》(以下简称准则),本次修订内容的一大亮点在于增加了"机构投资者及其他相关机构"专章,其中第77条至第79条关于机构投资者的内容以原则性倡导为主,同时也具备较强的可理解性和可操作性,是积极推动机构投资者参与公司治理实践的有益尝试和重要契机,为公司治理外部机制的建设提供了明确的政策依据,奠定了良好理论基础。

一、公司治理与股东权益保护的理论溯源

现代企业作为市场经济中最主流和先进的企业组织,所有权和经营权的分离是其最显著的特征之一。早在300多年前,亚当·斯密即在《国富论》中提出,需要一套

* 深圳证券交易所博士后研究员。
感谢中国上市公司协会、中国证券投资基金业协会、清华大学相关人士在研究过程中的帮助。

制度来解决两权分离带来的利益冲突。进入20世纪之后,伯利和米恩斯在对大量的实证材料进行分析的基础上发现,由于公司所有权的分散以及与控制权发生分离,公司的管理者并不真正对公司所有者即股东负责,而是成为实际意义上的公司控制者,控制权的转移使管理者常常追求个人利益的最大化而非股东利益的最大化,因此,所有者应对管理者进行监督制衡以维护自身权益。[①] 产权理论的创始人科斯则认为,企业是由一系列契约联结而成的,简单来说是指投资者的资本与管理者的专业互补而由此产生的委托—代理关系,然而,由于有限理性和机会主义的存在,委托人和代理人的目标效用函数并不一致。[②] 以上理论中所提及的所有者或委托人的概念,与上市公司股东的定义无异。

进一步来讲,在我国等新兴资本市场中,股权集中程度较高带来的是学术研究中所谓的第二类代理问题,即大股东和管理层等内部人对外部股东利益的攫取。具体而言,在股权高度集中的上市公司中,作为委托人的大股东和作为代理人的管理层之间的界定并不清晰,也并不十分重要,在大多数情况下二者已合二为一,拥有着持股量和信息的双重优势。在此种情况下,外部股东向内部人的维权活动变得更有必要,却也变得更艰难。

令外部股东维权形势更加严峻的是"股东集体行动困境"问题,由2016年诺贝尔奖经济学得主哈特提出,即如果股东参与公司治理的获益只是所持有部分的股权,却要付出全部的监督成本,则其将更倾向采用"搭便车"的行为方式。[③] 因此,对市场的大多数中小股东而言,参与公司治理是一件吃力不讨好的事情,这也就说明了为什么市场上大量的投资者都是以财务投资者的形式存在的,进而使原本薄弱的外部股东力量显得更为无力。上述分析表明,在一个内部人高度控制的市场中,外部治理机制亟须构建和加强。

作为最重要的外部股东,机构投资者具备的资金和专业优势使其一方面有能力对上市公司信息进行搜集和解析,另一方面有动机通过积极行为获得监督收益。实际上,施莱佛和维什尼在研究积极股东治理的时候就推断银行、保险公司和投资基金等第三方的机构投资者可能具备监督管理层的功能,甚至必要的时候协同展开对表

---

① See Berle A. and G. Means, *The Modern Corporation and Private Property. Chicago*: *Commerce Clearing House*, 1932.

② See Coase R. H., "The Nature of the Firm", *Economica*, 4(16), 1937.

③ See Grossman S. J., and O. D. Hart, "Takeover Bids, the Tree-Rider Problem and Theory of the Corporation", *The Bell Journal of Economics*, 11(1), 1980.

现差的公司的并购活动。[①] 在中国资本市场,李维安和李滨的研究表明,机构投资者参与对公司治理有显著的改善作用;[②]钱军等认为机构投资者的缺乏是我国公司财务丑闻频发的主要原因之一,[③]说明我国机构投资者对上市公司治理水平的提升具有重要意义。

二、境内外机构投资者的历史沿革和制度变迁

作为主要的市场参与力量,同时也是外部股东中的主力军,机构投资者对优化投资者结构、完善资本市场功能有着不可忽视的作用,同时也是构建外部治理机制的重要一环。

20世纪末,成熟市场的股东积极行为开始兴起。一是机构投资者在上市公司中的整体持股比例持续、快速地增长,机构投资者持股量和持股周期的增加使其更有意愿和能力选择积极参与公司治理,以更充分地获取积极行使股东权益带来的收益;二是资本市场的不断发展刺激了各类金融衍生业务的创新和专业化分工,机构投资者的规模和类型得到了极大的发展,个人投资者开始逐渐选择通过机构投资者进行投资;三是法律法规对养老基金、保险资金等国民保障性投资基金的规范和引导,使其更重视通过参与公司治理来进行资产保全和稳健增值。

(一)美英市场实践经验

以美国为例,美国积极股东的参与主体经历了兴起于养老基金,壮大于对冲基金,以其他专业机构投资者为支撑的当今格局。由国家和集体资源构成的养老基金是最早的股东积极主义发起者:1985年著名的Texaco公司高管利益输送案中,两大养老基金CalPERS和CalSTRS[④] 发起了一场声势浩大的股东维权行动并取得了成功。在这个时期内,股东积极主义主要通过提案的形式进行,而养老基金是股东提案的最主要发起机构。进入21世纪之后,由于上市公司数量的增多和指数化投资策略

---

① See Shleifer A. , and R. W. Vishny, "Large Shareholders and Corporate Control", *Journal of Political Economy*, 94 (3), 1986.

② 参见李维安、李滨:《机构投资者介入公司治理效果的实证研究——基于CCGI^{NK}的经验研究》,载《南开管理评论》2008年第1期。

③ See Allen F. , J. Qian, C. Zhang, and M. Zhao, "China's Financial System: Opportunities and Challenges", *Working paper*, 2012.

④ 分别为加州公务员退休基金(California Public Employees Retirement System)和加州教师退休基金(California State Teachers Retirement System)。

的应用，一些公司的重要股东行为全部由自动化程序完成，公司治理功能被严重削弱，以指数基金为代表的一类机构投资者的理念倾向于“甩掉麻烦，而不是管理麻烦”，成为所谓的懒惰投资者(lazy investors)。① 与此同时，对冲基金开始迅猛发展，以优秀的业绩渡过了互联网泡沫时期，②也成为市场上公认的股东积极主义的参与主体。据统计，有80%以上的股东积极行为由对冲基金发起，如伊坎、阿克曼、勒布等资产管理人旗下的伊坎企业(Icahn Enterprises)、普辛广场(Pershing Square)和第三点(Third Point)为代表的中型对冲基金是最为活跃的积极股东。

美国市场中对冲基金的股东积极主义活动也得到了其他专业机构投资者的认可和跟随。近年来的积极股东行动中，近60%对市值超过250亿美元的目标公司采取行动的发起者自身持股量不足1%，但他们能够通过媒体和公开信等方式阐述行动的合理性，并呼吁其他股东响应和行动，这些进行响应和跟随行动的机构股东被称为积极股东的跟随者。③ 发起者和跟随者两类机构股东的联合行动大大强化了股东集体的影响力，二者也通过各自的方式以较低成本谋求了自身的利益。美国的养老基金、保险资金、共同基金和对冲基金等各类机构投资者以不同的方式积极行使股东权利，督促公司董事会和管理层更重视股东的诉求，从而实现股东价值的最大化。

此外，美国的相关法律法规也在不断促进本国机构投资者积极参与公司治理，为股东积极活动保驾护航。例如，美国劳工部率先于20世纪80年代提出，凡是受职工退休所得保障条例(Employee Retirement Income Security Act, ERISA)约束的养老基金，都需要参与股东大会投票；2003年美国证监会(Securities and Exchange Commission, SEC)发布了《机构投资者代理投票的规则》和《投资公司投票政策与投票记录的披露规则》，作为对1940年《投资顾问法》的补充修订，构成了SEC对机构投资者投票监管的核心规范。自此，美国通过SEC的规则把机构投资者参与公司治理的要求明确地确认下来。④

2009年英国民间组织机构股东委员会⑤发布了一份机构投资者责任守则，并被官方采纳和更名为“机构投资者尽职治理守则”，作为对英国《上市公司治理准则》的补充。该守则旨在加强机构投资者与上市公司的沟通，促进股东回报。与美国不同

① The Economist: Capitalism's unlikely heroes. Feb 7th, 2015.

② World Economic Forum: Direct Investing Institutional Investors, 2014.

③ Activist followers, See JP Morgan: The Activist Revolution, 2015.

④ Ziding Proxy Management, 2017.

⑤ Institutional Shareholders' Committee.

之处在于英国的守则并非强制执行,而是按照“遵守或解释”的原则执行,即如果不遵守相应的守则内容,则需要解释为什么这样做是否已经符合要求。英国的这一做法也引发了更多市场进行效仿,尤其是东亚地区。

2016年年末英国特雷莎·梅政府发布了一份绿皮书,就英国公司治理框架的拟议改革发表意见。绿皮书的一个核心关注认为,缺乏股东参与是对上市公司实施监督时亟须解决的问题,因此要求机构投资者强制披露其投票记录,并对其使用代理投票或投票咨询服务的程度和效果进行评估。此外,英国政府还表态将结合绿皮书所征询的意见形成新的法律法规,以促进“脱欧”后对国际投资者的吸引力。

(二)亚洲市场实践经验

在我国的邻国日本,安倍政府将发展国际机构投资者和股东积极主义视为促进日本本土公司质量、提振国民经济的重要手段。从历史沿革来看,日本的上市公司存在创新不足,在投资上不敢承担风险,股权收益率长期持续低迷,家族文化氛围和员工利益维护倾向显著等问题,反过来忽视了股东利益和企业效益。[①] 并通过公司间交叉持股和对机构投资者严苛的投资制度来保护公司内部人的利益。安倍政府推动的公司治理改革的着力点,正是寄希望于国际机构投资者带动本土机构投资者,通过积极发挥股东权益的大棒来推动作为国民经济基石的本土企业的改革。

又如,与我国同为新兴市场的印度,其相关制度也旨在不断促进机构投资者更广泛地参与公司治理。2017年3月由印度财政部部长领导,印度证券交易委员会、印度的保险监管与发展局及退休金监管与发展局共同组成的印度金融稳定与发展委员会,针对机构投资者如何参与公司相关议题的投票制定尽职治理守则草案,提高退休基金、保险公司及共同基金等机构投资者的披露标准。[②] 近年来,已有马来西亚、日本、韩国、新加坡和我国台湾地区等亚洲地区市场实施类似的守则以确保机构投资者尽职履行受托义务,倡导机构投资者更积极地通过行使股东权利参与公司治理。

(三)我国市场实践经验

我国资本市场的投资者结构以中小投资者尤其是散户为主,投资者保护工作是重点和难点。然而,上市公司内外部信息不对称和各类违法违规行为严重侵害中小投资者权益,投资回报和股东维权等机制并不健全。因此,通过有效的公司治理机制

① 参见中国基金业协会:《借鉴国际经验,发挥机构投资者作用,完善公司治理》,载传送门网:https://chuansong.me/n/1446126052436,最后访问日期:2018年6月20日。

② 参见曾斌、林雨晨:《双重股权结构在中国证券市场落地的可行性》,载《证券时报》2018年4月4日,A10版。

保护投资者合法权益就十分必要。早在 2000 年,时任证监会主席周小川就提道,“证券市场的首要工作是大力推进国内机构投资者的培育,要采用超常规的,具有创造性的思路培育机构投资者”,之后的近 20 年来,我国的公募基金、养老基金、保险资金、私募基金等机构投资者开始快速发展,类型和投资渠道也在持续丰富,同时投资的限制也被不断放宽。

三、我国机构投资者参与公司治理的现状和问题

随着资本市场的不断发展,近年来我国以公募基金为代表的机构投资者在公司治理方面做了积极的探索和尝试,通过参加现场股东大会对管理层进行提问和质询、积极行使投票权参与上市公司重大事项的决策以及提名董事进入董事会等方式参与到上市公司治理中,涌现了如反对双汇发展放弃优先受让权、反对格力电器控股股东派驻董事等股东积极行为的案例。然而,就总体而言,我国机构投资者参与公司治理积极性不高,环境阻力较大。

第一,客观的市场环境不利于机构投资者参与公司治理。由于我国上市公司股权高度集中和大股东强控制等特征,上市公司中有很大一部分是由国有控股,而非国企中又有很多由创始团队控制。因此,两类产权性质下我国上市公司股权结构“一股独大”的现象普遍存在,机构投资者作为外部股东,往往需要挑战的是持股量差距悬殊的大股东,这大大降低了机构投资者行使股东权利的动机和意愿,难以起到根本性影响。

第二,未有合适的机构股东能够担当起参与公司治理的重任。虽然我国机构投资者发展迅速,在一些上市公司中持股占据了较大比例,但我国机构投资者的整体持股比例仍然比较低,2016 年我国机构投资者持有流通 A 股占比仅为 14.49%,这一比例自股改之后就一直在 15% 左右徘徊,持股比例最高的机构投资者的公募基金仅占 4.36%,且占比呈逐年下降趋势。[①] 以公募基金为例,由于“双十限制”,其投资呈现分散化和短期化和特征,很多产品的换手率一年可达十几倍;同时,由于投资组合中的上市公司数量很多,投委会往往没有那么多精力逐一进行决策,大多由基金经理自行决定,对公司治理的关注较少。因此,我国缺少规模较大,在资本市场和上市公司

① 参见《2016 年中国证券监督管理委员会年报》。

治理上有较大影响力的机构投资者。

第三,缺乏相关法律法规的指引和支持。除上述对公募基金的“双十限制”之外,其他机构投资者如社保基金、养老基金和保险资金等进入资本市场也有诸多限制。此外,目前的法律法规体系没有对机构投资者参与公司治理的内容的详细阐述和指引措施,甚至缺少对机构投资者的界定和行使股东权利的渠道建议,这无疑不利于规范和鼓励机构投资者参与公司治理实践活动的展开。

第四,部分机构投资者散户化,投机心态严重。我国资产管理行业、机构投资者发展时间较短,投资者尚不成熟,投资者短期收益需求、业绩排名等压力令大部分机构投资者更为注重短期收益,机构投资者更重视企业的短期价格、其自身利益是否受到损害,还存在相当一部分机构投资者采取“用脚投票”的做法,尚未全面形成促进上市公司提升长期价值的良好环境。部分机构投资者道德底线低,社会责任意识不强,利用杠杆资金进行并购,谋求公司的控制权并过分追逐短期收益,忽视其所代表投资者所能承受的风险、忽视公司长期发展价值、忽视其他中小股东利益,严重扰乱了市场秩序。

第五,机构投资者参与公司治理的少数案例不具有代表性。少数的几个案例并不具备普遍意义,且背后可能另有原因:部分机构投资者介入公司治理,提出罢免董事等提案的初始动机可能并非是为了提升公司价值,更多的是为了吸引或转移市场注意力的行动;还有部分机构投资者向上市公司委派董事只是为了将股权计量方法从市场法变更为成本法,进而对财务报表进行粉饰。

四、准则修订稿相关内容的亮点

鉴于我国机构投资者参与公司治理的现状和实际问题,既不可照搬理论,也不能完全依赖境外市场的经验,应在充分了解、调研我国国情的基础上作综合考量。本次准则修订稿第77条至第79条的内容很好地对相关理论与实践、境外经验与本土国情进行了结合,主要有以下几个值得关注的亮点。

第一,体现了对参与公司治理的股东主体的鼓励方向。我国法律中并没有关于机构投资者或机构股东的定义,学术理论中的研究主体也并不一致。一般而言,广义上的机构投资者是指用自有资金或者从分散的公众手中筹集的资金专门进行有价证券投资活动的法人机构。准则考虑到我国市场化程度和投资者结构等问题,采取列举但不限定的方式适当选取了部分常见的机构投资者做重点描述,提出鼓励其参与公司治理,为未来可能不断壮大的其他类型机构投资者留有余地。

第二,提供了机构投资者参与公司治理的具体路径。机构投资者作为上市公司股东,主动行使股东权利的情形并不多。准则为机构投资者如何参与公司治理提供了具体的路径指引,明确鼓励机构投资者通过投票表决、质询建议、董监高选聘和持续监督等方式参与公司的重大决策,从而在公司治理中发挥积极作用。虽然这些条款内容主要以倡导性质为主,但也能够为机构投资者如何积极行使股东权利提供参考和依据。

第三,引导机构投资者在资本市场中发挥正面作用。需认识到,在部分上市公司治理事件中,机构投资者并没有起到正面积极作用,反而成为与内部人共同攫取中小股东利益的合谋和投机者。准则也正是考虑到了这一点,因而强调机构投资者合理参与公司治理,旨在降低机构投资者的负面作用,积极倡导其正面作用的积极发挥。

第四,鼓励机构投资者公开其参与公司治理的过程,通过信息的传递更大程度上激发市场的自调节效应,初步建立了机构投资者参与公司治理和市场之间的联动机制,为实现调动更多的市场力量参与公司治理奠定了基础。

综上几点来看,准则修订稿的相关内容是在充分借鉴成熟市场经验,同时紧密结合我国市场实际情况下做出的修订,并非只是就政策建议泛泛而谈,而是具备了较强的可操作性和一定的前瞻性。

五、展望与建议

我国机构投资者在参与上市公司治理方面做了许多积极尝试和实践,但整体上而言,机构投资者参与公司治理的程度、系统性较国际水平有一定差距,部分机构参与公司治理的目的是谋取公司控制权或获取短期资本收益,而不是为了提升企业的长期价值,对于资本市场具有不利影响。究其原因,既有机构投资者整体持股比例不高、上市公司"一股独大"对比之下对公司事务话语权和影响力的差距,也有相关法律法规的依据和支持不足的因素。就整个市场环境和氛围而言,我国资本市场尚未形成良性的长期价值投资理念。因此,需要研究有利于促进机构投资者参与公司治理的环境和机制。

本次准则对机构投资者参与公司治理相关内容的修订具有重要里程碑意义,不但实现了与国际上通行的《OECD 公司治理原则》的最新修订标准的接轨与融合，更是结合当前我国社保基金、保险资金和公募基金等各类机构投资者进行的本土化实践探索。此外，修订内容也与A股加入MSCI(Morgan Stanley Capital International, MSCI),QFII(Qualified Foreign Institutional Investors,QFII)新政和“深沪港通”等国家金融改革开放政策相适应，为更好地引入国际投资者，形成境外经验和本土市场结合下的探索联动奠定了规则依据。基于本次准则修订，对发挥机构投资者重要作用、积极推进上市公司治理水平有几点展望与建议。

(一)对各类机构投资者参与治理提供更细致的建议

准则的相关内容以原则性规定为主，不可能有针对性地对每一类机构投资者进行单独阐述，但实际上各类机构投资者有着不同的投资策略和决策参与方式。准则颁布后，一方面需要得到社保基金理事会、银保监会的联动支持，另一方面仍需要证券业协会、基金业协会、上市公司协会等行业自律组织出台配套的实施细则。

具体而言，社保和养老基金、公募基金、保险资金、银行和私募基金等各类机构由于资金来源和契约结构的差异，行为也具有一定的异质性，因此，必须从收益的角度考虑各类机构参与治理的主动性和积极性。例如，对于已经具备稳健投资属性的机构投资者如社保和养老基金，可更多考虑拓宽其参与治理的渠道；而对于较市场化的公募基金，更多应该考虑如何激发其参与治理的意愿，减少参与方面的成本和障碍；又如对于尚不规范的私募基金而言，应从行业整体的规范和引导入手，逐步优化其参与公司决策的机制。

(二)对机构投资者自愿性公开治理信息设置奖励机制

成熟市场具有影响力的机构投资者会公开发布公司治理报告，起到了很好的示范作用和市场监督作用。相较而言，我国机构投资者较少披露相关的信息，究其原因是将公司治理视为合规性要求，而并未认识到公司治理机制的建设有助于企业价值和股东回报，这种底线思维使公司治理机制无法充分发挥远高于合规性之上的效用。从披露主体的角度出发，尽量少地进行相关的信息披露是一种趋利避害的市场行为。从现阶段的激励机制来看，增加自愿性披露的内容并不会给披露主体带来显著收益，却可能带来不必要的麻烦。

准则既已鼓励机构投资者公开其参与上市公司治理的信息，不妨在未来进一步推出更多的配套奖励机制，令机构投资者参与公司治理的行为得以被市场所知晓，从而逐步引导外部股东意识的觉醒和深化。具体而言：第一，建议基金业协会等主管单位在对机构投资者信息披露质量评价时，加大公司治理信息披露的考核权重，鼓励披露主体增加自愿性披露，并对完成一定增量信息披露的主体予以加分奖励，进一步地，可考虑建立更完备的信息披露评价体系，并据此对日后披露主体的其他事项审核进行具体区分，真正通过激励机制来使股东积极主义更好地体现；第二，可借鉴英美的年报编制模式，将格式与内容分开，为披露内容的指引提供充分的空间，还可借鉴德国和我国香港特别行政区的做法，要求上市公司单独出具公司治理报告；第三，可摘取部分机构投资者调研上市公司互动时有代表性的内容记载于上市公司的定期报告中，增加信息含量。

（三）持续探索适应我国投资者结构的制度安排

在我国现有的投资者结构特征下，机构投资者参与公司治理能力不足的根源问题难以消除，可尝试进一步探索更有效的制度安排来强化机构投资者的治理力量。除了考虑对部分机构持股的比例限制进行适当松绑之外，还可以尝试对现有的外部股东集体力量进行强化。从近年的外部机构股东联手参与公司治理的市场实例来看，后者不需要改变上层的法律法规架构，似乎更具有可行性。

具体而言，积极为机构投资者的联合行动创造更方便快捷、成本更低的环境空间，如通过行业交流和培训等方式，增进不同类、同类不同家以及境内外机构投资者之间的沟通学习和相互借鉴，促进机构投资者集体作为外部股东的话语权的提升。

当然，在机构投资者进行联合行动的场景下，监管层可考虑对一致行动人的相关规则进行更准确的释义，尽量避免使机构投资者等外部股东合理参与公司治理的行为被模糊化为一致行动关系，造成对股东行权不必要的阻碍。

（四）推动治理咨询行业在我国的探索和实施

在境外成熟市场，公司治理咨询机构作为提供与公司治理相关服务的中介机构，主要通过投票建议的方式，显著影响了公司治理的结果。美国共有五大公司治理咨询机构，其中影响力最大的是成立于 1985 年的机构股东服务公司（Institutional Shareholder Services，ISS），以 ISS 为代表的公司治理咨询机构主要提供包括投票建议在内的多项服务。随着机构投资者的发展壮大，公司治理咨询机构的影响力也不断扩大：一方面，美国等境外成熟市场主要以机构投资者为主，其中指数基金、养老基金等被动投资者占有较大比例，这些被动投资者在面对大量投资标的公司和随之不断增长的投票事项数量时显得力不从心；另一方面，ESG 投资、积极股东等理念又驱使机构投资者持续关注公司治理问题。因此，很多机构投资者对公司治理咨询机构有着较强的需求和依赖。

在我国,随着长期价值投资理念的深化、A股纳入MSCI指数以及"沪港通""深港通"的开通,越来越多的境内外机构投资者开始重视公司治理问题,对投票建议等服务的需求也在不断增加。我国尚无美国ISS这样的市场化运作的第三方治理咨询机构,目前主要的投资者保护机构是通过股东诉讼的方式进行维权的中证中小投资者服务中心。作为补充,可以考虑由相关监管部门引导设立第三方平台,为股东之间,尤其是机构股东之间的沟通和交流提供便利,也为积极股东就上市公司争议问题进行集体讨论和联合行动构建有效的市场机制。在探索公司治理咨询机构的本土融合之余,还可借鉴其运作经验,以我国现有的公司治理相关机构为平台,通过准行政化手段激发市场对公司治理的正向调节功能,引导和促进上市公司治理水平的提升。有效发挥上市公司协会、证券投资基金业协会等自律组织,以及高校等科研单位的作用。由于这些组织和单位并非市场化机构,独立性相对较强,一方面可以深入开展研究分析,定期发布对上市公司治理水平和机构投资者参与公司治理的评估报告;另一方面可以通过座谈会、研讨会等方式,促进市场各方就公司治理实践进行有益交流,助力公司治理水平的改善。

理论探究

INVESTOR

差异化股权制度东渐背景下的中小股东保护

汪青松[*]　肖　宇[**]

摘　要：关于差异化股权构造的争议由来已久，但其从欧美到亚洲的勃兴具有理论基础和现实需求。继日本早在2005年开始放弃对股份类型的严格限制之后，近年来，作为亚洲主要资本场所的中国香港特别行政区和新加坡也都开启了拥抱差别化股权制度的变革之路，并相继在2018年4月和6月实施了最新的上市规则，允许采用了双重类别股权构造的公司上市，以顺应新经济公司在公司治理上的特殊性。这种变革趋势能够给我们的公司法和证券法的发展带来有益的启示和借鉴。但同时，差异化股权构造对中小股东利益的影响也是两面性的，由此就需要采取有效的措施来加强对采取差异化股权构造的公司中的中小股东利益的保护。

关键词：一股一票　差异化股权　双重类别股份　中小股东保护

由于以双重类别股份构造为代表的差异化股权制度和传统的"一股一票"原则相背离，因此，关于其争议由来已久，并在欧洲一度呈现出严格限制的趋势。不过，2008年以来的金融危机又使双重类别股份构造的优势在欧美更加引人关注，特别是美国对于双重类别股份构造所采取的极为包容的公司法制度和上市规则，使纽交所和纳斯达克成为对创新企业极富吸引力的IPO（Initial Public Offerings）场所。基于本地资本市场国际竞争力的考量，中国香港特别行政区和新加坡等亚洲主要证券市场都开启了拥抱差别化股权制度的变革之路，并相继在2018年4月和6月实施了最新的上市规则，允许采用了双重类别股权构造的公司上市，以顺应新经济公司在公司治理上

---

*　西南政法大学民商法学院教授、博士研究生导师。

**　华东政法大学国际金融法律学院副教授、硕士研究生导师。

的特征,支持对公司价值有贡献的管理团队在持续融资后保留上市企业治理架构的相对稳定。在差异化股权构造不断东渐的浪潮推动下,国务院办公厅于2018年3月转发了证监会《关于开展创新企业境内发行股票或存托凭证试点的若干意见》,旨在为存在投票权差异等特殊安排的红筹企业的回归营造宽松的制度环境。因此,加强对差异化股权构造的理论基础及其对中小股东权益影响的研究具有重要的理论和现实意义。本文在此将简要梳理差异化股权制度在亚洲主要法域扩展的基本脉络,并分析差异化股权制度对中小股东利益的影响,以期为我们正在进行中的制度变革提供可资参考的有益启示。

一、差异化股权制度的勃兴:理论基础与现实需求

(一)差异化股权的理论基础

1. 公司自治理念日渐受到重视

近年来,公司自治成为公司法理论研究的重要主题。有研究指出,公司法上自治界分的实质是维护组织体信赖关系的和谐,追求组织治理稳定与实现法益平衡。① 股东作为公司的所有者在公司自治中居于核心地位,现代公司自治实质上即为股东的自治,公司及公司制度的产生与发展均是以股东为核心力量进行的,公司制度功能的发挥关键在于股东自治的实现。② 因此,中国新一轮公司法改革的最终目标应定位于实现从管制型公司法向自治型公司法的战略转型,自治型公司法应树立以效益为基点的均衡发展理念。③ 从制度目标上来说,当代公司法不能单纯以被动填补缝隙为目的,而需在公司基本框架、股东权利保护、公司机关设置等关键制度领域引入主动提供多重选项的模式。以"选择"功能代偿"填空"功能的策略需充分考虑公司实践的不同可能性,提升机制形成过程中当事人的参与度,由此促使公司自治从形式走向实质。④ 就立法技术上而言,应当重新设计公司自治的选择架构,设置惩罚性缺省并形成清单式指引将在保全主体选择自由的前提下促成对小股东的保护,进而有效回应

① 参见冯果、段丙华:《公司法中的契约自由——以股权处分抑制条款为视角》,载《中国社会科学》2017年第3期。

② 参见常健:《股东自治的基础、价值及其实现》,载《法学家》2009年第6期。

③ 参见赵万一、赵吟:《中国自治型公司法的理论证成及制度实现》,载《中国社会科学》2015年第12期。

④ 参见周游:《从被动填空到主动选择:公司法功能的嬗变》,载《法学》2018年第2期。

股东压制问题,实现软家长主义对公司自治的提升。[①] 公司设立种类股是私法自治在公司法领域的具体体现。私法自治原则赋予了种类股股权的具体设计的正当性。[②]

2. 公司语境下的平等内涵向实质层面演进

传统公司法理论基于对公司的资合性认知,坚持所谓的股份平等。随着股东之间的异质性不断被认同,传统的股份平等逐渐被股东平等所取代,股东平等原则被认为是投资者保护中的一项基本原则,渗透于公司法和证券法的全部领域。[③] 股东平等的内涵也逐渐从抽象平等向实质平等发展,据此,公司制度设计不能仅从"资"的视角将股东视为无差异资本的载体,而要从"人"的视角关注股东之间在稳定收益、强化控制、减小风险等方面的不同偏好,由此不断催生出股份公司内部权力配置的结构性变革。[④] 在现代公司法中,无论是大陆法系还是普通法系,都不再固守僵化的形式平等,而是承认同股不同权这一股东形式平等原则的例外情形。[⑤]

3. 股权配置比例性原则的弱化

长期以来,双重股权结构被认为是违反了"一股一票"原则和破坏了股东民主。[⑥] 但实际上,大型公众公司股东之间不仅在利益诉求上存在显著差异,其本身的投资偏好、理性判断能力也都不尽相同,"一股一票"所立足的股东"同质化"假定并不符合股东利益与偏好的客观现实。公司法的去规制化是现代公司法发展的基本取向,股东权利行使的态度等方面都具有很大的异质性,权利的多元化配置也应当是公司自治的当然要义。[⑦] 同时,资本市场和金融创新带来了公司治理的革命,在传统的"一股一票"和新兴的双重股权结构之外,将股东表决权与持股期限相关联的任期投票制成为了一种新的选择。通过给予长期股东超额表决权,能够避免短期股东的短期行为损害公司长期利益,并对股东形成长期持股的激励,从而有利于公司长远发展和投资者结构的完善。[⑧]

---

① 参见潘林:《论公司法任意性规范中的软家长主义——以股东压制问题为例》,载《法制与社会发展》2017 年第 1 期。

② 参见任尔昕:《关于我国设置公司种类股的思考》,载《中国法学》2010 年第 6 期。

③ 参见编辑部:《论股东平等原则下的中小股东权益保护》,载《证券市场导报》2013 年第 6 期。

④ 参见汪青松、赵万一:《股份公司内部权力配置的结构性变革——以股东"同质化"假定到"异质化"现实的演进为视角》,载《现代法学》2011 年第 3 期。

⑤ 参见朱慈蕴、沈朝晖:《类别股与中国公司法的演进》,载《中国社会科学》2013 年第 9 期。

⑥ See Sanford Grossman and Oliver Hart, "One Share-One Vote and the Market for Corporate Control", 20 *Journal of Financial Economics*, 175, (1988).

⑦ 参见汪青松:《论股份公司股东权利的分离——以"一股一票"原则的历史兴衰为背景》,载《清华法学》2014 年第 2 期。

⑧ 参见袁康:《任期投票制:一种可能的表决权安排》,载《法商研究》2018 年第 3 期。

4. 控制权的重要价值不断彰显

公司控制权属于由私法调整的一种私权利,其产生于对公司的所有权,是财产权的一种形式。公司控制权是股东收益权和控制权的集合,具有"权利束"的特征,是一种集合的财产权。[①] 公司控制权是公司法中各项权利的核心。[②] 公司控制人同其他股东的利益并不完全一致,其不仅可以同其他股东一样通过上市公司的盈利来获取收益,而且可以利用其控制权通过关联交易、资金占用、违规担保等资产转移手段来谋取私人利益。[③] 在法定的单一股权构造模式下,中国上市公司的控制股东通常通过金字塔结构施加控制,通过处于金字塔较高层的公司控制那些处于金字塔低层的公司。[④] 但域外的实践普遍表明,双重类别股权构造是保持控制权的有效方式。

(二)中国对于差异化股权的现实需求

1. 创新驱动发展战略的实现有赖于资本市场的支持

2015年3月13日发布的中共中央国务院《关于深化体制机制改革加快实施创新驱动发展战略的若干意见》中指出:"创新是推动一个国家和民族向前发展的重要力量,也是推动整个人类社会向前发展的重要力量。""加快实施创新驱动发展战略,就是要使市场在资源配置中起决定性作用和更好发挥政府作用,破除一切制约创新的思想障碍和制度藩篱,激发全社会创新活力和创造潜能,提升劳动、信息、知识、技术、管理、资本的效率和效益,强化科技同经济对接、创新成果同产业对接、创新项目同现实生产力对接、研发人员创新劳动同其利益收入对接,增强科技进步对经济发展的贡献度,营造大众创业、万众创新的政策环境和制度环境。""到2020年,基本形成适应创新驱动发展要求的制度环境和政策法律体系,为进入创新型国家行列提供有力保障。"2018年3月22日,国务院办公厅转发证监会《关于开展创新企业境内发行股票或存托凭证试点若干意见的通知》中也明确指出该通知发布的目的是"为进一步加大资本市场对实施创新驱动发展战略的支持力度,按照市场化、法治化原则,借鉴国际经验,开展创新企业境内发行股票或存托凭证试点"。

2. 收购与反收购的均衡

从历史渊源来看,我国在制定收购监管框架时,受香港模式影响很大,从而间接

---

① 参见覃有土、陈雪萍:《表决权信托:控制权优化配置机制》,载《法商研究》2005年第4期。

② 参见林全玲、胡智强:《公司控制权的法律保障初论》,载《社会科学辑刊》2009年第4期。

③ 参见徐向艺、宋理升:《上市公司实际控制人与信息披露透明度研究》,载《经济管理》2009年第10期。

④ 参见肖作平:《所有权和控制权的分离度、政府干预与资本结构选择——来自中国上市公司的实证证据》,载《南开管理评论》2010年第5期。

形成了对英国收购监管模式的借鉴。其突出特点之一就是在公司法和上市规则中都清晰地表明"一股一票"原则,由此在间接上造成了禁止差异化股权结构应用的效果。从社会市场条件来看,这种选择也可能是由于在公司法、证券法制定之时,敌意收购在中国很少见,立法者在制定法律时并没有对恶意收购予以过多考虑。从外部市场环境来看,2008 年金融危机之后,中国采取了大量的金融刺激政策,释放了大量的资本,其中很大一部分最终流入了收购领域。因此,市场呈现出收购蓬勃发展的趋势,敌意收购也不断涌现,而相应的法规是与此不相适应的。鉴于美国证券交易所对收购防御,特别是双重股权结构的容忍对中国公司产生了强烈吸引力,为了寻求对发行特别投票权股份的柔性监管环境,许多中国公司选择美国证券交易所作为其首次公开募股(Initial Public Offering,IPO)的场所。截至 2017 年年底,美国证券市场上市的中国内地企业达到了 170 家(纽交所挂牌企业 67 家、纳斯达克市场挂牌企业 103 家),其中约有 3/10 的采用双重股权结构。这表明中国上市公司对双重股权结构的需求似乎很大。因此,随着中国资本市场的收购行为日渐多发,包括差异化股权设计在内的反收购措施作为目标公司应对敌意收购的自发产物,能够与非市场力量的外在立法与监管一起抑制收购活动的负面作用,促进良性的、公平的收购市场的形成。①

3. 混合所有制改革与完善公司治理的需求

目前,国有企业混合所有制改革正处于攻坚克难的阶段,国有资本的角色定位与权利义务设置是混合所有制改革成败的关键。正如有学者指出的,双层股权结构模式能够在实现国有资本淡出的同时,保有国家对特殊领域内的企业实施必要的控制,这与国企二次改革的核心任务相契合,可以通过适用对象、适用范围的限制,结合配套制度的完善,在将其风险降至最低的前提下加以运用。②

从内部治理需求来看,控制权保持已经成为公司治理机制设计的重心。中国股份公司在"一股一票"模式下也存在多种实现股权差异化的主要变通方式,如传统的金字塔式企业网络构造、投资协议中的特别约定、公司章程的特殊安排(如阿里巴巴的"合伙人制度")、部分海外上市中概股公司的特殊股权构造、试点中的优先股等。特别是随着敌意收购不断出现,尽管监管反应相对滞后,但商业实体则迅速采取行动以寻求构建某种反收购的安全港。近两年,有大量的上市公司都通过修改公司章程

① 参见汤欣、徐志展:《反收购措施的合法性检验》,载《清华法学》2008 年第 6 期。

② 参见冯果、杨梦:《国企二次改革与双层股权结构的运用》,载《法律科学》(西北政法大学学报)2014 年第 6 期。

的方式构建起形态各异的反收购机制。

二、亚洲主要法域差异化股权制度变革与启示

(一)亚洲主要法域的制度变革

1. 日本

在很长时期,日本证券交易所上市的几乎都是普通股,唯一的例外是一个私有化的石油公司——英派克斯公司(Inpex Corporation),该公司在2004年11月发行了一种由日本政府拥有否决权的股份(所谓的黄金股)。2005年有关股份公司的商法规则被日本公司法所取代。该法对股票类别的规定进行了一些根本性的改变。日本《公司法典》第105条第1款规定了股东对其所持股份享有接受盈余金分红、接受剩余财产分配和股东大会上的表决权等项权利;该条第2款同时规定,只有前两项权利是必须赋予股东的。这一款隐含的意思就是公司章程可以对股份的表决权作差异化配置。该法第188条、第189条进一步明确规定:股份公司对其发行的股份,可在章程中规定以一定数量的股份作为股东可在股东大会或类别股东大会上行使一个表决权的一单元的股份;股东持有的单元未满股份,不得在股东大会及类别股东大会上行使表决权。为响应2005年公司法,东京证券交易所(Tokyo Stock Exchange,TSE)积极推进上市制度改革。新的上市规则在2008年7月实施,合并了一个关于类别股份的新的分类上市体系的大纲草案,新上市规则放松了对在IPO中使用某些类型的双重类别股份的管制,但已经上市的公司仍然无法发行各种类别股份。在新规则中,"关于表决权的类别股份"被界定为没有表决权的股份、具有超过其他类别股票的表决权的股份以及具有投票权的股份少于其他类别的股份。东京证券交易所将基于个案来决定一个公司是否有资格发行两种或两种以上具有不同表决权的股票类别,并对任何可能损害现有股东利益的担忧进行考量。对发行股票的申请的审查将涉及正式审查和实质性审查。正式审查相当于普通股的上市要求,将检验申请公司是否符合《股票上市审查标准》中规定的量化标准。实质性审查将针对具体的申请个案来决定相关股份的方案是否充分尊重了股东的利益的基础上维护股东利益。

2. 中国香港特别行政区

基于历史的原因,中国香港特别行政区的公司和金融制度很大程度上继承了英国的制度,因此,中国香港公司证券法规则与英国非常类似,也不鼓励采用双重股权

结构，即在公司法层面允许采用，在证券法层面不允许公开上市。关于允许公司采用双重股权结构的制度主要体现在中国香港《公司条例》的相关规则中，如该条例第136条第2项(b)规定："公司某一类别的所有已发行股份，均属已缴足股款股份，并就所有目的而言，其位阶属相等，则该等股份只要保持属已缴足股款股份，以及就所有目的而言，其位阶与当其时所有已发行并属已缴足股款的相同类别股份相等，即无须识别号码。"再如该条例第623条关于"对有股本的公司的某类别的股份的股份持有人的会议的适用范围"第4项规定："更改某类别的股份权利的会议的法定人数是——(a)(如并非属经延期的会议)2名合共持有最少三分之一的有关类别的股份的股份持有人的总表决权的人亲身出席或委派代表出席会议；及(b)(如属经延期的会议)一名持有任何属该类别的股份的人亲身出席或委派代表出席会议。"

关于双重股权结构公司上市的禁止性规定主要体现在港交所的上市规则中。中国香港地区原来的《主板上市规则》第2.03条第4项和《创业板上市规则》第2.06条第4项都规定："上市规则反映了市场上目前可接受的标准，旨在确保投资者能够保持对市场的信心，尤其是……所有上市证券持有人都受到公平和平等地对待。"《主板上市规则》第8.11条与《创业板规则》第11.25条都表明：除非在与交易所达成一致的特殊情况下，新申请者的股本不得包括表决权与其股份权益不存在合理关系的股份("B股")，交易所将不会挂牌上市发行人发行的任何新的B股，也不允许已经发行上市公司发行任何新的B股(除非已经在本交易所或任何其他证券交易所上市)。港交所上市规则中的"表决权"一词被解释为旨在限制所有双重股权结构，包括那些给予增强或排他性董事选举权的构造，以及那些通过在公司章程中嵌入这些权利而获得相同效果的公司。该规则规定了港交所在例外情况下采取个案方式批准双重股权结构公司上市的权利，但是，在相当长的时期，并没有双重股权结构公司在所谓例外情况下被港交所接纳。

港交所《主板上市规则》第8.11条自推出以来一直保持不变，因为它是出于市场整合的考虑。然而，对于阿里巴巴在港上市申请的拒绝不仅导致香港金融界大约3亿美元咨询费收益的预期损失，也损害了港交所的交易体量和声誉，由此，港交所面临着改变该规则第8.11条的压力。为了吸引中国内地的技术公司，2014年8月29日，港交所公布了长达108页的概念性文件，征求公众对双重类别股份的看法。该概念文件考虑了投资者保护原则、现行监管框架、香港特别行政区作为世界顶级上市场所之一的竞争力以及双重类别股份的其他司法实践，旨在对双重类别股份公司是否应该被允许上市的争论进行评价。港交所在审查了所有对概念文件的回应后,于2015年6月19日公布了其结论,表示支持公众对其上市规则的拟议变更和双重类别股份的可接受性进行咨询,支持双重类别股份的使用,并表示相信有适当措施可以减轻双重类别股份给投资者带来的潜在风险。提案草案包括一系列旨在为股东提供额外保护的措施,如将双重类别股份的使用限制在一定规模的公司。不过,香港证券及期货事务监察委员会却对变革表达了担忧,其认为虽然港交所的草案提案提供了多项保障措施以防止滥用其拟议的双重类别股份,但其声明中的保障措施是否足够仍存疑问,证券监管部门的监管职能是“维护公平和透明度的核心原则,这将巩固香港作为国际金融中心的声誉”,[①]而如果双重类别股份结构变得司空见惯,香港的声誉将受到损害。尽管存在这些质疑,港交所最终还是在2018年4月30日推出了25年来幅度最大的上市制度改革,规定香港证券市场对于新经济公司将可实现同股不同权,以顺应新经济公司在公司治理上的特征,支持对公司价值有贡献的管理团队在持续融资后保留上市企业治理架构的相对稳定。

3. 新加坡

新加坡传统的公司证券立法支持公司反对稀释比例性原则的做法。新加坡证券交易所(Singapore Exchange Limitved,SGX)在2011年发布了指南,指出鉴于双重股权结构会导致根深蒂固的控制,因此,新加坡不允许双重类别股份的上市。但报纸公司的上市是例外,新加坡《报业和印刷出版法》要求新加坡上市的报业公司(如新加坡报业控股),发行不同类别的股份。[②] 在新加坡发行的每一份报纸都必须创建两类股票——管理股和普通股。对于任何与报社董事或工作人员的任免有关的决议,每一个管理股东都有200倍于普通股东的投票权。[③] 管理股只能由政府许可的新加坡公民或公司持有,并且政府可撤销对持有管理股份的许可。

2012年由于新加坡证券交易所拒绝接受双重类别股份,誉满全球的足球巨擘曼彻斯特联合足球俱乐部放弃新加坡而转向纽约上市并最终募得2.33亿美元。这一事件引发了新加坡各界广泛的争议,不少人质疑新加坡证券交易所是否因为晦涩难解的公司治理要求而错过了吸引全球名企上市?2014年阿里巴巴在纽约证券交易所上市,这再次引发人们追问新加坡证券交易所为了“一股一票”原则而丧失了多少优

---

① SFC,“SFC Statement on the SEHK's Draft Proposal on Weighted Voting Rights”,http://edistributionweb.sfc.hk/t/ViewEmail/j/C5CD004D12EE9F25/F672ACDCDBF32846942 A2DF08F503B7C,25 June 2018.

② Singapore Newspaper and Printing Presses Act(Cap. 206),section 10.

③ Singapore Newspaper and Printing Presses Act(Cap. 206),section 10(1).

秀的双重类别股份公司？

实际上，新加坡政府早已经开启了修订公司法以移除“一股一票”限制的工作。成立于2007年、负责对公司法进行全面审查的“公司法指导委员会”于2011年4月提交《公司法修正案》进行审议。该议案建议允许公司在章程许可并获得特定保障的情况下发行无投票权股份和多重投票权股份。指导委员会解释说，这样做的理由是无投票权股份和多重投票权股份将赋予这些公司在资本管理方面有更大的灵活性。2012年10月公司法指导委员会的建议被新加坡财政部(Ministry of Finance, MOF)接受。财政部认为，该建议的实施将使新加坡法律与美国等发达国家接受双重股权结构的主流做法相一致。与该提议相关的是，财政部要求引入特定的保障措施，主要包括以下几点：(1)带有不同表决权的股份的发行必须经股东会特别决议批准；(2)每一类别股份所附表决权的信息必须在相应的会议召集通知中表明；(3)公司必须在其章程中规定不同类别股票的权利，明确划定不同类别的股份，以便股东了解任何特定类别股票的权利；(4)无表决权股份的持有人对于公司清算或者无表决权股份的权利变更等事项的决议享有平等的表决权。2013年5月和10月，新加坡财政部会同会计与公司监管局(Accounting and Enterprise Supervison Bureau, ACRA)就《公司(修订)条例(2013)》草案进行了两轮公众咨询。2014年10月新议会通过了《公司(修订)条例草案》(第25/2014号)，该修正案取消了“一股一权”的限制，允许上市公司发行无表决权或多重表决权的不同类别的股份。根据修订后的新加坡《公司法》第16.6.3条规定：总体而言，有两大类股票——普通股和优先股。顾名思义，优先股是赋予这些股票持有者特定优先性的股票，这种优先性可以采用股息或资本回报的形式，例如，优先股的条款可以规定，这些股票持有者有权在向普通股持有者支付股息之前获得特定比率的股息。

随后，新加坡交易所和金融管理局(Monetary Authority of Singapore)开始审查双重类别股份是否可以扩展到上市公司。2018年6月26日，新加坡交易所推出了新的规则，允许双重类别股份的公司股票上市，这是继资本市场的主要竞争对手——中国香港证券交易所接纳此种受到科技公司青睐的融资结构之后，新加坡交易所迅速作出的反应。香港证券交易所于2018年4月30日推出的新上市规则旨在吸引市值不低于100亿港元(12.7亿美元)的公司，而新加坡将允许价值3亿新元(2.29亿美元)的公司以双重类别股份上市。

新加坡交易所(SGX)要求以“双重类别股份”上市的公司实施四项措施，以应付双重类别股份公司可能发生的风险。这四项措施包括以下内容。

第一项措施要求DCS公司在若干情况下,采取更严格的投票方式。此方式规定所有持股人只能以“一股一票”的方式表决委任或撤除独立董事或审计师、改变任何一级持股人的股份结构、反向收购、清盘或除牌。

第二项措施要求大部分的审计委员会、提名委员会和薪酬委员会的成员以及各个委员会的主席同时担任独立董事。

第三项措施规定一股多票股权的一股最多只能代表10票,而且公司必须在首次公开发行股份(IPO)时,披露一股多票的股权持有人或团体。即使是团体或机构,公司也必须披露组成成员,而且在IPO之后,不得扩大有关组合。

第四项措施要求公司施行“日落条款”。公司必须在IPO时说明在哪一个阶段或何种情况下将一股多票股权自动转换为“一股一权”。

(二)重要启示

亚洲主要法域接受差异化股权构造的制度变革表明,尽管各个法域的法律与司法传统和社会经济基础不尽相同,接纳差异化股权构造的考量因素也各有侧重,但其中所蕴含的基本法理与内在机制并无二致。我们能够从中获得以下重要启示。

首先,股东权利的具体构造不应当是法律赋权的产物,而应当是市场主体议价缔约的结果。因此,公司法关于股东权利配置的一般性规则不宜过多采用强制性规范,而应当以授权性规范和默示性规范为主。换言之,普通股所代表的完整的股东权利构造只是一种由立法供给的标准化契约,市场主体可以根据自身需要对其进行变通取舍。

其次,差异化股权制度设计是沿着一定的权利维度来进行的,这些权利主要集中于经济性权利、参与性权利和处分性权利等基本股东权利。① 为了使多元化配置的权利构造与本国或本地区的社会经济状况相适应,公司法需要对能够进行多元化配置的具体权利以及幅度等作出规定。

再次,差异化股权制度设计的核心是“类别权利”。尽管域外立法很少对“类别权利”的含义作出直接界定,但可以从相关的制度设计中归纳出三个基本的判定要件:一是公示性,即该项权利要由公司章程明确记载,上市公司要在上市文件中进行

---

① 股东的具体权利种类繁多,公司法理论也发展出了若干分类体系。但这些分类体系的解释力都各有不足。基于本文所关注的主题,更为适合的是将各种具体股东权利分为以下三类:一是基本股东权利,如分红权、剩余财产分配权、投票权、处分权;二是附随性股东权利,如知情权等;三是救济性股东权利,如代表诉讼权等。多元化配置主要是沿着基本股东权利来进行。

明确披露；二是专属性，即该项权利不为其他股份所拥有；三是重要性，即该项权利应当属于一种对于该类股份持有者而言极为重要的基本股东权利。为保障类别权利不被肆意剥夺和侵害，公司法一般都对类别权利的变动作出了严格的程序性限制，即需要符合公司章程的最初规定或者获得该类别股东单独表决同意。

最后，公司法和证券法对于差异化股权的立场可能并不完全一致。从上述几个主要的亚洲法域的立法实践不难发现，对于差异化股权制度的接纳首先开始于公司法，而即使公司法允许股份公司自由采取双重类别股份等差异化股权构造，证券法对于此类公司的上市仍采取更为谨慎的态度。尽管几个法域都相继变革上市规则以接纳双重类别股份，但也都附加了较严格的限制或保障措施。

三、差异化股权构造对中小股东利益的影响

（一）积极影响

1. 减轻基于两权分离而引发的传统代理问题

传统公司法理论一般是将因所有与管理分离而引发的代理问题作为公司治理所要解决的核心问题，因此，公司制度设计的总体框架就是要构建起以“三权分立”为特征的公司权力制衡机制。不过，这种制衡机制功能的发挥在相当大的程度上受制于传统的股东权利无差异配置模式，原因在于无差异配置模式未能考虑股东在收益、参与等方面的异质化偏好，因而绝大多数享有投票权的中小股东实际上缺乏足够的动机和能力来监控公司管理者的行为。公司治理的实际情况表明，股权越分散的大型公司，股东对于管理者的监控程度就越弱，股东本位实际上让位于董事本位甚至管理层本位，所有与管理分离而导致的代理问题越发严重。股东权利配置的差异化演进客观上尊重了与股东的异质化偏好与需求，使其可以根据需要选择或者安排自己的权利结构。一部分股东对于公司管理者的监控动机和能力将会得到强化，进而减轻基于两权分离的传统代理问题。

2. 满足股东的个性化投资偏好

无差异的、一元化的股份类型设计立足于股东同质化假定，将股东简单视为无差异资本的载体，将抽象层面的股份平等等同于股东平等，忽略了股东作为个体所具有的投资偏好差异。基于股东“异质化”演进而将分析视角深入股东关系层面所带给我们的直接启示是：股份公司不仅仅是一群投资偏好和利益诉求相同，都基于同样的利

己动机而行使表决权的同质化个体的集合;相反,股东间的冲突客观存在且随时可能发生,公司法律应当注重将法律机制与契约机制相结合来解决这些冲突。尤其是从源头的股东权利配置拓展自治空间应当成为强化中小股东保护的一种事前保护机制。借助于差异化股权构造,股东个性化的投资偏好将在股东权利构造中得到更好体现,股东的投资收益不确定性风险将能够通过事先的制度安排加以减轻(如持有收益更加稳定的优先股)。

3. 促使企业管理者关注企业长期价值成长

尽管通过公开上市从外部融资对于成长性公司具有较大诱惑力,但是多数创业型企业家只有在可以获得某些保护其免于失去控制权的保障时才愿意公开融资。的确,若缺乏此类保障,绝大多数企业家将避开股市、压缩其公司的成长或者寻求其他次优的融资方案。如此一来,创新、投资者、经济增长和就业都会遭受损失。创业者在公开融资时运用差异化股权构造来保持对企业的控制是一个有效的方案。另外,差异化股权构造不仅是作为一种外部融资时不失去控制权的工具,更能够允许创业者保护其商业模式、商业理念,打消潜在收购者短线干扰的企图。来自资本市场的收购威胁可能导致内部人浪费资源用于稳固其职位而非更有效地经营公司,而差异化股权构造有助于创业者在融资时不受重大的收购威胁,因而可以专注于长期投资,解决所谓的"管理者短视"(内部人关注于排除潜在收购者的短期目标)问题。

(二)消极影响

1. 导致控制权私利的过度攫取

差别化股权构造在有效缓解所有与经营分离而引发的传统代理问题的同时,也有可能在股东维度间引发新的代理问题,如有表决权股东与无表决权股东之间、控制股东与非控制股东之间等。股东维度的代理问题突出地表现在与股东权行使密切相关的公司独立意志的形成、股东之间平等关系的实现、股东参与权能的行使以及公司团队关系的构建等方面。股东关系维度代理问题的实质也与公司团队生产结果的不确定性息息相关。简言之,就是公司的剩余利润和风险的不公正分配问题。控制股东能够通过内幕交易、关联交易、直接占用公司资产等形式攫取"控制权私利",①所

---

① 迪克和津加莱斯将控制权私利界定为某些"不在所有股东中按照持股比例分享、而由控制方专属享有的价值"。See Alexander Dyck & Luigi Zingales, "Private Benefits of Control: An International Comparison", 59 *The Journal of Finance*, 537, 541 (2004). 吉尔森则将控制权私利界定为"不提供给小股东的控制股东的利益"。See Ronald J. Gilson, "Controlling Shareholders and Corporate Governance: Complicating the Comparative Taxonomy", 119 *Harvard Law Review*, 1641, 1651 (2006).

承担的风险却并不因此增加,甚至还可以通过各种方式向中小股东转移风险。特别是在以国资控股型公司和家族控制型公司为主体的上市公司中,“一股独大”现象明显,社会公众股东边缘化严重,股权结构缺乏制衡,控制权私利的攫取途径丰富、攫取成本较低。由于通过金字塔持股等杠杆方式进行间接控制的方式较普遍,上市公司的实际控制人往往与上市公司之间隔着若干层级。金字塔控制结构的终极控制人在每个层级都可以较容易地攫取控制权私利。近年来中国上市公司中爆发的德隆系、格林柯尔系、“五粮液现象”等案件都是大股东掏空上市公司的有力例证。

2. 降低控制权市场对公司治理的改善作用

经济合作与发展组织公司治理原则强调“应允许公司控制权市场以有效和透明的方式运行”“有关资本市场中公司控制权收购、较大比例公司资产的出售以及类似于合并的特别交易的规则和程序,都应清楚详细并予以披露,以使投资者理解自己的权利和追索权”。格鲁斯曼(Sanford J. Grossman)和哈特(Oliver D. Hart)曾经对公司控制权市场与“一股一票”之间的关系作出了经典的分析,他们指出,收购发生的难易依赖于多种因素(诸如管理层可以获得的防御性措施、法院的态度等),当然也包括公司的投票权结构,即公司的投票权如何在股票间分配。他们的论证表明,在一个特定的情境下,“一股一票”是一种最优的投票权结构。[①] 差异化股权构造的反对者声称通过超级投票权股份所形成的不受拘束的控制权可能会被滥用于损害小股东利益。控制股东可以获得重大的控制权私利,包括在管理层任命和承继问题上的任人唯亲。比如,由于可以坐享控制权私利而不用担心被敌意收购,控制股东可能会拒绝那些有助于改善公司治理和对其他股东有利的收购要约。

3. 导致股东间的权责不对等

在差异化股权构造下,诸如资产受益权和剩余索取权等股东间的经济性权利与投票权等参与性权利的比例性失衡也可能导致权责不平等。正如有研究所指出的,在双重股权结构中对具有较低投票权的投资者股票的折扣可能导致私人利益的攫取和管理层堑壕,[②]管理层可能会以双重股权结构公司的外部股东利益为代价来谋取私人利益。[③] 此外,在差别化股权结构下,对公司拥有较大控制权的股东所占的出资比

---

① See Sanford J. Grossman & Oliver D. Hart, “One Share-One Vote and the Market for Corporate Control”, 20 *Journal of Financial Economics*, 175, 175 - 180(1988).

② See Paul Gompers et al., “Extreme Governance: An Analysis of Dual-Class Firms in the United States”, 23 *Review of Financial Studies*, 1051, (2010).

③ See Ronald Masulis et al., “Agency Problems at Dual-Class Companies”, 64 *Journal of Finance*, 1697, (2009).

重和经济利益却可能相对较小,其就可能会偏好于促使公司进行风险较大的交易或投资,而相应的风险和责任则主要由其他投资者承担。

四、差异化股权下加强中小股东利益保护的主要思路

(一)充分尊重股东的自由选择

域外股份公司(公众公司)股东权利配置多元化的实现并非源于立法的强制性安排,而是通过多种契约交易机制,即股东根据自身的投资偏好而与其他股东或者公司之间进行权利或利益交换。当然,这种权利或利益交换在实践中往往并不是通过一对一的个别交易来进行的,而是由公司根据自身的融资需求和对目标投资者群体的偏好进行分析之后,按照一定的程序预先设计好具有特定权利构造的股份类型,然后由投资者根据自己的投资偏好进行选择。相对于权利结构完整的普通股而言,每一种类别股份所具有的特定权利构造实际上都是某些权利或利益之间交换取舍的结果。权利或利益交换的效果将通过股东权利结构的统一或分离、权利行使的优先或劣后、权利计量的放大或限缩、权利内容的增加或减少加以体现。

从制度设计层面来看,中国股份公司立法需要消除"一股一表决权"的比例性限制,将其转化为可明示排除的非强制规范;同时,也应尽快填补《公司法》第131条的规范空白,完善类别股份制度和基于股权的金融衍生创新制度。制度建构的重点包括股份公司股东权利差异化配置的自治边界与基本原则,股份公司能够发行的类别股份的范围,以及各种类别股的法律界定、权利构造、权利行使、权利处分和权利保护等相关制度。

(二)对差异化股权设计加以适当限制

其他法域采用的限制主要包括以下几点:其一,将双重股权构造限定于特定公司。例如,中国香港特别行政区修订的《主板上市规则》第8A.06条规定:"新申请人寻求以不同投票权架构上市必须符合以下其中一项规定:(1)上市时市值至少为400亿港元;或(2)上市时市值至少为100亿港元及经审计的最近一个会计年度收益至少为10亿港元。"其二,设定特别投票权的上限。例如,许多法域都规定,为了确保管理层兼大股东的权势不会过大,投票权的比例不可超过10:1。其三,限定特殊投票权股份持有人的资格,如要求必须是自然人且担任公司董事。

(三)充分保障中小投资者的知情权

具有差异化投票权的公司在上市时应当履行更加完善的信息披露义务,确保发

行差异化投票权股份的披露水平与发行单一投票权股份的披露水平相当。证券交易所规则应当对上市公司施加旨在保护低表决权股票持有者的要求，这些规则应当赋予低表决权股东在现有公司法证券法中所不享有的某些信息知情和治理权利。信息披露的重点包括不同投票权股份持股人的身份与持股信息；不同投票权股份变动或终止的所有情形；股份上市交易时的特殊标识。

（四）为中小股东利益保护构建特殊的保障措施

一是特殊的公司治理规则。例如，有的法域规定普通股股东的特别股东大会召集权和提案权，所需的表决权数要求不得高于公司股本按“一股一票”计算的10%；诸如公司章程修改、类别股份权利的变动、独立非执行董事的任免、公司解散等特别事项必须按照“一股一权”原则进行投票表决；强化独立董事的职责等。

二是对具有差异化股权构造的公司要求其上市时设定“日落条款”，例如，规定双重类别股份构造应当在某一特定日期或者某一事件发生时（如创设企业家去世）消除；特殊投票权股份转让后，所附特殊投票权必须终止；当所有原持有人都不再具备持有特殊投票权股份的条件时，双重股权架构必须终止。

（五）构建更加完善的事后救济机制

长期以来，不同法域对于差异化股权态度的不同所隐含的一个问题是：为什么诸如美国等法域可以接受双重类别股权构造，而其他法域却不接受？许多研究者和实践者试图找出一些在美国具有而其他法域没有的孕育双重类别股权公司的独特属性。他们的结论是，与双重类别股权特别相关的法律和制度框架包括更深层次的专业投资者基础、对小股东权益的更好保护以及诉讼文化。① 与美国不同的是，像中国香港特别行政区等股票市场是以散户投资者和所有权集中的家族企业为主导的，因此，香港特别行政区非常重视对权利滥用的预防，而不是对权利滥用的矫治。② 这种区别也体现在两个法域的诉讼制度中。易言之，中国香港特别行政区是通过采取更严格的IPO要求和公开披露义务等事前监管的方式来尽可能预防权利滥用，而美国则更加注重采取事后救济的方式，即通过向投资者和律师提供各种机制来起诉针对

① See Raymond Siu Yeung Chan and John Kong Shan Ho, "Should Listed Companies be Allowed to Adopt Dual-Class Share Structure in Hong Kong?", 43 *Common Law World Review*, 175, (2014).

② See Richard Carney and Travers Child, "Changes to the Ownership and Control of East Asian Corporations between 1996 and 2008: the Primacy of Politics", 107 *Journal of Financial Economics*, 494, (2013).

滥权者的诉讼。[1] 因此,要想在充分发挥差异化股权制度推动创新企业发展的功能的同时,最大限度地保护中小股东的利益,就必须借鉴美国的经验,在完善事前控制机制的同时,不断加强和完善对中小股东权益的事后救济。

五、结　语

股份公司股权制度设计从同一向差异演进的正当性基础需要妥善解释和解决差异化股权制度所涉及的公司自治与法律规制、股权差异与股东平等、法定权利与约定权利、收购与反收购等几组主要矛盾,以及如何在差异化股权制度设计中协调好法律、章程与契约的关系。在欧美地区,从小股东利益保护视角对于双重类别股份构造的效率评判与争论由来已久。其主旨问题在于具有一元化股份构造的公司的效率较之具有差异化股权构造的公司是否会得以提升,或者说差异化股权构造是否会对有效治理和价值创造构成妨碍?实际上,这是一个无法给予定论的问题,因为差异化股权构造对于公司治理和中小股东利益的影响具有两面性。

从公司法基本理论的发展来看,不断勃兴的公司自治理念充分支持了股东可以通过平等协商形成能够满足自己需要的股权权利结构;股东平等的内涵从抽象平等向实质平等发展,股东作为主体的异质性不断被认知,由此导致了股权配置比例性原则日趋弱化,控制权的重要价值不断彰显。从中国当前的发展阶段来看,监管理念上日益重视收购与反收购的均衡,创新驱动发展战略理念正在成为上下共识。这些都为差异化股权制度提供了坚实的理论支撑。而亚洲主要法域新近关于差异化股权制度的立法与规则的最新变革也能够揭示出股权设计模式从同一走向差异所遵循的制度路径以及股权相应的权利义务构造变化的内在机理,从而为我们完善差异化股权制度设计、加强对中小股东的保护、提升制度和资本市场的国际竞争力提供有益借鉴。

---

① See King Fung Tsang, "Listing Destination of Chinese Companies: New York or Hong Kong?", 23 *Columbia Journal of Asian Law*, 357, (2010).

股东大会授权董事会的法理分析

——基于理论与实践的双重解读①

蒋大兴*　薛前强**

公司制度，有可能像过去的封建制度那样，包罗万象，为了理解这一制度结构，我们既要考察它的现状，又要考察他的未来。②

——阿道夫·A. 伯利

加德纳·C. 米恩斯

摘　要：自伯利与米恩斯《现代公司与私有财产》一书出版发行以来，股份公司尤其是上市公司中所有权与经营权分离之现象得到详尽的描述。公司治理这一老生常谈的话语也一直围绕着如何降低代理成本抑制董事/管理层的机会主义行为而展开。而公司权力的内部分配可以说是这一系列问题的根源之所在，"完善公司内部的权力分配与权力制衡机制，是公司立法与实践的重要问题"。③ 以权力分配的时间序列为划分，可分为初始分配与再分配——前者涉及公司内部组织机构的设立与制衡，后者则关涉公司内部权力在初次分配之后在不同组织机构间的"二次流转"。本文所讨论的"股东大会授权董事会问题"则横跨这两个公司治理视域——既包含两个机构(股东会与董事会)权力的初次配置，也包含股东大会将其所获权力再度交由董事会行使这一"转赋权"(以下简称授权问题)。各国公司法对权力的初次配置作了示范性规

① 本文系中证中小投资者服务中心2018年度"上市公司股东大会授权董事会的法理与规则研究"的阶段性成果。

* 北京大学法学院教授、博士研究生导师，法学博士。

** 北京大学法学院博士研究生。

② [美]阿道夫·A. 伯利、加德纳·C. 米恩斯：《现代公司与私有财产》，商务印书馆2005年版，第10页。

③ 施天涛：《公司法论》，法律出版社2014年版，第63页。

定而对再分配问题则保持缄默。规则的失语为商业实践预留了创新空间,尤其是上市公司中赋权现象日渐增多,但同时也增加了司法裁判的不确定性,这种不确定性包含授权边界、授权内容以及程序等诸多方面。故本文将梳理公司权力分配的历史生长脉络,从商业实践与司法裁判两个层面还原授权问题的具体实证纹路与可能的冲突,并为问题之解决提供些许建议。

关键词:公司权力　权力分配　两权分离

一、缘起:两权分离与公司权力的初次分配

(一)现代企业的两权分离

董事会的出现是股东权力授权的初次产物,董事会与股东会间权力的分配事关公司成败。长期以来,股东们组成股东大会一致行动,这被认为是公司的最高/最终决策者。根据研究,最初公司都是通过股东大会从事公司行为/活动——股东集聚在一起讨论公司事务;并根据少数服从多数原则进行投票作出决定,股东被视为公司的所有者。当股东人数增多并且股份流转日益频繁时,再将所有的权力分配给股东/股东大会就会变得低效,有碍商业决策。董事会由此而生——一些剩余权利转移到了董事会,股东大会只能就法律规定或者章程意定分配给股东大会的事项进行表决,这就是出资人财产权与控制权的分离。

随着公司的进化发展,这种分离成为普遍现象。这种现象从股东大会的定义上就可窥见:股东会不再是事无巨细的决策机构,其权力逐渐下放,“股东会是由众多股东对公司的重大、宏观事项做出决定的公司权力机关,公司治理权的根基在于股东民主与股权,而股东会就是股东民主与股权得以发挥作用的平台”。[①] 公司权力的初次分配主要表现为股东大会与董事会的机构设置,而这也直接表征了两权分离这一趋势——“股份有限公司之业务执行交由董事会为之,而将由全体股东所组成之股东会置于公司最高机关之地位,授予董事任免权、会计表册查核权、会计表册承认权、董事责任解除权及董事责任追究权,借收监督董事会执行业务之实效”。[②] 在这种两权分离现实的影响下,公司内部机构设置的正当性仿佛就源于不同类型公司权力行使的

① 刘俊海:《现代公司法》,法律出版社 2016 年版,第 583 页。
② 柯芳枝:《公司法论》,中国政法大学出版社 2004 年版,第 202 页。

“排他性”，公司内部存在按照“分权制衡”结构组成的公司机关，一旦分权规则确定后即形成界区，相互之间不得越界行事，股东在公司中权力的行使存在边界，控制公司事务时不得侵害董事会的经营权限和监事会的监督权。①

（二）公司权力初次分配的具体立法图样

对于公司权力的分配，大陆法系与英美法系存在鲜明的分野。通常而言，英美法系赋予董事更多的权力，有着明确的董事会倾向性和意定性：如英国是公司权力分配从法定强制向意定自治变迁的最好例证。1844 年英国股份法规定公司内部机构由股东大会和董事会组成，公司必须任命董事而不能通过股东大会等其他形式负责公司的日常事务。但是，仅在 12 年之后，1856 年的英国公司法就放弃了这种强制性的规定转而灵活授权给公司——以设立股东大会和董事会，但二者之间的权力分配必须通过章程予以规定。与英国类似，澳大利亚公司法规定了一些必须由股东大会行使的权力，但与董事会之间的具体分工可以通过章程自由选择。如《澳大利亚公司法》第 198A 条规定：（1）董事会负责公司的经营管理；（2）除了公司法和公司章程规定的必须由股东大会行使的特定权力之外，董事会可以行使其他所有的公司权力，但几乎通行的做法是公司章程授予董事管理公司的权利。②

美国《示范公司法》第 8.01 条（b）款则规定所有公司权力都需要由董事会行使或由董事会授权行使，公司的事务也得在董事会的指导下经营管理，但董事会的这些权力受到公司章程明示限制的约束或受由第 7.32 条认可的股东协议的约束。《特拉华州普通公司法》第 141 条（a）款规定：“除非本法或公司设立章程另有规定，公司的业务和事务应由董事会管理或在其指导下进行管理。如果公司设立章程中另有规定，则应依照该章程规定的范围，由章程所确定的人员来实施或履行本法授予或施加给董事会的权力和义务。”这些权利主要包括了董事的提名权、对股东议案的审查权、选任公司高管、管理公司融资、股利分配及章程变更的提议权等。相比董事会的权力，股东会的权力仅集中在下述事项：（1）董事的选任和解任；（2）批准公司的运营；（3）批准公司章程和章程细则；（4）批准公司的合并、重大资产出售、股权置换、解散。③

与英美法系相比，大陆法系则更倾向于股东会和法定性。以欧盟颁布的公司指

---

① 参见孔祥俊：《论现代公司的产权结构（上）——兼评我国公司法对公司产权的规定》，载《政法论坛》1994 年第 3 期。

② ［加］布莱恩·R. 柴芬斯：《公司法：理论结构和运作》，林华伟、魏旻译，法律出版社 2001 年版，第 650 页。

③ 参见［美］罗伯特·W. 汉密尔顿：《美国公司法》，齐东祥译，法律出版社 2008 年版，第 175 页。

令与成员国国内法为例,欧盟公司法指令对股东大会的法定权力有着明确规定,对此如表1所示:

表1 欧盟指令中股东大会权力的变迁①

指令名称	章节条款	股东大会权力内容
第二公司法指令	第11节	发起人对非现金资产的收购同意权
第二公司法指令	第17节	公司重大损失时减资权力
第二公司法指令	第19节	公司自我收购股份(但不适用于重大损害或即使损害)
第二公司法指令	第25节(1)条	增资
第二公司法指令	第25节(2)条	授权他人来决策是否增资
第二公司法指令	第25节(3)条	放弃优先购买权
第二公司法指令	第30节	减资
第三公司法指令	第6~7节	合并
第2005/56/EC号指令	第6节	跨境并购
第六公司法指令	第4~5节	分立
第2006/43/EC号指令	第37节	任命检察人员
并购指令	第9节	赋权董事阻却一项要约收购
透明度指令	第17~18节	信息披露的技术化
透明度指令	第19节	公司章程或内部文件的改变(并未直接规定)

但是,当与欧盟成员国国内法相结合时,情况就变得复杂起来。如股东会监督权与股东积极主义是公司治理讨论的核心,其被认为是平衡股东权力与董事权力的根基所在。② 但是,股东大会选举和撤销董事会成员的权利在很多方面得到了遏制。一方面,许多国家都有强制性或可选的双层董事会制度。如果采用双层制,股东大会与监事会之间的权力分配则更复杂。德国就是这一典型代表。另一方面,公司章程可进一步限制股东大会的选举权。如荷兰规定公司章程可以限制选举成员的自由,并允许具体的提名规则(具有约束力的提名)。但是,大会可能通过绝对多数投票否决这一限制。此外,根据公司类型/经济能力的不同也有所差别。

大陆法系的这种复杂性还可通过会计账簿/财务报告的审批权略窥一二。比利时和法国规定由股东大会批准年度财务报表,而英国则规定会计账簿及报告被"放

① See Van der Elst, Christoph, *Shareholder Rights and Shareholder Activism: The Role of the General Meeting of Shareholders*, Annals of the Faculty of Law in Belgrade-International Edition, Vol. 2012, pp. 39 - 64.

② Ibid.

置"于年度大会的事项之中由董事会批准;德国董事会则必须先将其递交给监事会由监事会评阅以增强其可信性,之后会计账簿最终是否真实的权力由股东大会定夺。荷兰则需董事会事先签署会计账簿,决定是否"采用"由股东大会决策的方式表决,但对于财务报告,股东无法表决只可获取。另外,一些国家赋予以会计账簿审批权间接赋予股东大会分红决定权,如法国股东大会在批准财务报表后/会计账簿后,对收入与红利的分配权也就自然而然的享有,甚至股东大会有权决定是全部分派还是部分分配。[①]

二、公司权力初次配置的一般规律与影响变量

(一)初次分配的一般规律

根据前面所述,我们可以发现不管如何分配,公司权力的初次分配存在以下规律。

第一,被分配主体都会涉及股东会而不一定包含董事会。"原则上讲,公司可以将所有的权力授予股东大会,然后让股东大会授权董事会管理公司日常事务或者将公司管理权同时授予股东大会和董事会,但现实中这种情况非常少见"。[②] 何者与股东会分权,与一国公司治理模式、公司机构的设置密切相关:如英美法系主要由股东会、董事会二者共享;我国则分配于股东会、董事会、监事会三者共享。

第二,放眼诸国股东大会均保留享有一定的法定权力,包括负责董事会的选举、公司的根本性决策、公司章程的修改等。这些"终极"权力的配置表明,尽管董事会的权力被日益强化,但就其与股东会的关系而言,董事会如放飞的风筝,其引线的一端始终控制在股东会的手中。[③] 同时,股东会/大会的这类法定权力则可以做类型化区割,一类是制定"游戏规则"型决定(rules of the game),另一类是具有足够重要性的特定营业决定(specific business decisions of substantial importance)。后者又可分为两种:一种是"游戏结束"型(game ending)决定,例如合并、卖掉所有资产或解散公司;另一种是"缩小规模"型(scaling down)决定,包括通过派发现金或类似物以缩小公司

---

① See Van der Elst, Christoph, *Shareholder Rights and Shareholder Activism: The Role of the General Meeting of Shareholders*, Annals of the Faculty of Law in Belgrade-International Edition, Vol. 2012, pp. 39 – 64.

② 黄辉:《现代公司法比较研究:国际经验及对中国的启示》,清华大学出版社2011年版,第163页。

③ 参见石少侠:《论公司内部的权力分配与制衡》,载《中国法学》1996年第2期。

规模的行为。[①]

第三,公司权力的初次分配会受股东中心主义与董事中心主义治理思潮的影响。应该说,股东中心主义与董事中心主义都是认可公司权力的初次分配的——股东是公司的所有者,享有重大事项的决定权,而董事是股东的代理人,享有运营公司、处理公司事务的经营管理权。股东会为意思机关;董事会及董事与经理人为业务执行机关,监察人及检查人则为监督机关。[②] 二者的分歧在于作为"集团"的董事会与股东会的权利界限,而从治理语境上看,公司权力的内部分配问题将继续受制于股东会中心主义与董事会中心主义的竞次过程。

(二)初次分配的影响因素

公司权力初次分配受多方因素影响,并非法律简单的形塑。公司治理结构是一个具有普遍规律的事物,有共同的原则。但法律哲学、历史传统、政治制度等因素都会使其呈现出差异化样态,保持各自特点。[③] 前述表明法系、公司治理类型等都会公司权力分配产生影响,此外其他因素还包括。

1. 经济因素

经济政策考量是影响初次分配的一个重要变量。反收购决策权就是受经济因素影响而呈现不同图景的最明显例证。探究美国立法者为何将反收购决定权赋予公司董事会,有两方面因素:一方面,各州税收竞争导致竞相制定迎合经营者需要的法律;另一方面,各州不愿意见到频繁发生的公司并购给本州经济和人民带来的不利影响。基于此,各州竞相制定了反收购立法,也支持由董事会行使反收购决定权的立法实践。[④]

2. 政治因素

政治因素会间接影响公司权力结构。[⑤] 公司具有类政治组织的色彩,将政治理论、公法理论移入公司权力框架成为解决此问题的新手段,并有着新颖发现。具体而

---

① See Bebchuk, Lucian Arye, "The Case for Increasing Shareholder Power", *Harvard Law Review*, Vol. 118, Issue 3 (January 2005), pp. 833 – 914.

② 参见柯芳枝:《公司法论》,中国政法大学出版社2004年版,第202页。

③ 参见许可:《股东会与董事会分权制度研究》,载《中国法学》2017年第2期。

④ 参见朱圆:《美国公司治理机制晚近发展》,北京大学出版社2010年版,第98页。

⑤ 言及公司治理股东会中心主义与董事会中心主义之争,公司的类政治组织特点也为董事会权力的日益兴起提供依据。Rene Reich-Graefe(2011)借助霍布斯有关国家主权的理论证明了董事会中心主义,即伯利和米恩斯框架下的公司是利维坦,由于其完全的、原初的、无限的、特殊的决定权威,董事会实际控制了公司。由于该种决定权威,在公司内部决策中,最终是公司和董事会的利益作为决策的标准,其逻辑与霍布斯对利维坦的论证相同,在美国公司法下,董事会更像是没有制导的导弹(unguided missile)。

言,一方面,公司权力分配受政治民主运动影响。在德国,有一部分公司权力分配给了职工代表,而这源于西德的工业民主运动,德国拥有世界上最广泛的正式职工代表制度,战前的共同决定制扩展到了工人之中,使工人对企业资源配置具有了某些直接的影响力。① 另一方面,公司机构的设置可能是对一国政治结构的效仿。有学者曾指出"现行中国的公司内部权力配置模式,是对现实中国政治制度的粗糙翻版,而这源自非常简单的道理:公司制度是对政治制度的简单模仿"。② 公司如同一个政治国家,在权力分立模式下,股东会享立法权,董事会享行政权,监事会则享有广泛意义的司法/监督权力。言及我国,宪法类似于公司章程,全国人大类似于股东大会,国务院类似于董事会,"行政"类似于"经营";具体到职权划分上时,二者间存在着高度的相似性,如表2所示:

表2 公司权力授权与国家权力授权之对比(以我国社会主义人民民主制度为例)

主体	上市(商事)公司	政治国家
权力机关	股东大会	全国人民代表大会
执行机关	董事会	国务院
权力机关职权	股东会行使下列职权:(一)决定公司的经营方针和投资计划;(二)选举和更换非由职工代表担任的董事、监事,决定有关董事、监事的报酬事项;(三)审议批准董事会的报告;(四)审议批准监事会或者监事的报告;(五)审议批准公司的年度财务预算方案、决算方案;(六)审议批准公司的利润分配方案和弥补亏损方案;(七)对公司增加或者减少注册资本作出决议;(八)对发行公司债券作出决议;(九)对公司合并、分立、解散、清算或者变更公司形式作出决议;(十)修改公司章程;(十一)公司章程规定的其他职权	(一)修改宪法;(二)监督宪法的实施;(三)制定和修改刑事、民事、国家机构和其他的基本法律;(四)选举中华人民共和国主席、副主席;(五)根据中华人民共和国主席的提名,决定国务院总理的人选;根据国务院总理的提名,决定国务院副总理、国务委员、各部部长、各委员会主任、审计长、秘书长的人选;(六)选举中央军事委员会主席;根据中央军事委员会主席的提名,决定中央军事委员会其他组成人员的人选;(七)选举最高人民法院院长;(八)选举最高人民检察院检察长;(九)审查和批准国民经济和社会发展计划和计划执行情况的报告;(十)审查和批准国家的预算和预算执行情况的报告;(十一)改变或者撤销全国人民代表大会常务委员会不适当的决定;(十二)批准省、自治区和直辖市的建置;(十三)决定的特别行政区的设立及其制度;(十四)决定战争和和平的问题;(十五)应当由最高国家权力机关行使的其他职权

① 参见[美]玛丽·奥沙利文:《公司治理百年:美国和德国公司治理演变》,黄一文等译,人民邮电出版社2007年版,第258页。

② 邓峰:《中国法上董事会的角色、职能及思想渊源:实证法的考察》,载《中国法学》2013年第3期。

续表

主体	上市(商事)公司	政治国家
执行机关职权	董事会对股东会负责,行使下列职权:(一)召集股东会会议,并向股东会报告工作;(二)执行股东会的决议;(三)决定公司的经营计划和投资方案;(四)制订公司的年度财务预算方案、决算方案;(五)制订公司的利润分配方案和弥补亏损方案;(六)制订公司增加或者减少注册资本以及发行公司债券的方案;(七)制订公司合并、分立、解散或者变更公司形式的方案;(八)决定公司内部管理机构的设置;(九)决定聘任或者解聘公司经理及其报酬事项,并根据经理的提名决定聘任或者解聘公司副经理、财务负责人及其报酬事项;(十)制定公司的基本管理制度;(十一)公司章程规定的其他职权	一、根据宪法和法律,规定行政措施,制定行政法规,发布决定和命令;二、向全国人民代表大会或者全国人民代表大会常务委员会提出议案;三、规定各部和各委员会的任务和职责,统一领导各部和各委员会的工作,并且领导不属于各部和各委员会的全国性的行政工作;四、统一领导全国地方各级国家行政机关的工作,规定中央和省、自治区、直辖市的国家行政机关的职权的具体划分;五、编制和执行国民经济和社会发展计划和国家预算;六、领导和管理经济工作和城乡建设;七、领导和管理教育、科学、文化、卫生、体育和计划生育工作;八、领导和管理民政、公安、司法行政和监察等工作;九、管理对外事务,同外国缔结条约和协定;十、领导和管理国防建设事业;十一、领导和管理民族事务,保障少数民族的平等权利和民族自治地方的自治权利;十二、保护华侨的正当的权利和利益,保护归侨和侨眷的合法的权利和利益;十三、改变或者撤销各部、各委员会发布的不适当的命令、指示和规章;十四、改变或者撤销地方各级国家行政机关的不适当的决定和命令;十五、批准省、自治区、直辖市的区域划分,批准自治州、县、自治县、市的建置和区域划分;十六、依照法律规定决定省、自治区、直辖市的范围内部分地区进入紧急状态;十七、审定行政机构的编制,依照法律规定任免、培训、考核和奖惩行政人员;十八、全国人民代表大会和全国人民代表大会常务委员会授予的其他职权
类比的可能性	宪法≈公司章程;全国人大≈股东大会;国务院≈董事会;行政≈经营	

不仅如此,存在于公司法体系外的其他部门法/政策的“填补”作用与董事行为/权力的“规制压力”间有着微妙的联系。如克里斯·博纳(Chris Burner)认为,影响公众公司非股东主体的利益、激励以及福利的外部规制——对于普通法系的国家,如美国、加拿大、澳大利亚、英国等具有决定性影响。[①] 在英国,强有力的非股东利益相关者福利保障机制使其公司治理可以专注于股东利益,无须担心突然而至的政治抵制。然而,在美国,非股东利益相关者的社会福利保障之薄弱,使其公司治理体系无法专心致志服务于股东利益,也使美国公众公司的股东与董事会之间出现与众不同的另

① 参见[美]克里斯多夫·M.布鲁纳:《普通法世界的公司治理:股东权力的政治基础》,林少伟译,法律出版社2016年版,第1页。

一种平衡。[①] 这些都间接形塑了董事行为模式和决策理念,进而反作用于股东会与董事会间权力的具体运作。

3. 文化/家庭因素

公司权力初次分配还有着类家庭/家族化权力分配的特点。公司具有类家庭性,络德睦曾指出,与契约法的规范(如公司法的合同解释)相同,当代美国公司法的诸多方面可以容易地类推适用亲属法的规范,而中国公司完全可以嵌套进"宗族－公司"这一模型之中,究其原因在于:

首先,公司的经理革命使公司已然成为一种科层组织,而作为维持其父系延续性的一种亲属团体,中国的家族事实上就是在礼仪层面的一种"恒定的"企业。[②]

其次,因为拥有等级化的社会结构。[③] 它包含了所有权与管理权之前的一种初始区分。父系家族的时间延续性通过祭祀祖先的方式得以维系。根据长子继承制的礼仪形式,在每个家族中长房最年长的男性成员承袭祭祖的主要责任。

在这一点上,梅因就曾认为中国的家族乃是一个(男性的)公司,"公司从来不会死亡,相应地,原始法将其调整的实体即父系或家族团体,视为永恒的和不会消灭的"。[④] 故推之我国,公司权力分配与类家庭/族权力授权有着高度的相似性,如表3所示:

表3　公司权力分配的类家庭/族权力授权分析(文化分析)

对比内容	有限责任公司	上市公司	家庭	家族
权力机关	股东会	股东大会	家庭会议/男性父权	家族大会/族长
执行机关	董事会	董事会	父权	族长/长老
权力性文件	章程	章程	家谱/家规	族谱/族规
授权效力救济	程序性/自治性	程序性/公共性	自我内部纠正	家族公投式
目的	维护人合性	维护公开性(融投便捷)	维护团结性	维护公信性

具体而言,这种公司权力家族/家庭化的日常表现有:

第一,单个家庭类似封闭锁公司,丈夫类似董事会,家庭会议类似股东大会/股

① 参见[美]克里斯多夫·M. 布鲁纳:《普通法世界的公司治理:股东权力的政治基础》,林少伟译,法律出版社2016年版,第1页。

② 参见[美]络德睦(Teemu Ruskola):《法律东方主义:中国、美国与现代法》,魏磊杰译,中国政法大学出版社2016年版,第69页。

③ 同上。

④ 同上书,第69~71页。

东会。一家之主主要为父亲/丈夫,母亲/妻子主要管理家庭日常柴米油盐等琐事,事实上对家庭运作的权力仍掌握在丈夫手里。男女双方的成立家庭之共同约定(婚约)、共同生育制、财产共有制对男性一方行为有所约束。而推及公司,股东之间的设立合意(发起人协议)、人合性的维系、共同出资等也构成董事会权力的预先条件。

第二,随着家庭的扩大(对应股东的增多),家族(上市公司)的权力主要通过族规(章程)被日常分配。族长通常由家族内辈分最高、年龄最大且有权势的人担任。族长总管全族事务,是族人共同行为规范的宗规族约主持人和监督人。族内发生纠纷由族长全权处理,对违犯族规的人,族长有权根据宗规族约给予制裁。协助族长工作的还有房长和柱首,房长按血缘关系由该房辈分最高、年龄最大者担任。柱首,是处理一族内日常事务的人,如收租、筹办祭祀活动等。概述族长,亦称"宗子"。族民们为了自身或共同的利益,一般都推举族内德高望重的男姓长者为族长。族长具有很大的宗法权力,宗族内部的管理和各项事务的主持一般都由族长担纲。小如家庭纠纷、婚丧喜庆,大如祭祖、祠庙管理等事务都要主持。① 这就好比在股份公司尤其是上市公司中,股东人数众多,公共性增加,董事会的权力除了来自法律规定,公司章程对其也有特别规定,类似族长的董事会(长)的权力扩张至公司日常的方方面面。

三、商业实践中公司权力的实然二次分配

虽然公司法对公司权力初次配置作了规定,但公司现实运营总会偏离这一"标准模板"而出现权力的再次移转——股东大会将本属于自身的权力转交由董事会行使。本部分将用实证手段还原股东大会授权董事会的运行现状与分析其兴起的原因。

(一)商业实践中的授权

公司商业实践是股东内心商业期许最直观的表达,授权问题亦是如此。截至本文写作时(2018年7月),笔者以"股东大会授权董事会"为题名在上海证券交易所网络平台进行搜索,②共发现信息披露50例,全文搜索共41,049例。由于前者为授权

---

① 载360百科:https://baike.so.com/doc/6261991-6475411.html,最后访问日期:2018年7月2日。

② 载上海证券交易所网站:http://www.sse.com.cn/,最后访问日期:2018年7月2日。

的专门性文件，经去除重复案例后，具体情况如表 4 所示：

表 4　上海证券交易所股东大会授权董事会信息披露统计详情

序号	时间	公告名称/提请（涉及）主体	授权内容（公告内容）	授权期限/审议机关
1	2018 年 6 月 12 日	上海电力股份有限公司/股东大会	授权董事会办理本次重组相关事项	本次重组/未提及
2	2018 年 4 月 26 日	诺德投资股份有限公司/股东会	授权董事会全权负责审批公司及子公司融资及担保事项	1 年/股东大会
3	2018 年 3 月 29 日	江西铜业/董事会	授权董事会批准对全资子公司提供担保①	授权有效期自 2017 年股东周年大会之日起至 2018 年股东周年大会之日止
4	2018 年 3 月 7 日	浙江元成园林集团股份有限公司/董事会	授权董事会日常关联交易额度	公司 2018 年日常关联交易事项尚需提交公司 2018 年第一次临时股东大会审议
5	2018 年 3 月 7 日	浙江元成园林集团股份有限公司/董事会	授权董事会申请融资	授权期限为 2017 年 9 月 15 日至 2018 年 9 月 15 日/临时股东大会
6	2018 年 3 月 7 日	浙江元成园林集团股份有限公司/董事会	授权董事会对外担保额度②	股东大会审议通过一年内/股东大会

① 具体情况为：公司拟提请股东大会授权董事会批准对全资子公司江西铜业香港有限公司（以下简称江铜香港）提供总额度不超过 2 亿美元的担保，对江西铜业（香港）投资有限公司（以下简称江铜投资）提供总额度不超过 16 亿美元的担保。本次担保不存在反担保。本次授权尚需提交公司 2017 年股东周年大会审议。

② 本议案自股东大会审议通过之日起一年内，董事会可根据市场变化和公司项目拓展的需要，在总金额累计不超过 20 亿元范围内，可对外投资设立项目公司，在此范围内，董事会可根据单项项目需要投资成立项目公司的金额进行具体审议。

续表

序号	时间	公告名称/提请(涉及)主体	授权内容(公告内容)	授权期限/审议机关
7	2018年3月1日	浙江春风动力股份有限公司/董事会	授权董事会办理股权激励计划相关事宜①	本次股权激励计划有效期/股东大会
8	2018年2月9日	江河集团股份有限公司/独立董事	延长股东大会授权董事会全权办理与公司所属企业到境外上述相关事宜有效期	延长1年/2018年第一次临时股东大会审议
9	2018年2月9日	江河集团股份有限公司/董事会	授权董事会全权办理与公司所属企业到境外上市相关事宜②	股东大会通过之日起12个月/第四次临时股东大会
10	2018年1月31日	江苏董事会东珠景观股份有限公司/董事会	授权董事会办理股票期权激励计划相关事宜	本次股权激励计划有效期/股东大会

---

① (1)提请公司股东大会授权公司董事会负责具体实施股权激励计划的以下事项:①确认激励对象参与股权激励计划的资格和条件,确定激励名单及其授予数量,确定限制性股票的授予价格;②确定股权激励计划的授予日,在激励对象符合条件时向激励对象授予股票并办理授予限制性股票所必需的全部事宜,包括但不限于向上海证券交易所提出授予申请、向中国证券登记结算有限责任公司上海分公司申请办理有关登记结算业务、修改《公司章程》、办理公司注册资本的变更登记等;③对激励对象的解除限售资格和解除限售条件进行审查确认,决定激励对象是否可以解除限售及其解除限售比例,按照股权激励计划的规定,为符合条件的激励对象办理解除限售的全部事宜,包括但不限于向上海证券交易所提出解除限售申请、向中国证券登记结算有限责任公司上海分公司申请办理有关登记结算业务、修改《公司章程》、办理公司注册资本的变更登记;④授权董事会在本计划公告当日至激励对象完成限制性股票股份登记期间,公司出现资本公积转增股本、派送股票红利、股票拆细、配股、缩股或派息等事项时,按照股权激励计划规定的方法,对限制性股票数量和授予价格进行调整;⑤授权董事会在限制性股票授予后,公司若出现资本公积转增股本、派送股票红利、股票拆细、配股、缩股或派息等事项时,按照股权激励计划规定的方法,对限制性股票回购数量和回购价格进行调整;⑥授权董事会办理尚未解除限售的限制性股票的限售事宜;⑦授权董事会根据本次股权激励计划办理股权激励计划的变更和终止,包括但不限于取消激励对象的解除限售资格,对激励对象尚未解除限售的限制性股票回购注销,办理已死亡的激励对象尚未解除限售的限制性股票的补偿和继承事宜;⑧授权董事会对公司股权激励计划进行管理;⑨签署、执行、修改、终止任何与股权激励计划有关的协议;⑩为股权激励计划的实施,委任收款银行、财务顾问、会计师、律师、证券公司等中介机构;⑪实施股权激励计划所需的其他必要事宜,但有关文件明确规定需由股东大会行使的权利除外。(2)提请公司股东大会授权董事会,就限制性股票激励计划向有关政府机构办理审批、登记、备案、核准、同意等手续;签署、执行、修改、完成向有关政府机构、组织、个人提交的文件;修改《公司章程》、办理公司注册资本的变更登记;以及作出其他必要的与限制性股票激励计划有关的必须、恰当或适合的所有行为。(3)提请公司股东大会同意,向董事会授权的期限为本次股权激励计划有效期。

② 授权内容包括但不限于:(1)根据实际情况决定和调整有关梁志天公司具体上市方案,代表公司全权行使在梁志天设计集团的股东权利;(2)签署、提交、修改梁志天公司上市过程中需要公司签署或出具的合同、协议、承诺等相关法律文件;(3)决定和办理梁志天公司上市其他相关事宜。

续表

序号	时间	公告名称/提请（涉及）主体	授权内容（公告内容）	授权期限/审议机关
11	2017 年 12 月 9 日	光明房地产集团股份有限公司/董事会	授权董事会签署相关关联交易协议及办理后续事宜	协议签订期间/股东大会
12	2017 年 2 月 6 日	浙江元成园林/董事会	授权公司董事会在 2017 年在总额 5 亿元范围内具体审议、决策、办理银行融资或银行授信事宜	批准之日起 1 年内/年度股东大会
13	2016 年 5 月 13 日	辅仁药业集团实业股份有限公司/董事会	授权董事会办理本次重组相关事项	18 个月/临时股东大会
14	2017 年 8 月 22 日	元成股份/董事会	授权董事会办理 2017 年度限制性股票股权激励计划的相关具体事宜	1 年/股东大会
15	2017 年 7 月 14 日	维维股份/股东大会	授权董事会并由董事会确定授权人士全权办理面系那个合格投资者公开发行公司债券相关事项	自股东大会批准之日起至上述授权事项办理完毕之日/股东大会
16	2017 年 6 月 17 日	烽火通信/董事会	授权董事会全权办理本次非公开发行有关事宜	自通过后 12 个月/股东大会
17	2017 年 5 月 27 日	江西铜业/董事会	授权董事会及/或董事会授权的董事先祖全权办理本次非公开发行有关事宜	1 年/股东大会与类别股东大会
18	2017 年 5 月 24 日	新潮能源/独立董事	授权董事会全权办理本次重大资产重组相关事宜	未明确/临时股东大会
19	2017 年 5 月 11 日	上海开创国际海洋资源股份有限公司/董事会	办理非公开发行股票相关事项	一年/临时股东大会

续表

序号	时间	公告名称/提请(涉及)主体	授权内容(公告内容)	授权期限/审议机关
20	2017年4月21日	杭州诺邦无纺股份/董事会	批准2017年度贷款授信额度(但实际统一授权董事长签署相关协议)	股东大会审议通过本议案之日起至2017年度股东大会召开之日/股东大会
21	2016年8月30日	上海城投控股股份有限公司/董事会	办理重组相关事宜	12个月/股东大会
22	2016年8月30日	阳晨B股/董事会	全权办理与本次重组一切有关事宜	12个月/股东大会
23	2016年6月17日	惠而浦(中国)股份有限公司/董事会	决定的公司投资(包括收购、兼并、出售资产)、融资抵押、质押及担保①	未明确/股东大会
24	2016年5月13日	中路股份有限公司/董事会	全权办理本次非公开发行股票相关事宜	1年/年度股东大会
25	2015年8月27日	云南云维股份/董事	全权办理本次非公开发行股票相关事宜	12个月/年度股东大会
26	2015年5月5日	安信信托股份/董事会	全权办理本次非公开发行股票相关事宜	12个月/临时股东大会
27	2015年4月1日	新华锦国际股份/董事会	办理相关重组方进行盈利承诺补偿后续事项	至重大资产重组相关重组方补偿股份事宜实施完毕之日止/年度股东大会
28	2015年3月21日	上海大名城企业股份有限公司/董事会	批准公司或控股子公司对公司控股的、纳入公司合并报表范围的各级子公司生产经营所需资金提供担保	12个月/股东大会
29	2014年7月11日	重庆港九股份	全权办理本次非公开发行股票相关事项	12个月/股东大会

① 该公司对授权内容有着详细的限制/约束,载上海证券交易所官网:http://www.sse.com.cn/disclosure/listedinfo/announcement/c/2016-06-17/600983_20160617_7.pdf,最后访问日期:2018年7月25日。

续表

序号	时间	公告名称/提请（涉及）主体	授权内容（公告内容）	授权期限/审议机关
30	2008～2013年存在4次授权	佳通轮胎股份有限公司/董事会	为控股子公司提供担保	未明确/年度股东大会
31	2005年9月9日	科大创新股份有限公司/董事会	决定公司对外投资（包括收购、兼并、出售资产）、资产抵押、质押及其他担保事项①	未明确/股东大会
32	2003年8月14日	青山纸业/董事会	授权董事会资产处置权限、投资权限、关联交易权限、担保权限②	未明确/不详

同时，股东大会授权董事会也并不是中国特有现象，在全球范围内都有所出现。2018年芬兰餐饮公司科蒂比萨集团在股东大会上授权董事会决定在一次或多次交易中发行股票、期权或其他权属证券，此次授权终止期限为2019年7月31日。③ 2017年维萨拉（Vaisala）公司董事会向股东大会提议授权董事会有权利用公司的非限制性股权资金一次或多次分期定向回购最多200,000份公司自有的A系列股票，此次授权有效期至下届年度股东大会闭幕，但不得超过2018年9月28日。④ 2010年瑞典斯德哥尔摩know it AB公司授权董事会发行新股及决定收购和出售自有股份，但董事会所作决议需为全票一致通过。⑤ 此外，还有公司授权董事会有权在一项或多项交易中，在法律规定的范围内，通过发行股票，可转换债券或认股权证来增加公司股本⑥等。

---

① 该公司对授权内容有着详细的限制/约束，参见上海证券交易所官网：http://www.sse.com.cn/disclosure/listedinfo/announcement/c/2005-09-09/600551_20050909_5.pdf，最后访问日期：2008年7月1日。

② 该公司对授权内容有着详细的限制/约束，参见上海证券交易所官网：http://www.sse.com.cn/disclosure/listedinfo/announcement/c/2003-08-14/600103_20030814_2.pdf，最后访问日期：2018年7月3日。

③ http://kotipizzagroup.com/investors/corporate-governance/general-meeting-of-shareholders/，2018.7.17.

④ https://www.vaisala.com/sites/default/files/documents/AGM-2017-Board-of-Directors-proposals.pdf，2018.7.17.

⑤ https://www.knowit.fi/globalassets/om-knowit2/finansrapporter/minutes-agm---english/minutes_2010.pdf，2018.7.17.

⑥ https://www.ucb.com/_up/ucb_com_ir/documents/160325_-_Convening_notice_GM_28_April_2016_ENG.pdf，2018.7.17.

(二)为什么会这样

公司权力的二次移转是经理人革命与股东大会现实运转的真实写照。大多研究指出,在各国的现代公司中,公司控制权呈现出从股东会下移至董事会,乃至在20世纪的"经营者革命"中进一步下移至经理层的趋势。其背后原因在于,随着公司规模扩大、公众公司的出现,社会经济关系复杂化、公司管理专业化,进而导致:(1)有效的经营决策只能委诸具有专业知识的董事和经理来决定;(2)股东的"搭便车"心理预期和"关心公司不如关心股市"的实惠态度;(3)现代的商事交易以迅速、确定为特征。这些因素进一步造成不利影响:如果董事会没有独立的权力使其与第三人交易的契约关系对公司产生约束力,而须经股东会批准,不仅影响公司经营效率,更不利于保护善意第三人,从而破坏交易安全。① 故股东会赋权董事会是追求商业效率与经理人革命的直接结果。

另外,股东大会的职能配置可能只是立法者的一厢情愿,股东大会能否承担起其应有的职能是存疑的。域外一项针对股东大会召开时间、通知程序、表决效率等事项实证研究的文献表明,即使出台旨在让股东能更有效地参与股东大会的法律(欧盟第2007/36/EC号股东指令),对会议时间、地点、提案程序、表决权征集、质询等事项作了详尽规定,结果总是不尽如人意——股东对这一增进股东民主的做法并不买账,股东大会的参与率/效率仍是低下的;股东指令不能赋予股东更多地控制权力,②股东自身可能就怠于行使某些法定权力使公司权力呈现错配的局面。

同时,法院/司法机关对于公司权力的配置也不应干预过多。股东会、董事会和法院是三个参与公司治理的主体。股东会管理大型公司的能力受到集体行动问题的限制,包括不同的偏好、不同的说服能力、投资期限以及消化经济财务信息的能力。法院自身参与公司日常经营和长期管理并不实际。因此,董事会是最佳的决策主体,甚至其权力会扩张到并购等非日常事件。③

此外,上市公司股东大会赋权董事会的兴起与公司内部股东众多、利益异质化密切相关。赋权问题必然存在于所有权与经营权相分离最彻底的公司中——上市公司

---

① 参见何炼红、阳东辉:《当代公司法理念的更新与发展》,载《云南大学学报》(法学版)2001年第2期。

② See B. Eckbo, G. Paone, R. Urheim, "Efficiency of Share-Voting Systems-Report on Italy", *Tuck School of Business Working Paper* No. 2009 - 64, July 2009, p. 183.

③ See Harry G. Hutchinson, "Director Primacy and Corporate Governance: Shareholder Voting Rights Captured by the Accountability/Authority Paradigm", *Loyola University Chicago Law Journal*, Vol. 36, Issue 4 (Summer 2005), pp. 1111 - 1202.

股东利益异质化也加速了股东大会权力的下放。传统公司代理理论以“股东群体同质”为前提假设。而股东“同质化”假定及其推演出的股份平等、资本多数决原则也就成为股份公司内部权力分配和运行的必然选择,实行股东会中心主义也无疑是降低代理成本的最优安排。但这一假定与客观现实存在背离。股东间认知水平差异、类别股出现、新型投融资方式的兴起,使股东异质化的趋势越来越不可忽略,对股份公司经营权制度也产生了深远的影响。董事会不再被简单地视为多数资本的代理人,而要承载着更加多元的利益目标。为了回应这一需要,董事信托义务的内涵不断拓展。从多数资本股东拓展到股东整体(或者说是公司),并进一步扩展到股东之外的其他利益相关者。且董事会自由裁量权日渐强化。由于传统的股东大会决议机制在达成股东合意时存在诸多弊端,无法真正反映“异质化”股东的意思表示,因此,现代公司立法呈现出逐渐减弱股东大会功能、强化董事会功能的趋势。[①]

(三)实践中股东大会授权董事会的实证特点

第一,原则上股东大会授权启动模式上存在两种模式。一种是主动授权,即股东大会主动授权给董事会一些职权;另一种为提请授权,即由董事会提请股东大会授权。但在实践中均为董事会提请股东大会授权模式。由此可见,公司权力的初次分配是静态的/文本性的活动,而第二次分配是动态的/实践性的活动——它根据公司实际运作情况而作调整。

第二,在授权过程中,为保证董事会提请的公允/正当性,一些公司会公告独立董事发表事前认可意见。独立董事独立意见一般包括以下几个方面。(1)授权事项是否符合公司利益与中小股东利益。(2)授权事项实体是否合法。对于董事会提请的授权,意见通常表述为“授权事项符合相关法律、法规、其他规范性文件以及《公司章程》的相关规定”。(3)授权是否程序合法。如通常为“本次会议的召开和表决程序符合法律、法规、规范性文件和《公司章程》的规定,会议履行了法定程序……出席会议的关联董事按照有关规定回避了相关议案的表决,会议形成的决议合法、有效。相关议案将提交股东大会表决,关联股东必须回避表决”。

第三,授权符合法律上的代理构成要件与特点。股东大会授权董事会是指上市公司的股东大会将本属于自身的权力在满足一定程序要件和实体要件的情况下交由/授权给董事会行使,即“股东大会权力 + 形式要件/实质要件→董事会行使”。无

① 参见汪青松、赵万一:《股份公司内部权力配置的结构性变革——以股东“同质化”假定到“异质化”现实的演进为视角》,载《现代法学》2011年第3期。

论是对授权行为还是对行为模式结构作文义解释,其包含的要素都是丰富的,这与民法上的委托代理制度极为相似。首先,从行为性质上讲,赋权的内容必须是能经过投票表决而控制/左右的行为。这从另一个方面表明,只要所作决策事项不受投票权限制或者不能投票,那么股东大会的控制能力及投票权的价值就是有限的,如股东大会不可将个人股东优先购买权授权董事会行使,这样的授权也是无效的。其次,从行为内容上讲,授权事项为明示规定,且多与公司资产相关。在上市公司中,由于两权分离现象明显,股东虽然是公司的所有者,但是很难做到事必躬亲。最后,授权公告往往明确规定授权期限,且多为 1 年,未规定者亦可根据授权事项性质而推导出来,或者根据需要"按需随时"授权,如佳通轮胎股份有限公司自 2008 年起就"决定为福建佳通轮胎有限公司提供担保"事项进行 4 次分批授权。

第四,授权通过与否交由股东大会判断,但需何种类型股东大会表决规定不一。具体而言,有的公司将授权事项交由临时股东大会,而有的公司交由年度股东过大会。在存在类别股的情况下,还有公司交由股东大会和类别股东大会双重表决。但值得注意的是,股东会会议≠年度股东大会≠临时股东会,三者在召开时间、程序、提请主体上皆有不同。尤其是根据《公司法》第 39 条之规定,"股东会会议分为定期会议和临时会议";第 100 条规定"股东大会应当每年召开一次年会,但有下列情形之一的,应当在两个月内召开临时股东大会",①一些公司公告仅模糊指向股东会会议,但未作明确划分,这势必为日后授权诉讼埋下隐患。

四、司法实践中的公司权力二次移转

(一)司法实证

为考察股东大会授权董事会的司法现状,笔者以"股东会授权董事会"为关键词在北大法宝数据库进行案例搜索,共发现具体案件如表 5 所示:

① 《公司法》第 100 条规定:"股东大会应当每年召开一次年会。有下列情形之一的,应当在两个月内召开临时股东大会:(一)董事人数不足本法规定人数或者公司章程所定人数的三分之二时;(二)公司未弥补的亏损达实收股本总额三分之一时;(三)单独或者合计持有公司百分之十以上股份的股东请求时;(四)董事会认为必要时;(五)监事会提议召开时;(六)公司章程规定的其他情形。"

表5 “股东会授权董事会”的具体案件详列

序号	案件名称	案件字号	审理法院
1	南京安盛财务顾问有限公司诉祝某股东会决议罚款纠纷案	公报案例	江苏省南京市鼓楼区人民法院
2	陈某某诉江苏江阴市石油销售有限公司履行股权转让合同案	(2003)苏民二终字第219号	江苏省高级人民法院
3	石某等与上海昌润房产有限公司等姓名权纠纷上诉案	(2017)沪01民终14361号	上海市第一中级人民法院
4	李某与佛山市南海润柏投资有限公司公司决议撤销纠纷上诉案	(2017)沪02民终6040号	广东省佛山市中级人民法院
5	张某某等诉唐某等股权转让纠纷案	(2017)沪02民终6040号	上海市第二中级人民法院
6	余某某等诉沈某某等债权转让合同纠纷案	(2016)川01民终10285号	四川省成都市中级人民法院
7	天同证券有限责任公司破产管理人诉中天城投集团股份有限公司公司出资纠纷案	(2016)最高法民申1551号	最高人民法院
8	北京恒通冠辉投资有限公司与杜某某等公司决议效力确认纠纷上诉案	(2016)京01民终6676号	北京市第一中级人民法院
9	曹某某诉江苏安邦电化有限公司等股东资格确认纠纷案	(2016)苏民申3740号	江苏省高级人民法院
10	杨某等诉青岛厚德房地产开发有限公司等确认合同无效纠纷案	(2015)鲁民一终字第156号	山东省高级人民法院
11	佰世英特教育科技(北京)有限公司与黄河公司证照返还纠纷上诉案	(2015)三中民(商)终字第10159号	北京市第三中级人民法院
12	许某某等与浙江益和电力科技信息有限公司公司决议撤销纠纷上诉案	(2015)浙杭商终字第729号	浙江省杭州市中级人民法院
13	赵某与江苏安邦电化有限公司等确认合同无效纠纷上诉案	(2014)淮中商终字第0117号	江苏省淮安区中级人民法院(原江苏省淮阴市中级人民法院)
14	冷某等与刘某某名誉权纠纷上诉案	(2014)濮中法民开终字第69号	河南省濮阳市中级人民法院

续表

序号	案件名称	案件字号	审理法院
15	唐某某与余某某投资协议纠纷上诉案	(2014)宁商终字第51号	南京市中级人民法院
16	袁某与B公司确认纠纷上诉案	(2013)沪一中民四(商)终字第822号	上海市第一中级人民法院
17	闻某某与中润公司决议纠纷上诉案	(2011)锡商终字第0558号	江苏省无锡市中级人民法院
18	任某某等诉虞某某等损害赔偿纠纷案	(2011)长中民四终字第0127号	湖南省长沙市中级人民法院
19	邓某某等与梁某某股东权纠纷上诉案	(2010)闽民终字第221号	福建省高级人民法院
20	上海有色新材料(集团)有限公司与中国工商银行上海市徐汇支行借款合同纠纷上诉案	(2004)沪高民二(商)终字第260号	上海市高级人民法院
21	中国民生银行股份有限公司广州分行与贤成集团有限公司等借款合同纠纷上诉案	(2008)穗中法民二终字第1223号	广东省广州市中级人民法院
22	浙江东舜控股集团有限公司等诉合肥市东舜置业有限公司公司决议纠纷案	(2017)皖01民终6068号	安徽省合肥市中级人民法院
23	吴某诉北京荣之联科技股份有限公司公司决议撤销纠纷案	(2017)京民申911号	北京市高级人民法院
24	南京交运集团有限公司与詹某某等公司决议效力确认纠纷上诉案	(2016)苏01民终7747号	江苏省南京市中级人民法院
25	王某某等诉邓某某股权转让纠纷案	(2017)桂0205民初4569号	广西壮族自治区柳州市柳北区人民法院
26	三明市明信融资担保有限责任公司诉连秀荣公司利益责任纠纷案	(2015)梅民初字第1769号	福建省三明市梅列区人民法院
27	石某诉上海昌润房产有限公司等姓名权纠纷案	(2016)沪0104民初34313号	上海市徐汇区人民法院
28	中国联合水泥集团有限公司等诉运城中联水泥有限公司公司登记纠纷案	(2017)晋0830民初894号	山西省芮城县人民法院

续表

序号	案件名称	案件字号	审理法院
29	佛山市南海区西樵恒建混凝土有限公司诉广东南纺融资担保有限责任公司股东知情权纠纷案	(2017)粤0605民初2928号	广东省佛山市南海区人民法院
30	王某诉季某某公司证照返还纠纷案	(2015)海民(商)初字第40874号	北京市海淀区人民法院
31	江油市农村信用合作联社二郎庙分社诉四川天安农业发展有限公司等金融借款合同纠纷案	(2016)川0781民初3860号	四川省江油市人民法院
32	杨某与潘某离婚纠纷案	(2015)泽执字第971号	江苏省洪泽县人民法院
33	李某某诉赵某某等民间借贷纠纷案	(2015)开民初字第117号	河北省唐山市开平区人民法院
34	孙某某诉马鞍山市市政建设有限责任公司公司决议纠纷案	(2014)雨民二初字第00838号	安徽省马鞍山市雨山区人民法院
35	张某诉广东冠中盈建设投资集团有限公司股东知情权纠纷案	(2014)惠城法民二初字第39号	广东省惠州市惠城区人民法院
36	袁某某诉上海宗剑模具机械有限公司盈余分配纠纷案	(2013)闵民二(商)初字第2107号	上海市闵行区(上海县)人民法院
37	唐某某诉余某某协议纠纷案	(2013)雨民初字第58号	江苏省南京市雨花台区人民法院
38	倪某某诉俞某某等民间借贷纠纷案	(2011)杭富商初字第1855号	浙江省富阳市人民法院

对案件详情进行解读/统计后发现,法院裁判中往往对涉案公司的授权事项作肯定式解读,一些案件在案情陈述部分表明公司股东会授权情况明确认可/默认的授权如下,包括:(1)股东内部处罚酌情权;(2)增资方案确定权;(3)董事长选举权;(4)受理股东出资的转让和受让日常工作、根据实际经营需要,与相关协作单位签署一些走账合同,转出的资金作为股东分配资金或作为董事会使用资金;(5)新增资金使用权;(6)重组方案(重组事项);(7)执行债务履行协议;(8)查明资金去向,确保公司资金安全完整;(9)奖金分配方案;(10)决定公司融资和对外担保;(11)执行限制性股票激励计划;(12)增资股份的转让。

另外,一些案件直指授权本身(涉诉焦点),法院在裁判部分明确认可的授权包括:(1)重大投资决策权;(2)对外投资计划制定;(3)对内担保;(4)董事长身份解除权。

(二)股东私意与法院公意之冲突

虽然上述实证发现法院多对授权肯定态度,这其实源于相关案件授权内容的"中规中矩"——授权事项完全在股东会职权范围内且未触及法定根本性权利。但当事项直指法律明确规定由股东会/股东大会享有的职权时,问题就变得复杂起来。由于章程被定义为公司的宪章,是规范公司对外经营活动及公司内部治理活动的重要文件,[①]故修改公司章程是可谓是公司法分配给股东的最高权力。这表现在,一方面,修改公司章程本身是法律明确赋予股东会的职权之一;另一方面,根据《公司法》第37条第11项之规定章程可为股东会"创设"其他公司权力。[②] 故笔者将以此项修改章程的权力为分析对象,还原股东会授权董事会所引发的股东私意与法院公意之冲突。司法实践中对修改章程的权力授予作了如下分类解读:

1. 因授权事项变动而事实上构成对章程之修改

在吴某与北京荣之联科技股份有限公司公司决议撤销纠纷[③]一案中法院意见如下:

本院认为,吴某诉请的是董事会决议撤销,故本案的审理范围为董事会决议中载明的决议内容即部分限制性股票回购注销是否违反公司章程,董事会作出该决议是否超越职权。本案中荣之联公司股东大会审议通过了公司限制性股票激励计划,并授权董事会办理限制性股票激励计划具体事宜,董事会作为执行机关对于不符合激励条件的离职人员的已获授权但尚未解锁的限制性股票进行回购注销作出决议,该决议内容不违反公司限制性股票激励计划,亦未超过董事会的授权范围,故不违反公司章程的规定。

值得注意的是,这一裁判并非解决修改章程权赋予问题,而是认可股东会可授予董事会就特定事项修改公司章程的权力,而处理特定事项的权力也要事先由股东会

---

① 参见朱慈蕴:《公司章程两分法论——公司章程自治与他治理念的融合》,载《当代法学》2006年第5期。

② 《公司法》第37条规定:"股东会行使下列职权:(一)决定公司的经营方针和投资计划;(二)选举和更换非由职工代表担任的董事、监事,决定有关董事、监事的报酬事项;(三)审议批准董事会的报告;(四)审议批准监事会或者监事的报告;(五)审议批准公司的年度财务预算方案、决算方案;(六)审议批准公司的利润分配方案和弥补亏损方案;(七)对公司增加或者减少注册资本作出决议;(八)对发行公司债券作出决议;(九)对公司合并、分立、解散、清算或者变更公司形式作出决议;(十)修改公司章程;(十一)公司章程规定的其他职权。对前款所列事项股东以书面形式一致表示同意的,可以不召开股东会会议,直接作出决定,并由全体股东在决定文件上签名、盖章。"

③ (2016)京01民终4160号。

授权董事会行使。[①]

2. 单纯修章权的授予

当股东会某某表决通过明确赋予董事会修改章程的权力时，法院裁判的不确定性凸显。在贵州省高级人民法院审理的徐某某与安顺绿洲报业宾馆有限公司、第三人贵州黔中报业发展有限公司公司决议效力确认纠纷上诉案[②]中，一审和二审裁判意见完全相反。一审法院认为：

本案所涉公司章程将上述股东会职权赋予了董事会，该职权的赋予是经全体股东共同同意，法律并未排除董事会和股东会之间可以赋予履行对方的职权，所以在经全体股东（股东会）同意、不违反法律强制性规定、也不损害他人利益时，可将股东会的职权赋予董事会，故徐某某主张公司章程将股东会的职权赋予董事会行使违反法律强制性规定的理由不成立。原告徐某某作为公司的登记股东，如认为公司章程内容违反法律规定或不当，应当根据公司法规定提议股东会进行修改不能就此提起诉讼。

但当本案上诉至二审法院时，情况发生了扭转，二审法院最终裁决认为：

《公司法》第37条、第46条以列举的方式规定了股东会和董事会的职权，从这两条法律规定来看，董事会、股东会均有法定职权和章程规定职权两类。无论是法定职权还是章程规定职权，强调的都是权利，在没有法律明确禁止的情况下，权利可以行使、也可以放弃，也可以委托他人行使。但从《公司法》第43条第2款规定来看，此条规定中的法律表述用语为“必须”，由此可以看出，修改公司章程，增加或者减少注册资本的决议以及公司合并、分立、解散的决议有且只有公司股东会才有决定权，这是股东会的法定权利。涉案公司股东会章程将股东会的法定权利规定由董事会行使，违反了上述强制性法律规定，应属无效。

二审法院的说理符合“股东为公司所有人”这一理论判定，更改形成公司的合同之权力必须由股东享有，而这包括修改公司章程、细则、内部规章制度等。其中公司

---

① 因为修改公司章程是在赋予董事会限制性股票激励计划的语境下出现的，该公司股东大会授权决议内容为“提请股东大会授权董事会，就限制性股票激励计划向有关政府、机构办理审批、登记、备案、核准、同意等手续；签署、执行、修改、完成向有关政府、机构、组织、个人提交的文件；修改《公司章程》、办理公司注册资本的变更登记；以及做出其等认为与限制性股票激励计划有关的必须、恰当或合适的所有行为、事情及事宜”，参见唐林等：《章程设计：股东会能否授权董事会修改公司章程？从烽火通信董事会修改章程说起》，载 https://mp. weixin. qq. com/s? __biz = MzA5MjkxNjIxMQ% 3D% 3D&chksm = 887f0c0ebf08851851dbc33d674b2ddd94723a967f6d4cec405f7ca813daed2aad5cdb430748&idx = 2&mid = 2649652370&scene = 21&sn = e9fe0202c583bbf8fd7fc3cf14c8d534，最后访问日期：2018年7月25日。

② （2015）黔高民商终字第61号。

章程这样的合同在签订之后是可以修改的,但修改只能由股东提出,修改时所有签约者都有权参与。[①] 不仅如此,如果对此案例稍加改造,则可能有出现某些股东意图掌控公司的全部权力,将股东会权力授予董事会,再通过掌控董事会控制公司的情况,此时的授权则可能因构成股东权利的滥用而无效。[②]

至此表明,若想解决司法裁判中的授权问题,法院无法固定一种"言说"来作静态化分析,而是需在自治/强制的博弈互动中对公司权力再分配问题作动态处理。[③] 同时,笔者认为,股东会权力授权问题之解决,需注意以下几个方面。

第一,应适用私权安排的一般规则,要避免出现意定行为无效或可撤销之情形。此种权力安排,也不能损害法律关于公司治理的基本结构。因为,按照分权制衡原则,法律规定股东会对法律及公司章程规定的事项进行决议,股东会作为公司内部最高机关,"最高性"意味着其作为出资者的"意思决定机构"的重要性及其决议的主要事项所具有的终局性效力。[④]

第二,授权自治范畴也因公司类型的不同而有所区别。依公共性强降序排列,公司的授权自由度呈升序排列状态。

第三,股东大会之授权需符合权力授权的基本原则,而这些原则往往并不局限于公司法领域。如借用行政法上的比例原则之法理,[⑤]股东会的授权内容应与董事会所能之事密切相关,不可赋予与董事会自身性质/能力无关的权力,由此可能得到的结论就是,"一般经营性权力可授予董事会;非经营性/参与性/身份性权力不可授予"。而这与维持公司基本权利结构之理念不谋而合——界分股东会内部基础性权利与经营性权力。股东权力行使方式的变革、董事会中心主义/股东会中心主义的发展趋势等,以及对公司经营效率的追求等均不得成为损害该底线的理由,故基础性权力由股东大会享有,经营性权力由董事会享有。[⑥] 同时,依净手原则,所获权力分配之主体不

---

① 参见张维迎:《理解公司:产权、激励与治理》,上海人民出版社2014年版,第308页。

② 本案例的改造参见余勇波:《解码股东战争》,法律出版社2018年版,第165~171页。

③ 正如股东会的权力范围本身就并不确定,"还有其他一些放出预料不到的事情需要股东会决定,至于哪些需要,哪些不需要,要视情况而定(case by case)"。参见张维迎:《理解公司:产权、激励与治理》,上海人民出版社2014年版,第308页。

④ 参见蒋大兴:《社团罚抑或合同罚:论股东会对股东之处罚权——以"安盛案"为分析样本》,载《法学评论》2015年第5期。

⑤ 比例原则是指行政主体实施行政行为应兼顾行政目标的实现和保护相对人的权益,如果行政目标的实现可能对相对人的权益造成不利影响,则这种不利影响应被限制在尽可能小的范围和限度之内,二者有适当的比例;包含适当性原则、妥当性原则、必要性原则等。

⑥ 参见曹兴权、黄超颖:《股东会授权董事会的底线:权利配置基础结构维持原则》,载《财经法学》2017年第3期。

得存在自身利益与公司利益相冲突之情况,故选举董事等与董事自身存利益冲突之权力需由股东大会保留行使。

第四,股东会授权董事会是否存在一个固定的边界是存疑的,有时候存在诸多政策性考量。一方面,从授权外围范畴上看,反收购决定权、公司董事提名权/选任权、董事薪酬决定权等均未得到充分解决。尤其是受经济危机、公司丑闻的影响和机构投资者参与公司治理热情高涨,股东民权主义思潮、股东会中心主义重新兴起,出现了与本文议题(股东会授权董事会)反向之现象——股东会"瓜分"董事会之权力。这种变动必然对本文议题的边界产生影响。另一方面,从授权内部规制来看,虽然某些国家对特定授权事项作了明确规定,如澳大利亚证券交易所规定,如果上市公司增发的新股超过其资本的15%且增发不是向原有股东按照持股比例进行配售的话,那么该增发需要股东大会的同意。[①] 但这是否就必然表明未授权/未同意就会直接导致超过15%的部分增发无效?投资者信赖如何保护?事后追认是否可行?尤其是当构建投资者信心对现实证券市场健康稳定地发展越发重要时,这种"严苛主义"的框定是否合理?有时,股东会授权董事会不单单是一个法律问题,更是一个政策性问题。

五、结　　语

公司权力分配经历了两次路径变革。第一次变革以公司机构的设置为表现,以公司法为分配工具,明晰各机构间具体权力的初次构造,但这种对公司权力的首次分配并不单单是法律现象,而很有可能是将公司视为"类政治"组织后对一国政治体制的跨域移植。与此同时,公司的"家庭属性"使公司权力分配与家庭/家族权力分配也有着高度的相似性。公司权力第二次分配则以"股东会/股东大会授权董事会"为主要样态,这既是对商业效率的追求,更是对经理人革命/董事会中心主义的自发回应。但随着股东民主思潮、股东积极主义的重新兴起,股东会"瓜分"董事会之既有权力也日益增多,后者的变动不居必然影响前者(股东会授权董事会)的边界等问题的解决,而公司类型、公共性、政策性考量等因素是无法避开的影响因素。这似乎表明若想解决司法裁判中的授权问题,法院无法固定一种"言说"来作静态化分析,而是需在自治/强制的博弈互动中对公司权力再分配问题作动态处理。

---

① 参见澳大利亚证券交易所上市规则第S7.1部分。转引自黄辉:《现代公司法比较研究:国际经验及对中国的启示》,清华大学出版社2011年版,第164页。

我国公开征集投票权规范性研究

张钦昱*

摘　要：投票权征集制度源于20世纪初的英美，被美国学界公认为公司控制市场的利器及以市场力量达成公司治理之目的最为有效的法律途径之一。在我国，投票权征集制度起步较晚，且由于股权结构不合理、中小投资者股东权利意识淡薄等原因，使投票权征集活动在我国实践中长时间受到冷落。但近年来，随着我国上市公司的股权结构多元化的发展，实质意义上的投票权征集活动越来越普遍，投票征集机制所具有的功能和价值日益彰显。

我国公开征集投票权制度存在着诸多缺陷，难以体现公开征集投票权维护中小股东合法权益的制度价值。构建我国表决权征集制度的研究成为当下紧迫的现实课题。完善我国的公开征集投票权制度，应当从立法着手，立足我国法律缺位、实践不足的现状，可以借鉴域外有关公开征集投票权的经验，明确我国公开征集投票权的主体资格，尤其是要赋予非直接利害关系人公开征集投票权主体资格。此外，还要完善公开征集投票权中的信息披露机制。

关键词：公开征集投票权　征集主体　非直接利害关系人　信息披露　中小股东保护

绪　论

2017年5月29日，上海市第一中级人民法院对刘某等14名原告诉被告匹凸匹金融信息服务（上海）股份有限公司及实际控制人鲜某等证券虚假陈述纠纷案作出宣

* 中国政法大学副教授、硕士研究生导师。

判,一审支持原告全部诉请。[①] 该案系全国首例证券支持起诉案,有利于缓和我国资本市场中小投资者[②]维权成本高于维权收益的矛盾,是可复制与可推广的成功司法经验。

证券公益诉讼制度是典型的事后补救措施,而完善公开征集投票权制度是事前预防手段。要疏浚我国资本市场中小投资者维权的淤塞河道,不仅要治理下游,更要畅通上游,健全中小投资者投票机制。

投票权征集制度源于20世纪初的英美,被美国学界公认为公司控制市场的利器及以市场力量达成公司治理之目的最为有效的法律途径之一。公开征集投票权,英文直译为"开征集投票权",中文可译为"征集投票代理权""委托书征集""委托书征求""委托书劝诱"等,系指"征集代理权的人在股东大会开会前的一定时期内主动与广大股东联系,希望他们(如果不去开会)将其股份的投票权委托给征集者行使"。

公开征集投票权利于达成决策共识,提升决策效率减少成本进而充分发挥股东大会机能,有效保障中小股东合法权益。现代公司投票中存在"集体行动困境"(collective action problems),[③]即除极端情况外,中小股东投票极少有任何作用,"当许多人有权投票时,没有一个股东期望他的选票来决定结果",[④]中小股东可以将投票权委托给其他股东时,可以便利股东行使投票权,积极参与公司治理;当中小股东将投票权委托给外部专业机构时,可以建立外部监督机制,避免公司被内部人控制。此外,公开征集投票权还有利于促进公司控制权争夺,改善公司经营绩效。表决权争夺是股东约束公司治理的方式之一,无论其结果如何,都会使公司业绩有所提高。[⑤]

---

① 参见《2017年度人民法院十大民事行政案件》,载《人民法院报》2018年1月7日,第4版。

② 在股票市场,"中小股东"和"中小投资者"的概念基本是一致的。对于"中小投资者",我国证券监督管理委员会深圳监管局3个板块《上市公司规范运作指引》第2.2.7条作出如下解释:"中小投资者是指除公司董事、监事、高级管理人员以及单独或者合计持有公司5%以上股份的股东以外的其他股东"。因此,本文所称"中小股东"和"中小投资者"含义一致。参见深圳证监局:《请问"中小投资者"与"中小股东"的定义分别是什么,是否为同一个概念?其定义出自什么规定?》,载证监会官网:http://www.csrc.gov.cn/pub/shenzhen/xxfw/tzzSyd/zqtz/201511/t20151109_286145.htm,最后访问日期:2018年1月24日。

③ 又称"搭便车"问题,系指"除非一个集团中人数很少,或者除非存在强制或其他某些特殊手段以使个人按照他们的共同利益行事,有理性的、寻求自我利益的个人不会采取行动以实现他们共同的或集团的利益"。"搭便车"问题影响着公司的投票过程。参见[美]曼瑟尔·奥尔森:《集体行动的逻辑》,陈郁、郭宇峰、李崇新译,上海人民出版社1995年版,第2页。

④ Henry G. Manne,"Mergers and the Market for Corporate Control",*Pol. & Econ.* 1965,73:110,115.

⑤ 在挑战者成功获得董事会席位时,公司的经营业绩将明显提高。当挑战者失败时,现任董事会和行政管理层由于可能仍然受到未来收购威胁,公司的经营业绩也应该得到改善。See David Ikenberry & Josef Lakonishok,"Corporate Governance Through the Proxy Contest:Evidence and Implications", *J. Bus*,1993,66:405,406.

一、我国公开征集投票权的现状及缺陷

我国关于公开征集投票权的规定散见于《关于在上市公司建立独立董事制度的指导意见》(证监发〔2001〕102号)第5条、《上市公司治理准则》(证监发〔2002〕1号)第10条、《上市公司股东大会网络投票工作指引(试行)》(证监公司字〔2004〕96号)(现已失效)第10条、《关于加强社会公众股股东权益保护的若干规定》(证监发〔2004〕118号)、《上市公司股东大会规则》(中国证券监督管理委员会公告〔2016〕22号)、《股票发行与交易管理暂行条例》(国务院第112号令)及《上市公司章程指引》(中国证券监督管理委员会公告〔2016〕23号)第78条、《上市公司征集投票权操作指引》(深圳证券管理办公室,2002年)等部门规章或规范性文件的规定中,没有专门的法律进行规定。

由上述梳理可见,我国立法对公开征集投票权制度缺乏专门、系统的规定,规范层级较低。而且立法内容上存在重复和空白。例如,多个文件规定"董事会、独立董事和符合有关条件的股东""可以"公开征集投票权,并"禁止有偿征集""禁止持股比例限制",立法上存在重复;除此之外,没有文件对"有关条件"作出明确规定,未对董事会、独立董事等特殊主体限制作出规定,也没有文件明确规定其他主体如利益相关者、中介机构是否有征集权;费用分担机制更是在立法上出现空白。对于信息披露的规定不够具体。现有对信息披露的规定为"征集股东投票权应当向被征集人充分披露具体投票意向等信息",但却对具体内容没有规定。对于法律责任而言,我国立法没有对征集投票权活动中可能产生的违法行为如何处理作出规定,证监会在监管违法征集、虚假陈述等行为时缺乏法律依据,股东缺乏权益救济手段。

实践中,通过梳理上海证券交易所网站上2004年至2017年14年间共计415个征集投票权实例,可以发现我国公开征集投票权存在下述问题。

第一,自发启动比例偏低,14年间自发性征集稳定在每年平均1.8例,总体上并无上升趋势。这一趋势意味着既有征集主体制度未能有效激励中小股东积极主动发动征集活动,既有主体的征集活动未能有效维护中小股东合法权益,公开征集投票权的制度价值未能充分体现。

第二,成功比例偏低。在统计的415个案例中,征集人的目的都是促成征集议案通过,且415个案例中仅有3例未通过,可见我国公开征集投票权所涉议案通过率极

高。但415个案例显示,我国既有主体公开征集投票权所能征集到的股份较少,征集活动的实际效果值得怀疑,故仅凭征集议案通过率高,不能草率得出我国公开征集投票权成功率高的结论。

第三,征集主体单一。我国实践中公开征集投票权的征集主体主要是独立董事和董事会,股东特别是中小股东几乎未发起过征集活动。经统计,发动征集活动的频率由独立董事、董事会、股东依次递减,分别为83%、17%和1%。而征集事由的比重由股权激励计划、股权分置改革和其他事由依次递减,分别为71%、23%和6%。

第四,信息披露不充分。上海证券交易所官网发布的公开征集投票权案例,披露的内容很少,而且类型化倾向明显,严重损害了被征集者的知情权。其披露内容主要有作为征集人的独立董事的基本情况、征集方案及程序、股东大会的时间、地点等基本情况,但对提案则仅提及名称,其内容至关重要却无说明,或许是出于保密的考虑,但也应当通过其他合理方式使被征集人知晓,否则不仅损害股东的知情权,也会使其表决权意思不自由,这与表决权的本质是相违背的。

二、公开征集投票权的适格征集主体

适格的征集主体可以分为直接利害关系人和非直接利害关系人两种。前者包括股东、董事和独立董事。根据我国相关法规,只有“符合一定条件”的股东,才能公开征集投票权。但除明文规定“上市公司不得对征集投票权提出最低持股比例限制”①以防止剥夺中小股东征集投票权外,我国现行立法未对其他条件作出细化规定。对于董事而言,我国上市公司“股权过度集中、国有股比例过大,缺乏多元化的持股主体、关联股东占较大比重”②的背景下,董事会很有可能沦为大股东控制公司的工具。因此,董事征集投票权可能会使大股东的控制加剧,更加不利于保护中小股东利益。

---

① 参见《国务院办公厅关于进一步加强资本市场中小投资者合法权益保护工作的意见》(国办发〔2013〕110号)第4条;《上市公司股东大会规则》第31条。

② 中国社科院经济政策与模拟重点研究室编:《经济政策与模拟研究报告》(第1辑),经济管理出版社2012年版,第162页。另有研究指出:“股权分置改革前,我国第一大股东平均持股50%以上,2006年股权分置改革后,这一现象有所缓解,但第一大股东或第一大股东集团控制公司的性质并没有改变,股权分置改革后占比例较小的非流通股的减持比例较大。……股权分置改革前,国有股持股数占总股本一半以上,股权分置改革后,尽管国有股有所减持,但还占有相当的比重。”参见蔡玉程、林佳云:《中国上市公司有效股权结构研究》,载《学习与探索》2014年第4期。

对于独立董事而言,我国立法中的规定十分粗糙,①导致实践中控制股东往往垄断独立董事选任。② 此外,独立董事提名权也很容易被大股东垄断,而“在实践中股东经常简单地批准一个被推荐的候选人的名单”,③所以独立董事的独立性值得质疑。

所谓“非直接利害关系人”,是指为维护中小股东合法权益而公开征集投票权的除上市公司董事会、独立董事和公司股东之外的非营利组织。④ 非营利组织具有组织性、自愿性、民间性、非营利性和自治性等5个特点。⑤

虽然,诸如君之创公司这样的营利性证券咨询机构与中介组织可以为中小股东提供更为专业的服务,但其仅能作为委托人以中小股东名义代为征集投票权,其自身不应享有公开征集投票权的主体资格。非直接利害关系人的重要属性为公益性与非营利性,营利性主体追求利润的目标与上述属性迥然不同。虽然现代公司契约关系理论(nexus of contract theory)⑥及公司社会责任理论(Corporate Social Responsibility, CSR)⑦一定程度上修正股东至上和利润至上的传统理论,但无论是理论上的争论不

---

① 《关于在上市公司建立独立董事制度的指导意见》第4条第1款规定:“上市公司董事会、监事会、单独或者合并持有上市公司已发行股份1%以上的股东可以提出独立董事候选人,并经股东大会选举决定。”

② 例如,2014年启源装备(300140)独立董事提名争议中,由于第一大股东向董事会提交独立董事候选人临时提案,导致中小股东认可的另一名独立董事候选人落选。这一选举结果及由大股东提名的独立董事的独立性遭到众多中小股东的质疑。参见李东亮:《保荐人律师事务所劝阻无效启源装备董事会换届一地鸡毛》,原载《证券时报》2014年1月30日,载东方财富网:http://finance.eastmoney.com/news/1345,20140130357614881.html,最后访问日期:2018年6月18日。

③ [加]布莱恩·柴芬斯:《公司法:理论、结构和运作》,林华伟等译,法律出版社2001年版,第656页。

④ 在民事诉讼理论中,“直接利害关系人”是指本案争议的民事法律关系或者民事权利的双方主体。“非直接利害关系人”包括:(1)对他人的民事法律关系或者民事权利具有管理权的人;(2)在确认之诉中,对诉讼标的有确认利益的人;(3)公益诉讼的原告。参见张卫平主编:《最高人民法院民事诉讼法司法解释要点解读》,中国法制出版社2015年版,第28页。在公开征集投票权中,现有征集主体不足以有效维护中小股东合法权益,故借鉴民事公益诉讼原告理论,引入“非直接利害关系人”作为征集主体。因此,本文对非直接利害关系人作出此种界定。

⑤ See Lester M. Salamon, “The Rise of the Nonprofit Sector”, *Foreign Aff*, 1994, 73:109.

⑥ 公司契约关系理论认为,企业是各种要素的集合,朝着共同的生产或者服务目标而努力。其中,雇员提供劳动力资本、管理者提供管理资本、股东提供股权融资、债权人提供债权融资,他们自愿结合自行安排各种交易,共同受到一种复杂的契约关系束的拘束。该理论为公司社会责任理论提供一种解释路径。参见[美]弗兰克·伊斯特布鲁克、丹尼尔·费希尔:《公司法的经济结构》,张建伟、罗培新译,北京大学出版社2005年版,第1~40页。

⑦ 公司社会责任理论认为,基于现代公司的地位,公司应当承担更多社会责任,而不仅仅是股东赚钱的工具。

体,[①]还是立法上的相对保守,[②]均表明营利仍为公司基本目标。若营利性机构没有动力行使公益性征集权,即便法律赋予其征集主体资格,也仅起一般宣示作用。

(一)非直接利害关系人作为征集主体的理由

单独个体损害轻微,居于弱势的当事人也面临诸如诉讼费用负担等困难。[③] 在证券欺诈等损害中小股东合法权益的场合,单凭个人自身通常无力有效保护自己免遭此种侵害。此外,由于股权结构不合理、中小投资者股东权利意识淡薄等原因,投票权征集活动在我国实践中长时间受到冷落,这就更需要非直接利害关系人承担起投票权征集的任务,真正落实该制度。

非直接利害关系人中最典型的就是以中证中小投资者服务中心(以下简称投服中心)为代表的公益性组织。投服中心作为征集人有以下几个优势。

第一,具有专业性。实践中,中小股东的大多数是公众投资者,囿于其知识、经验、精力、资金和信息等诸方面的原因,中小股东不能对相关重大事项做出合理的判断。投服中心作为中小投资者的代理人无疑可以有效解决这一问题,帮助中小股东做出合理的判断以最大限度地保护自身利益。

第二,可以有效降低征集成本。囿于经费等限制,较难寄希望于其他主体可能提起基于公益目的提出征集,而作为国家依法设立的投资者服务中心,其目的就是要维护投资者的合法权益,因此当然会承担相应费用。

第三,可以有效降低获取中小股东信任的成本。目前投服中心持股行权、小额速调和证券支持起诉已产生突出成效并获得市场和社会的积极反响,赢得了中小股东的信赖与支持。可以预见,投服中心如果开展公开征集投票权活动,将更易得到中小股东的授权。

第四,能够有效弥补既有行权维权方式在预防违法上稍显不足的缺陷。既有持股行权方式相对被动,小额速调和证券支持起诉均为事后救济机制,三者虽能够间接警示和督促上市公司董监高勤勉尽责,不过,其在事前预防违法方面难免力不从心。

---

① 自20世纪30年代以来,共掀起过3场公司社会责任的论战。支持公司社会责任者认为,公司不仅应当对股东利益最大化承担责任而且应当对股东之外的利益相关者承担责任。而反对者则坚持传统的公司行为和责任标准。参见施天涛:《公司法论》(第3版),法律出版社2014年版,第49~51页、第401~404页。

② 现代公司法确实吸收公司社会责任理论,但多为倡导性规定而非强制性要求。例如,我国《公司法》第5条明文规定"社会责任";美国《模范公司法》(Model Business Corporation Act, MBCA) § 3.01(3)、§ 3.01(14)、§ 3.01(15)分别规定了公司享有对公共福利或者慈善、科学、教育等目的进行捐赠的权利;享有从事任何有利于政府政策的合法营业的权利;享有从事与法律不相抵触的促进公司经营和事务的支付或者捐赠的权利,或者从事任何其他行为的权利。

③ 参见陈荣宗:《美国群众诉讼与西德团体诉讼》(上),载《法学丛刊》1985年第118期。

(二)非直接利害关系人作为征集主体的限制

在我国,非直接利害关系人公开征集投票权并不意味着任何与案件无关的个人或团体均可以理所当然地以捍卫公益为名任意公开征集投票权,征集者仍有必要主张相当程度的利益关联。①

为防止非直接利害关系人无视规矩、破坏衡平,作出上述滥用征集权的行为,需要建立多元监督机制,包括立法机关的抽象监督、主管部门的行政监督和非直接利害关系人内部监督。

一是立法机关的抽象监督。广义上,所有涉及非直接利害关系人公开征集投票权的规定都是对其的监督,包括术语界定、征集事由、授权规则、救济手段等。

二是主管部门的行政监督。非直接利害关系人征集投票权的主管部门是证监会,证监会可以通过人事监督、检查监督和信息披露监督等途径进行监督。

三是非直接利害关系人的内部监督。"内部监督机制包括内部道德自律和内部制度化控制。"②

三、公开征集投票权的具体规范内容

(一)公开征集投票权的事前规范

1. 公开征集投票权的启动

非直接利害关系人启动公开征集投票权的方式有两类三种:以自己的名义征集投票权,又分为主动征集和依申请征集;以中小股东名义代为征集投票权,即依委托征集。

不同征集主体的区别仅在于费用负担规则:非直接利害关系人以自己名义公开征集投票权的,程序费用由非直接利害关系人负担。反之,则由中小股东以自己的名义征集投票权,并自行负担程序征集费用(但可降低试错成本,并减少委托专业机构代为征集服务成本)。

非直接利害关系人公开征集投票权"作为增加股东参与公司管理之努力的一部分",③其唯一目的是维护中小股东合法权益,禁止其利用中小股东的信任,谋取私人

---

① 参见颜运秋:《公益诉讼理念研究》,中国检察出版社2002年版,第183页。

② 翁晓健:《证券市场虚假陈述民事责任研究——美国证券法经验的反思与借鉴》,上海社会科学院出版社2011年版,第6页、第135~150页、第217页。

③ [美]托马斯·李·哈森:《证券法》,张学安等译,中国政法大学出版社2007年版,第295页、第468页。

利益。

只要求征集者在征集之前将有关信息向监管机构备案，备案后即可启动征集活动，监管机构并不对征集表决事项及相关资料的真实性、合法性进行事先审查，而仅做形式审查，待出现问题后才进行实质审查。[①]

2. 公开征集投票权的资金要求

(1)公开征集投票权原则禁止有偿征集

在公开征集投票权过程中，由征集人给予被征集股东一定数额的金钱或实物补偿，称为有偿征集。绝大多数国家及地区对有偿征集实行本身违法原则，即不需要对实施效果进行个案考量，只要存在有偿征集行为就属不合法。例如，纽约州《商业公司法》第609e条规定，股东不得为了获得任何数量的金钱或其他任何有价值的东西而出售自己的投票权或向他人发出授权委托书。我国台湾地区"公开发行公司出席股东会使用委托书规则"第10条、[②]我国2002年《上市公司治理准则》第10条[③]也作出过类似的规定。由此可知，无偿征集符合国际通例的规定，可以有效避免"权"钱交易，抑制行贿受贿，维护公司和股东的整体利益，因此有其合理性所在。

但是，对有偿征集一律禁止的做法值得商榷，本身违法原则也存在例外。1982年的"施雷伯诉卡尼案"(Schreiber v. Carney)中，法院认为除非购买投票权是为了欺诈或者剥夺其他股东的投票权，或者行为违反了社会公共利益，否则这种行为就是有效的。[④] 作为例外的有偿征集可以调动被征集股东的积极性。实际上，有偿征集是征集人与被征集人意思表示一致的结果，若无违反法律法规或公序良俗的情形，法律就不应予以干涉。就我国而言，"一些上市公司主张，应允许投票代理权的有偿转让，因为它是利益再分配的一种有效方式"。[⑤]

(2)公开征集投票权的费用承担

实践中，公开征集的费用由谁承担取决于不同的征集主体，如果是公司管理层开展征集活动，则应由公司承担费用。

对于非管理层进行征集活动，美国在审判实践中确立的由公司承担费用的标准

---

① 参见伏军：《公司投票代理权制度研究》，载《西南政法大学学报》2005年第4期。

② 我国台湾地区"公开发行公司出席股东会使用委托书规则"第10条规定，出席股东会的委托书的取得，不得以给付金钱或其他利益为条件。

③ 我国《上市公司治理准则》第10条规定，投票权征集应采取无偿的方式进行。

④ 参见[美]理查德·哈森：《购买投票权》，佚名译，载《加利福尼亚法律评论》2003年第88期。

⑤ 伏军：《公司投票代理权制度研究》，载《西南政法大学学报》2005年第4期。

是:第一,征集活动是关于公司政策而非人事问题;第二,征集费用主要是用于信息披露,且征集费用是合理的;第三,征集活动是为了公司整体利益,而非个别股东争权夺利。除此之外,费用应由征集人承担。如果征集人属于股东之外的非直接利害关系人,则以其自己名义公开征集投票权的程序费用应由非直接利害关系人负担。反之,如果中小股东以自己的名义征集投票权,则由其自行负担程序征集费用(但可降低试错成本,并减少委托专业机构代为征集服务成本)。

(二)公开征集投票权的事中规范

1. 公开征集投票权的信息披露

披露事项是信息披露机制的核心部分。“股东只有获得足够的资讯信息,以便做出赞成与否的判断,才有可能根据合理的判断行使实质性的表决权,减少被误导和欺诈的可能性,进而可以防止股东大会的形骸化。”[①]“如果更多的信息得以披露,而且股东得到更多的富有价值的参与机会,他们将会很好地充当公司财产所有者和决策者的角色。”[②]而其中,委托书的内容则是信息披露内容的重要方面,美国和我国台湾地区通过有关规则及附表,对其进行了详细规定。

美国委托书规则[③]附表 14A(*CFR* § 240.14a-101)详细规定了委托代理说明书(proxy statement)[④]中需披露的信息,包括所有委托代理说明书均要披露的信息和特定主题委托代理说明书要披露的信息。

当然,将投票权征集行为界定得过于宽泛也可能妨碍股东之间的交流,打击机构投资者的积极性,因此,有必要对投票权征集进行一些限制,使某些并非实质意义的投票权征集的行为被排除在投票权征集之外,免于承担信息披露义务。典型的例子便是美国,美国在其 14a-2 规则中就分别以安全港规则和无利害关系人征集规则[⑤]

---

① [韩]李哲松:《韩国公司法》,吴日焕译,中国政法大学出版社 2000 年版,第 378 页。

② [美]弗兰克·伊斯特布鲁克、丹尼尔·费希尔:《公司法的经济结构》,张建伟、罗培新译,北京大学出版社 2005 年版,第 83 页。

③ 美国委托书规则(Proxy Regulations)主要由美国证券交易委员会(Securities and Exchange Commission,SEC)根据美国《1934 年证券交易法》第 14(a)条(“为维护公共利益和保护投资者制定的必要”)授权规定,包括《联邦法典》14A 条例(CFR § 240.14a-1 至 § 240.14a-21,共 21 条)及其附表 A(CFR § 240.14a-101 Schedule 14A)。第 14(a)条译文参见:《美国 1934 年证券交易法》,张路译,法律出版社 2006 年版,第 277 页。

④ 根据 CFR § 240.14a-3(a),“委托代理说明书”(proxy statement)是指载有附表 14A 规定信息的单个文件。

⑤ 无利害关系人征集规则的基本内容为:对同时符合下列条件的征集行为豁免信息披露义务:(1)任何人或任何人的代表的征集行为,其在征集期间内并不直接或间接地自己或其代表的人寻求代理投票的权利;(2)其并不提供,或代理他人提供任何撤销、同意或授予代理权的文件。但下列人员不适用:①公司及其管理人员;②被提名的董事候选人;③反对一项特别交易的人,而其是替代交易的当事人或其关联方;④在征集所涉事项中有实质性经济利益,而且一旦征集成功将取得超过其持股比例的收益;⑤上述任何人的代表人。

规定了有关豁免信息披露义务的情形。其中,安全港规则主要包括以下内容:类似于证券发行中对于私募发行的若干豁免,对于10人以下的私募征集给予信息披露义务的豁免;墓碑式广告征集;①受益人对其证券征集享有代理权。类似规定的还有1948年日本证券交易委员会制定的《关于上市股票表决权代理行使之规则》,该规则也对少于10人的征集豁免信息披露义务。

2. 公开征集投票权与公司自治

借鉴美国的提案排除规则,非直接利害关系人公开征集投票权时,要特别防止恶意骚扰公司或者漠视商业判断规则(Business Judgement Rule),②即避免如下干预公司自治的行为。

首先,非直接利害关系人重复、频繁针对某一公司启动征集活动。这是指非直接利害关系人就某一事项已经征集过投票权,但其征集目的未能达成,在法定期间内,其又就相同或实质类似事项进行征集活动。③ 其次,非直接利害关系人对公司正常经营活动有关的事项启动征集活动。"某些任务对于管理层日常经营公司的能力是如此根本,以至于不能像一些特定事项一样受制于股东的直接监督",④如果非直接利害关系人对这些事项,如劳动力的日常管理和供应商的保护,征集投票权将会干扰公司治理。此外,非直接利害关系人提出超出公司权力的事项,如基于道德考量,要求公司改变经营范围等⑤也属于恶意骚扰公司的行为。

---

① 墓碑式广告征集是有关人士通过简要的通知进行的征集。这种通知的内容仅限于指明股东可以取得委托征集材料和委托书的地点、时间,并同时说明发行公司的名称、发布广告的原因,并概括说明有关提案。对于墓碑广告本身,有关征集人无须履行进一步的信息披露义务和备案要求。

② 商业判断规则是存在于普通法系的一项基本商法原则,其核心思想是独立和利益不相关的董事基于合理考量作出的善意抉择,即使是错误的甚至是灾难性的也可以得到豁免。商业判断规则的条件有以下三点:第一,作出决议的董事没有任何个人利益(in good faith);第二,决议建立在合理调查和认真思考的基础上(acted on an informed basis);第三,他们真诚地相信决议符合公司的根本利益和长期发展(in the honest belief that the action was taken in the best interests of the company)。这一条件是由诸多案例发展而来,如 Aronson v. Lewis,473 A. 2d 805,812(1984).

③ 可以参考美国《联邦法典》(CFR) § 240.14a-8(i)(12)的规定:"如果该提案涉及的主题实质类似于另一个或几个在前5个日历年度中已经被包括在公司委托代理材料中的提案,则公司可以再该提案属于一项情况时,从最后受到该提案时起3个日历年度举行的任何会议的委托代理材料中排除该提案:前5个日历年度中任何一年中提交时获得的表决书不足3%;前5个日历年度中若两次提交,最后一次向股东提交时获得的表决权不足6%;或前5个日历年度中若提交三次或三次以上,最后一次向股东提交时获得的表决权不足10%。"

④ [美]路易斯·罗思、乔尔·赛里格曼:《美国证券监管法基础》,张路等译,法律出版社2008年版,第397页、第411页、第437页。

⑤ 20世纪70年代,美国 Campaign GM 潮流中,道德投资者们提出诸多道德议案,如"要求化学公司停止制造凝固汽油",See Medical Comm. For Human Rights v. SEC,432 F. 2d 659,681(D. C. Cir. 1970)等。Campaign GM 潮流实际上是消费者保护、反战和法律改革的全面运动,旨在强化公司社会责任。

四、我国公开征集投票权规范的完善建议

(一)明确我国公开征集投票权的法律规则

针对我国目前相关立法缺乏专门、系统规定以及立法层级偏低的特点,笔者认为,可以在证券法和公司法中对投票权征集行为及信息披露作出一般性规定,例如,可在其第三章"证券交易"第三节"持续信息公开"中明确将委托书征集活动作为上市公司信息披露义务的一项重要内容,同时在第四节"禁止的交易行为"中将委托书征集活动中的内幕交易及其他欺诈行为纳入违法行为中。再进一步通过证券法授予证监会根据实践出台更详细的《公开征集投票权行为条例》,从而为投票权征集实践活动提供具有可操作性的规范。

(二)确立投服中心公开征集主体的法律地位

通过分析我国立法和实践中公开征集投票权既有主体的缺陷,我国应当明确构建以投服中心为唯一法定主体的非直接利害关系人公开征集投票权制度。

我国当前规定较简陋,难以指导投服中心具体实施公开征集投票权行为。"立法者可能不了解征集投票代理权所以留下了醒目的空白。学界也没有对此做过清楚的介绍。但是随着我国公司法制建设的进步,这个空白迟早会填补。"①这个"空白"是如此之大,以至于小修小补难以满足现实要求,因此,我国应当制定专门法律法规确立投服中心征集主体的相关制度。

(三)建立公开征集投票权的信息披露

美国证券交易委员会制定了一系列有关征集投票权制度的规则,其中就包括强制要求征集投票权行为进行信息披露。② 我国可以参照美国的投票权征集信息披露制度建立系统的信息披露制度,以保证中小股东可以及时查询披露的信息,并根据这些信息做出合理的判断。③

对于信息披露制度应当在两方面完善规范。一方面是完善投票权授权书中的信息披露。包括明确披露征集投票权的目的,并在虚假陈述的责任部分增加对应的规定。另一方面是委托代理说明书的信息披露。在涉及选举董事会、公司重大并购、重

① 朱锦清:《公司法学》(上),清华大学出版社2017年版,第519页。

② 参见高如星、王敏祥:《美国证券法》,法律出版社2000年版,第212页。

③ 参见王利明:《我国证券法中民事责任制度的完善》,载《法学研究》2001年第4期。

组、对外投资等事项的征集投票权时，不仅需要按照常规规定披露征集日期、时间、地点、代理权可撤销性、异议股东的权利、征集人信息、征集费用等，还需要详细披露征集者是否有一致行动人，有一致行动人的，还应详细披露行动人持股数量以及是否与公司存在关联交易等信息。①

结论——我国公开征集投票权行为条例

我国既有的公开征集投票权主体难以承受公开征集投票权制度维护中小股东合法权益之重。本文遂提出引入非直接利害关系人作为公开征集投票权主体。投服中心公开征集投票权可以成为我国证券市场上市公司治理中一个扬善或作恶的巨大力量——其不受监督和约束时，滥用征集权的行为将公开引发恶意骚扰公司和浪费社会资源；其受到适当限制时，其又完全可以变成中小股东维权行权的绝佳利器。我国相关规定中应包含下列内容。

其一，应赋予投服中心征集主体资格。未来可制定公开征集投票权行为条例，统一规定公开征集投票权的各项规则，并在征集主体一章中赋予投服中心征集主体地位，例如：

第二章　征 集 主 体

第×条　上市公司董事会、独立董事和符合有关条件的股东可向上市公司股东征集其在股东大会上的投票权。投票权征集应采取无偿的方式进行，并向被征集人充分披露信息。

前款规定以外的有关（或经认定）（注意：不是所有的组织都行，必须是法定的或认可的）投资人保护公益性组织为维护中小股东合法权益，可向上市公司股东征集其在股东大会上的投票权。

其二，应制定投服中心接受委托规则。例如：

① 参见苏虎超：《我国上市公司委托书征集立法研究》，载《政法论坛》2001 年第 6 期。

第三章 征集规则

第×条 投资人保护公益性组织在履行职责中发现上市公司董事、监事、高级管理人员违反法律、行政法规和公司章程损害中小投资者合法权利的行为，可依法公开征集投票权。

第×条 上市公司中小投资者发现上市公司董事、监事、高级管理人员违反法律、行政法规和公司章程损害其合法权益的行为，可申请投资人保护公益性组织公开征集投票权。

经审查申请符合条件的，投资人保护公益性组织可依法公开征集投票权。经审查申请不符合条件的，投资人保护公益性组织可依法支持公开征集投票权。

第×条 投资人保护公益性组织公开征集投票权，应制作《征集投票权公告》及其附件《征集投票权授权委托书》。

《征集投票权公告》应根据交易所《上市公司公开征集投票权公告指引》要求详细披露征集投票权相关信息，禁止虚假或误导性陈述。

《征集投票权授权委托书》中应有方框式投票列表，该列表应就旨在采取行动的每一独立事项设置“赞成”“反对”或者“弃权”选项。

第×条 投资人保护公益性组织可在《授权委托书》中声明其对未征集议案保留投票权。

第×条 投资人保护公益性组织公开征集投票权的有效期限为自签署日至相应股东大会结束。禁止下列征集：

(一)对一次以上会议(及其任何续会)的征集；

(二)任何未标明日期或迟签日期的征集；

(三)任何规定在被征集人签署日后的任何日期均具有代理权的征集。

其三，应健全投服中心监督机制和救济机制。《公开征集投票权行为条例》中可规定如下内容。

第四章 监督与救济

第×条 投资人保护公益性组织从事公开征集投票权活动，必须遵守法律、行政法规，遵守社会公德，诚实守信，接受政府和社会公众的监督，承担社会责任。

第×条 投资人保护公益性组织应制定章程和业务规则，规定组织机构运作方式及公开征集投票权操作程序。

第×条　投资人保护公益性组织违反法律、行政法规和章程公开征集投票权的，被征集人可依照《中华人民共和国公司法》《中华人民共和国证券法》《中华人民共和国民事诉讼法》相关规定向人民法院申请行为保全、提起公司决议瑕疵之诉或请求损害赔偿。

INVESTOR 市场实务

投服中心民事赔偿诉讼方式研究

罗　荟*

摘　要:现代型证券纠纷小额多数的典型特征导致众多投资者的"搭便车"心理和集体行动困境,致使证券民事赔偿诉讼的提起率低下。为完善投资者保护,投服中心依托支持起诉原则在证券市场进行支持诉讼实践,这一积极尝试的重大影响不言而喻,然而其亦存在完善空间。对于投服中心民事赔偿诉讼的发展方向,本文在对比研究域外群体性纠纷解决模式后,认为投服中心采用示范诉讼模式能有效解决证券市场的民事赔偿问题,同时投服中心也具备提起示范诉讼的正当性基础。在此基础上,本文对投服中心开展示范诉讼构造中的程序和配套制度进行了一定梳理,试图构建具有中国特色的投服中心示范诉讼模式。

关键词:投服中心　支持诉讼　示范诉讼

一、投服中心民事赔偿诉讼的背景:证券民事赔偿困境

(一)现代型证券纠纷的特点

1. 小额多数

小额多数是现代型证券纠纷的典型特点。换言之,即每个投资者平均受损损失不大,但是受损投资者人数众多。通常意义上,被侵权者会积极提起民事诉讼维护自身权益,但证券市场小额多数的特点使这一通常理解并不适用。证券纠纷的这一特点导致证券违法行为的涉及面十分广泛,受损投资者的利益呈现集合性或扩散性特

---

* 法学硕士,现供职于上海市普陀区人民法院。
本文仅代表作者个人观点,不代表所在单位立场。

征。带来的直接后果就是广大投资者的"搭便车"心理和"集体行动"的困境。[①]

2. 双方地位不平等

在诉讼中,侵权行为人多是上市公司,相较投资者而言,他们具有资金、信息、诉讼资源等优势,从而侵权行为人在诉讼权利的行使方面具有优势,二者强弱对抗的态势明显。尤其是在上市公司的违法行为没有被证监会处罚之前,举证责任的分配导致众多投资者对司法救济望而却步。

(二)现代型证券民事赔偿诉讼制度的特点

1. 群体性纠纷解决方式的广泛适用

由于传统民事诉讼预设的是民事主体"一对一"的纠纷解决模式,但现代型纠纷表现出的多数人利益纷争特征使其无法适用传统纠纷解决方式,其进入司法系统必然带来传统诉讼理论和运作的冲击。[②] 各国(地区)均发展出一系列针对现代型纠纷的民事诉讼机制,如集团诉讼、团体诉讼、示范诉讼等。

2. 诉讼救济耗时较长

各国(地区)的证券民事赔偿救济与一般权利救济制度相比耗时相对较长。根据统计数据,美国集团诉讼案件的诉讼周期通常都在3年以上。[③] 在我国,判决确定耗时也几乎都在3年以上。对"五粮液虚假陈述案"的行政处罚2011年就已经做出,但法院到2013年才开始立案,2014年之后才达成和解;对"佛山照明虚假陈述案"的行政处罚于2012年做出,2015年经过省高级人民法院二审确定判决。

3. 责任承担的失衡

在发行人承担责任的情况下,若股东同时持有公司的系争证券和非系争证券,此时股东扮演着"受害人"和"责任承担者股东"双重角色,发行人承担责任的实质是股东资产在"自己的两个口袋之间转移";此外,若一股东持有系争证券,另一股东持有非系争证券,那么此种财产转移也会发生。[④] 在此种情况下,证券欺诈行为的责任最终由股东承担,而真正做出违法行为的高管不承担责任或者承担少部分责任,导致责任承担的失衡。

---

① 关于集体行动困境的介绍,详见赵鼎新:《集体行动、搭便车理论与形式社会学方法》,载《社会学研究》2006年第1期。

② 参见陈刚、林剑锋:《论现代型诉讼对传统民事诉讼理论的冲击》,载《云南法学》2000年第4期。

③ 参见章武生:《中国证券集团诉讼的模式选择与制度重构》,载《中国法学》2017年第2期。

④ 参见李激汉:《证券集团诉讼辨识标准探析》,载黄红元、徐明主编:《证券法苑》(第14卷),法律出版社2015年版,第267页。

（三）中国现有证券民事赔偿诉讼制度的弊端

1.“重行轻民”的审判现状

目前针对证券市场违法行为的主要惩治手段仍是行政处罚。《证券法》第十一章有47条规定了证券市场违法行为的法律责任，然而关于民事责任的规定只有5条且规定相对原则化。[①] 最高人民法院《关于审理证券市场因虚假陈述引发的民事赔偿案件的若干规定》（以下简称《若干规定》）和最高人民法院《关于受理证券市场因虚假陈述引发的民事侵权纠纷案件有关问题的通知》（以下简称《通知》）发布后，对于证券市场侵权行为的司法救济也只局限于虚假陈述，对其他侵权行为如内幕交易、操纵市场等缺乏具体法律支撑。

2. 诉讼制度的低效率

一方面，在我国，代表人诉讼制度的司法实践利用率非常低，该制度几乎处于休眠状态。[②] 究其原因，除了对代表人诉讼的认识偏差致使其制度设计上与实体法之间缺乏对应外，一个更重要的原因是审判机关对代表人诉讼的适用持消极态度。[③] 另一方面，共同诉讼普遍受到人为拆分处理。[④] 通过拆分共同诉讼，案件数量直线上升，直接凸显法官或法院的工作成果，凸显考核成果。

3. 诉讼占用大量资源

中国目前针对现代型纠纷，要么适用共同诉讼，要么采用单独诉讼形式，二者都是基于“一对一”的诉讼模式。被告需要反复应对投资者的起诉；原告需要一一到法院立案、聘请律师、举证质证；法院一次次重复立案、通知、开庭、判决等流程。随着中国证券侵权纠纷的不断增加，[⑤]现有诉讼方式的不足将更为凸显，“案多人少”的审判资源局限现状更为严峻。

4. 赔偿之诉提起率低

根据刘俊海、宋一欣律师的选样测算，证券市场主动提起虚假陈述民事赔偿诉讼

---

① 详见《证券法》第190条、第191条、第210条、第214条、第232条。

② 参见王福华：《代表人诉讼中的利益诉求》，载《法学》2006年第6期。

③ 《通知》直接排除了集团诉讼的形式受理虚假陈述民事赔偿案件，诸多学者均认为此处的集团诉讼就是中国人数不确定的代表人诉讼。

④ 《通知》第4条规定：“对于虚假陈述民事赔偿案件，人民法院应当采取单独或者共同诉讼的形式予以受理，不宜以集团诉讼的形式受理。”最高人民法院《关于人民法院受理共同诉讼案件问题的通知》第1条第1款规定：“当事人一方或双方人数众多的共同诉讼，依法由基层人民法院受理。受理法院认为不宜作为共同诉讼受理的，可分别受理。”

⑤ 具体增加的案件量详见朱亮韬：《专访上海一中院单素华：中国版“集团诉讼”如何起步?》，载财新网：http://finance.caixin.com/2017-07-23/101121055.html，最后访问日期：2018年6月20日。

的投资者不会超过适格投资者总人数的 10%,起诉总标的不会超过可计算损失总值的 5%。[①] 此外,2001 年到 2015 年,一共有 214 家上市公司因虚假陈述而受到行政处罚,但仅有 65 家被投资者提起民事赔偿诉讼,占比只有 30%。[②] 无论以何种测量方法,证券民事赔偿案件的提起率均未超过 50%,如此低的诉讼提起率在一定程度上纵容了证券违法行为的发生。

二、投服中心民事赔偿诉讼的实践:支持诉讼的选择与缺陷

(一)投服中心支持诉讼的理论基础:共同诉讼制度的依托

1. 支持诉讼的选择

(1)传统法学理论对投服中心提起诉讼的限制

一方面,依据中国的赔偿理论,有损失才有赔偿。然而,对于中证中小投资者服务中心(以下简称投服中心)成为上市公司股东之前的证券违法行为,其不存在任何损失;投服中心成为上市公司股东之后,将一直持有上市公司一手的股票,也几乎不讨论股票交易损失的可能性。另一方面,在法律规定的范围内,任何人都有权自由处置和支配自己的民事权利。投服中心并非证券违法行为的直接主体,若其直接代当事人起诉,则会涉及对他人诉讼权利的处分,这与中国传统的权利处分理论直接相悖。

(2)法律规定对投服中心提起诉讼的限制

受传统法学理论的影响,中国立法对诉讼的提起资格也存在相应的限制。以证券虚假陈述为例,《证券法》第 69 条、第 171 条第 1 款第 4 项、第 173 条规定的赔偿对象仅限于"投资者";《若干规定》第 1 条将损害求偿主体限定在特定时段买卖证券的"投资人";[③]《民事诉讼法》第 119 条要求提起诉讼的原告有"直接利害关系"。[④] 上

---

① 参见刘俊海、宋一欣主编:《中国证券民事赔偿案件司法裁判文书汇编》,北京大学出版社 2013 年版,第 12 ~ 13 页。

② 参见赵一蕙:《全国首例证券支持诉讼投服中心受托起诉匹凸匹》,载凤凰财经网:http://finance.ifeng.com/a/20160725/14633107_0.shtml,最后访问日期:2018 年 6 月 1 日。

③ 《若干规定》第 1 条规定:本规定所称证券市场因虚假陈述引发的民事赔偿案件(以下简称虚假陈述证券民事赔偿案件),是指证券市场投资人以信息披露义务人违反法律规定,进行虚假陈述并致使其遭受损失为由,而向人民法院提起诉讼的民事赔偿案件。

④ 《民事诉讼法》第 119 条规定:起诉必须符合下列条件:"(一)原告是与本案有直接利害关系的公民、法人和其他组织;(二)有明确的被告;(三)有具体的诉讼请求和事实、理由;(四)属于人民法院受理民事诉讼的范围和受诉人民法院管辖。"

述诸多法律的限制使投服中心不可能直接提起民事赔偿诉讼。同时,受制于《民事诉讼法》第58条的规定,投服中心作为法人甚至无法作为诉讼代理人代为起诉、应诉。①

(3)投服中心支持诉讼的选择

如前所述,投服中心直接起诉存在法学理论和法律规定的障碍,因而无法从具体的法律规定上寻找依据。然而可喜的是,《民事诉讼法》第15条为投服中心维护证券市场投资者合法权益的行为提供了正当性,即支持诉讼原则。支持诉讼原则依托传统社会干预理论,是在他人无法或无力维护自身合法权益时的补充救济渠道,通过提供人道主义或者法律、物质的帮助支持当事人进行诉讼,但最终的起诉决定权仍掌握在当事人手中。同时,作为一条原则性规定,其在适用上存在很大弹性,为投服中心选择支持诉讼进行投资者维权提供了依据。②

2. 支持诉讼的依据:对于共同诉讼制度的无奈依托

(1)适用共同诉讼的可能性:诉讼标的同一种类

根据《民事诉讼法》第52条的规定,诉讼标的"共同"或者"同一种类"是适用共同诉讼的前提条件。所谓诉讼标的,即争议的法律关系或者请求权性质。诉讼标的"同一种类"的情况之一便是基于同一事实或法律上的原因形成的同种类诉讼标的。以证券市场虚假陈述纠纷为例,众多投资者基于同一虚假陈述行为遭受损失而对相同被告提起的同类损害赔偿案件,具备适用普通共同诉讼的前提条件。

(2)对共同诉讼制度的无奈依托

支持诉讼作为民事诉讼法的原则性规定,无法直接适用于诉讼程序,必须依托具体的制度予以实现。以虚假陈述的纠纷解决为例,《通知》和《若干规定》将原告可选择的诉讼方式限制于个人诉讼和共同诉讼。在证券纠纷投资者人数众多的情况下,想在一个诉讼空间内容纳入如此之多的诉讼主体几乎是不可能的,出于解决纠纷效率的需要,直接排除了个人诉讼的可能。因而投服中心依托支持诉讼理念在具体的法院诉讼过程中,共同诉讼成了唯一的无奈选择。

---

① 《民事诉讼法》第58条规定:当事人、法定代理人可以委托1~2人作为诉讼代理人。下列人员可以被委托为诉讼代理人:(1)律师、基层法律服务工作者;(2)当事人的近亲属或者工作人员;(3)当事人所在社区、单位以及有关社会团体推荐的公民。

② 具体而言,在支持的主体上,支持起诉者的作用在于将纠纷引入司法渠道,因而其可以没有诉讼主体的身份;在支持的对象上,目前的法律规定没有对案件范围和支持的对象进行限制,因而可以适用于无力和无法起诉的投资者;在支持诉讼的方式上,民事诉讼法仅规定"可以支持",并没有限制支持的具体方式,因而可以探索多种支持的方式。

（二）投服中心支持诉讼的创新尝试

1. 支持诉讼的实践成果

通过支持诉讼方式投服中心在证券市场开拓了为投资者维权的新渠道，完善了民事赔偿诉讼方式。这是中国证监会更新理念、大胆创新和探索出的一条充满中国特色中小投资者保护的新道路。[①] 堪称“金融消费者权益保护机制的重要试验性创新”。[②] 截至2017年12月，投服中心已经提起了7起关于虚假陈述的支持诉讼，涉案上市公司包括匹凸匹金融信息服务（上海）股份有限公司、上海康达化工新材料股份有限公司、上海绿新包装材料科技股份有限公司、上海安硕信息技术股份有限公司、九好网络科技集团有限公司、大连大福控股股份有限公司、上海猛犸资产管理有限公司。[③]

2. 支持诉讼对中国证券民事赔偿诉讼方式的尝试

（1）弥补投资者作为原告的弱势地位，提高投资者维权积极性

投服中心目前支持诉讼的方式主要是为授予委托的投资者寻找公益代理律师，不向投资者收取任何律师服务费用。同时，支持诉讼所依托的强大公益律师团体能为案件提供专业法律意见，投服中心的上市股东身份和投资者保护公益组织身份也能在取证等方面发挥一定优势，避免投资者个人起诉时遭遇的举证难、处于信息劣势地位等问题，极大地改变了证券民事赔偿诉讼中双方地位不平等的现状。

（2）通过找“首恶”的模式促进责任承担的公平转换

根据《证券法》第69条的规定，发行人、上市公司应当承担无过错责任，上市公司的高管承担过错推定责任，因而直接向上市公司索赔是最为简单明了的方式。但如前所述，这一方式不尽合理。投服中心支持诉讼独特之处在于“找首恶”，即追究直接负责的主管人员责任，由上市公司承担连带责任，让真正作出违法行为的“人”受到法律的追究，既保障了投资者的索赔权利，又能真正惩治违法行为人。

（3）发挥填补损失和震慑违法行为的功能

在投服中心支持诉讼实践下，投资者授予委托之后的立案、审理、判决过程除非

---

① 参见梁定邦：《努力建构中国特色投资者保护的新机制》，载郭文英、徐明主编：《投资者》（第1辑），法律出版社2018年版，第4页。

② 丁冬：《证券支持诉讼的示范意义》，载《人民法院报》2016年11月23日，第7版。

③ 案件的具体情况，载投服中心微信公众号“投服动态”板块：http://mp.weixin.qq.com/mp/homepage?__biz=MzIzNjI3ODg1OA==&hid=1&sn=4986febada6c21c4adf03e18e45fe3f5&scene=18#wechat_redirect，最后访问日期：2018年2月18日。

法院有特殊要求，否则投资者就不用亲身参与，因而此种模式会极大调动投资者向投服中心授予权利进行求偿的积极性。同时，在支持诉讼所征集投资者人数不断扩张的前提下，赔偿额也将急剧扩张，追责到人的模式能对公司高管甚至控股股东产生威慑效力，让相关责任人员勤勉尽责，减少证券欺诈行为的发生。

(4)对证券法的有益补充

不可否认中国公司法和证券法均意图保护证券市场投资人的合法权益，但是相应的配套机制并不完善，并未充分实现公司法和证券法执法的公共产品供给。[①] 投服中心的支持诉讼服务为证券民事赔偿制度的供给提供了公共产品，弥补了本该存在但由于种种原因而没有完善的投资者保护制度供给。对证券法行政调整为主的方式进行有益补充，完善权利救济体系。

(三)投服中心支持诉讼实践的问题

1. 未突破传统两造诉讼模式

(1)支持诉讼中的两造模式

所谓“两造”，即诉讼的双方当事人。传统“两造诉讼模式”要求争议中的每个当事人均作为诉讼的“一造”参与诉讼程序中，最终判决结果也仅对双方主体有效。投服中心提起的支持诉讼本质还是共同诉讼，即仍是传统的两造诉讼模式。[②] 此种模式下投服中心除非能一次性收集所有市场投资者的委托并提起支持诉讼，否则定然无法一次性解决纠纷。

(2)两造诉讼模式对证券纠纷解决的不适应性

传统两造诉讼模式对于当事人的权利保护固然十分重要，然而，“两造”结构的坚守对于群体性纠纷的解决而言是不现实的。该理论下，受害人为获得赔偿而采取行动是民事诉讼作为一种执法方式得以“出场”的动力所在。[③] 但是以证券侵权纠纷为代表的小额多数的群体性纠纷中，诸多当事人并没有起诉的动力。因此，对“两造诉讼的构造作出限制、调整和突破，或者借助诉讼之外的群体性纠纷解决机制，对两造诉讼的制度真空予以补充”颇具必要性。[④]

---

① See Curtis J. Milhaupt, “Nonprofit Organizations as Investor Protection: Economic Theory and Evidence from East Asia”, *Yale Journal of International Law*, Vol. 29, 2004, p. 197.

② 从已经公开的判决书来看，投服中心将已经征集到委托的投资者合并在一个案件作为一个共同诉讼起诉，法院在审理的过程中仍需要对每个投资者损失的因果关系和金额进行一一认定，并且赔偿款直接打入各投资者账户，与传统模式并没有本质差异。

③ 参见吴泽勇：《群体性纠纷解决机制的建构原理》，载《法学家》2010年第5期。

④ 同上。

2. 支持起诉适用程度存在争议

支持起诉制度仅仅只是民事诉讼法中的一条原则性规定,缺乏相应实施细则。目前投服中心的支持诉讼实践亦是在摸索中逐渐进行的。

(1)介入方式有争议

在支持案件的介入方面,支持起诉主体是主动介入纠纷,还是由当事人申请后被动介入?若采用主动参与的形式,那么如何了解案件纠纷和诉讼过程?若采用当事人申请的形式,那么申请程序如何?这些并没有明确规定。

(2)支持的审查标准不明

民事诉讼法仅规定“可以支持”,但“可以”不等于“必须”,并且按照支持起诉依托的社会干预理论,其是当事人无力起诉下的补充救济机制,那么,投服中心如何判断向其申请支持起诉的当事人是否满足被支持起诉的标准?该判断标准为何?在满足判断标准的基础上,投服中心是否必须支持起诉或者有权拒绝相应主体的申请?

(3)支持的程度难以把握

由于“可以进行支持起诉”的描述过于笼统,没有对支持的方式以及程度作出规定,支持的程度没有规则可以参考,可能导致过度支持,或者由于缺乏可操作性而难以落地。理论界和实务界对于支持起诉是停留在法院审理前阶段、法庭辩论前阶段还是案件审理全阶段尚无定论。

3. 判决不具扩张性和示范性

(1)判决扩张力对于纠纷解决效率的保障

域外纠纷解决机制的高效无不涉及对判决效力的直接或间接扩张。美国集团诉讼能够有效解决纠纷的重要原因就在于其“选择退出”机制,将判决的示范效力扩张至所有未选择退出的当事人。德国示范诉讼中,虽然判决不具有直接扩张的法律效力,但其具有间接扩张的法律效力,示范判决中认定的事实和法律问题对所有同类案件均适用。

(2)投服中心支持诉讼判决的扩张效力缺陷

中国坚持传统既判力原则,在代表人诉讼虚置的情况下,即便是最高人民法院的指导案例,也仅仅只有指导作用,更毋庸说判决的效力直接扩张至未参与诉讼的当事人身上。目前投服中心支持起诉之后法院的判决也是个案判决,虽然原被告可能会将已生效的判决作为和解的参考,但是判决本身不具有任何扩张效力,若同类案件的其他当事人提起诉讼,法院仍需个案中进行认定,不利于纠纷的快速解决。

4. 赔偿可能有失公允

(1)民事赔偿优先的障碍

投服中心目前已经提起的证券支持诉讼全部是在行政处罚做出后进行的,这种方式可以减少原告方的举证责任,但却无法解决民事赔偿与行政罚款之间的冲突问题。一方面,在行政罚款之后,违法行为人资产不足甚至没有资产可以用于民事赔偿;另一方面,行政罚款上缴国库后缺乏相应的中间停留或者回拨机制。

(2)审判执行时间不同导致赔偿有失公允

由于中国法院依据生效裁判文书进行执行,因而获得有利的生效裁判文书且申请执行的时间十分重要。在被告的财产用于行政罚款之后,其剩余财产在一定期间内相对固定,因而若被告的财产刚好只能用于50人的赔偿,那么第51个人之后再起诉,即便获得了有利的生效判决,亦无从获得赔偿。案件审理、判决以及执行的时间不同直接导致原告权利实现的程度不同,赔偿无法做到公允。

三、投服中心民事赔偿诉讼的发展方向:示范诉讼的可能

(一)域外证券纠纷解决机制的经验及本土化的可能性

1. 美国集团诉讼制度的适用困境分析

在谈及中国证券民事纠纷解决方式的域外借鉴时,多数学者最先提及的便是美国集团诉讼。有学者认为集团诉讼可以“成为中国证券领域竞争性多元化纠纷解决机制的并行选项之一”。① 但是,集团诉讼在中国的落地存在一定现实困境。

(1)诉讼机制的差异

美国集团诉讼最重要的就是“默示加入、明示退出”机制,并且美国集团诉讼更注重震慑违法行为,这一点从集团诉讼民事赔偿金额高但实际获赔率低的现象中可见一斑。中国遵循不告不理的诉讼原则,现有的机制都基于“明示加入、默示退出”的制度设计。② 此外,中国证券市场亟待解决的是投资者保护问题,这一点在近年来出台的相应政策中可见一斑,证监会官网甚至直接写明“维护投资者特别是中小投资者合法权益”的目标,因而中国所需的制度设计与美国集团诉讼存在较大的不一致性。

---

① 郭雳:《美国证券集团诉讼的制度反思》,载《北大法律评论》2009年第2期。

② 即便是人数不确定的代表人诉讼,虽然其判决效力具备扩张性,但此种扩张性的前提仍是当事人自愿起诉到法院,在一定意义上,这也是选择加入的制度设计。

(2)集团诉讼配套制度缺失

美国集团诉讼发达的原因不在于集团诉讼本身,而在于与集团诉讼相配套的一系列机制将集团诉讼的效能发挥到最大,如胜诉酬金、声明退出制度、专业原告律师、董事、高管责任保险等相应制度。[①] 但在中国,首先,胜诉酬金方面,群体性诉讼采用风险代理的可能性已被《律师服务收费管理办法》第20条明确禁止;其次,美国集团诉讼能发挥极大作用的前提之一便是声明退出的机制,而中国则坚持传统既判力理论和诉权处分理论;最后,集团诉讼大量以和解结案,一部分原因在于高管的责任保险范围覆盖了和解下的赔偿,但在中国,高管的责任保险普及程度还远远不够。

2. 德国团体诉讼制度的适用困境分析

(1)制度的适用范围不同

德国存在悠久的团体诉讼历史和强大的团体,[②]因而德国通过直接赋予团体原告资格的方式解决群体性纠纷。但德国团体诉讼主要适用于消费者权益保护、不正当竞争以及环境团体诉讼案件,适用于损害赔偿之诉的范围极其有限。[③] 德国的立法者总体上对团体诉讼适用于损害赔偿之诉持十分谨慎的态度,[④]而中国目前亟待解决的是投资者集体行动困境下的损害赔偿问题,中国的立法者对于损害赔偿之诉的制度设计抱有积极态度,这就决定了德国的团体诉讼的制度设计不符合中国的实际需要。

(2)缺乏历史悠久的团体诉讼经验

德国有悠久的团体诉讼历史,并且在德国可以提起诉讼的团体根据法律规定有一定差异。在中国,团体进行诉讼实践的时间并不长,公益诉讼领域由团体提起诉讼的实践也仅仅是在2013年《民事诉讼法》修改之后才开始,团体在证券领域进行诉讼的实践更是空白,在此种情况下,采用德国的团体诉讼无异于重新进行制度设计。而且赋予何种团体诉讼资格又需立法考量与政策支持。

---

① 在美国,存在大量的专业律师负责关注市场的违法行为并积极提起诉讼,胜诉酬金制给律师提供了充分激励。同时,在胜诉酬金制下,当事人只要委托律师而不需要额外付出成本即可享有胜诉收益。声明退出制度则保障了集团的人数,能够一次性解决纠纷,从而减少了原被告的诉累。董事、高管的责任保险制度涵盖了集团诉讼下的和解,这在极大程度上推动了美国集团诉讼的发展。

② 参见谢伟:《德国环境团体诉讼制度的发展及其启示》,载《法学评论》2013年第2期。

③ 仅适用于消费者团体基于消费者授权而提起的诉讼以及对不正当竞争人提起的收缴不法收益之诉。参见吴泽勇:《德国团体诉讼的历史考察》,载《中外法学》2009年第4期;刘学在:《民事公益诉讼制度研究——以团体诉讼制度的构建为中心》,中国政法大学出版社2015年版,第114页。

④ 参见吴泽勇:《集团诉讼在德国:"异类"抑或"蓝本"?》,载《法学家》2009年第6期。

3. 我国台湾地区团体诉讼制度的适用困境分析

(1) 缺乏实体法的支撑

我国台湾地区的团体诉讼之所以能取得较大成效，根本原因就在于"法律"为团体行使权利规定了一系列便利措施。(1) 我国台湾地区允许团体受让损害赔偿请求权或者诉讼实施权的方式提起诉讼。[①] 由于"实体法"的明确规定，我国台湾地区的团体就是诉讼当事人，诉讼是"一对一"的结构。(2) 赋予台湾地区"财团法人证券投资人及期货交易人保护中心"(以下简称"投保中心")起诉前的调阅权。[②] (3) 对诉讼费用规定上限。[③] (4) 减免申请冻结或强制执行的担保。[④] 然而，我国并没有专门的实体法支撑特定的团体提起诉讼，这也正是投服中心无奈之下依托支持起诉原则的原因。

(2) 发展路径的相似性

值得一提的是，在"投保中心"成立以前，采用"证券暨期货市场发展基金会"下设"投资者保护中心"以普通共同诉讼方式协助当事人提起团体诉讼，由受害人出具委任状赋予"投保中心"的律师以诉讼代理权。[⑤] 在 2002 年台湾地区"投保法"制定以后才正式成立"投保中心"，采用具有官方色彩的非营利组织专司投资者保护工作。虽然我国《证券法》修改二审草案已经专章规定了投资者保护，但是在目前专项法律尚未出台或者《证券法》修订草案尚未通过的情况下，此种模式缺乏法律的支撑因而在中国难以推行。

4. 德国示范诉讼制度的可借鉴性分析

(1) 德国示范诉讼的有效性

德国示范诉讼的独特之处在于以下几点：(1) 不同审级法院之间的合作，实现高级别法院对共同问题的集中审理和低级别法院对个体问题的同时审理；(2) 裁决约束力及于原被告以及被通知参加的人；(3) 保障当事人听审权，被中止案件的原告可以参与到示范诉讼中行使权利；(4) 减轻原告诉讼费用，诉讼中的费用由所有参与人按

---

① 我国台湾地区"消费者保护法"第 50 条第 1 款规定，消费者保护团体受让消费者损害赔偿请求权后，以自己名义，提起损害赔偿之诉。台湾地区"证券投资人及期货交易人保护法"第 28 条第 1 款规定，法定条件下"保护机构"受让仲裁或诉讼实施权后，以自己名义仲裁或起诉。台湾地区"个人资料保护法"第 34 条第 1 款规定，财团法人或公益社团法人经授予诉讼实施权，可以以自己名义起诉。台湾地区"民事诉讼法"第 44 条第 1 款赋予社团法人基于社员的选定而诉讼。详见刘学在：《请求损害赔偿之团体诉讼制度研究》，载《法学家》2011 年第 6 期。

② 参见台湾地区"证券投资人及期货交易人保护法"第 17 条。

③ 参见台湾地区"证券投资人及期货交易人保护法"第 35 条

④ 参见台湾地区"证券投资人及期货交易人保护法"第 34 条、第 36 条。

⑤ 参见王文宇：《台湾地区投资人保护中心的法制与实践》，载《证券法律评论》2015 年第 00 期。

照比例负担;(5)法院主导诉讼过程,包括示范案件的选取、通知;(6)限制原告律师的起诉激励,不采用胜诉酬金制,选定的示范诉讼案件,原告律师不得额外收费。

(2)适用范围的相似性

德国示范诉讼主要规定在2005年《资本市场示范案例法》(Capital Markets Model Case Act)中。根据该法案,示范诉讼主要适用于两类侵权行为:(1)虚假、误导或者怠于发布公共投资市场信息而产生的损害赔偿请求权;(2)基于德国《有价证券收购法》的规定而产生的合同履行请求权。此种模式以传统一对一的形式解决群体性问题,不冲击德国现有的法律制度和理论体系。[①] 相比于其他国家和地区的制度,德国示范诉讼制度的适用范围专门针对证券市场的违法行为,并且中国和德国均坚持传统既判力理论,不鼓励胜诉酬金制度,因而在相应制度尚未完善的情况下,借鉴德国的示范诉讼制度无异于是对现有体制机制影响最小的选择,并且我国也存在借鉴示范诉讼制度的必要性和可行性。

(二)投服中心选择示范诉讼的必要性和可行性

1. 示范诉讼模式的必要性

(1)缓解审判压力,提高诉讼效率

示范诉讼下法院通过对共同争议焦点的集中审理,一次性完成事实认定,避免证人和鉴定人重复出庭,形成的示范判决作为其他案件的参考依据,能有效提升裁判的可预测性,促进当事人自行和解,有助于提升司法效率。

(2)强化了示范效应,有助于一体化解决群体性纠纷

通过示范诉讼对同一被告、同一侵权事实导致的案件先进行事实认定和法律适用,后面的类似案件起诉时,法院可以直接通过裁定的形式将示范判决适用于后诉案件,这种做法可以避免类似案件的重复审理工作,而且能够保持判决的一致性,有利于群体性纠纷的解决。

(3)降低了当事人诉讼成本

对于原告而言,除了示范诉讼的原告所需时间精力较多以外,其他原告都可以直接适用示范判决,省去了大量的举证工作,节约诉讼成本;而对于被告而言,示范诉讼是一对一的诉讼模式,示范之后判决能够裁定适用其他案件,也可以省去在传统诉讼方式下被告一一应诉的烦扰。

---

① 参见吴泽勇:《〈投资者示范诉讼法〉:一个群体性法律保护的完美方案?》,载《中国法学》2010年第1期。

(4)加大了民事责任的追究机制,有效震慑证券违法行为人

一旦一个示范判决认定被告侵权行为成立、需要负赔偿责任,那么,只要后续的投资者证明自己能够成为适格原告,被告就都需要承担赔偿责任。此种情况带来的直接后果是被告需要为自己的虚假陈述行为付出更高的代价。示范判决满足了原告的救济赔偿需求,大大提高了违法成本,能够有效威慑侵权行为。

2. 示范诉讼模式的可行性

(1)法律逻辑上可以突破

现代型诉讼的出现对于传统民事诉讼的辩论主义、证据的提出和收集、传统当事人理论甚至自由主义诉讼观、纠纷解决的诉讼功能定位等都提出了挑战,尤其是双方当事人的不平等性使现代型诉讼有着不同于传统民事诉讼的制度设计。[①] 中国现行法律下的一些制度设计正是遵循了此种理念,如公益诉讼的模式。此外,我国民事诉讼法中关于支持诉讼的规定具有很大的适用空间。

(2)最高人民法院和证监会的支持

最高人民法院、中国证券监督管理委员会《关于在全国部分地区开展证券期货纠纷多元化解机制试点工作的通知》中提出要建立示范判决机制。最高人民法院《关于进一步推进案件繁简分流优化司法资源配置的若干意见》第7条规定:“探索实行示范诉讼方式”。证监会主席助理黄炜在一次研讨会上亦提道“要参考借鉴有关示范诉讼的制度做法,探索研究建立示范判决机制”。[②] 来自审判机关和行政机关的支持无疑对示范判决制度的落地提供了极大便利。

(3)立法趋向于提高资本市场群体性纠纷解决的效率

我国2017年《证券法》二审修订草案对投资者保护设专章规定,其中规定了先行赔付制度,具体表述为:“发行人欺诈发行、虚假陈述或其他重大违法行为给投资者造成损失的,发行人的控股股东、实际控制人、相关的证券公司、证券服务机构可以委托国家设立的投资者保护机构,就赔偿事宜与投资者达成协议,予以先行赔付。”这一规定正是旨在快速解决证券市场存在的纠纷问题。

(4)类似做法的影响

法院在面对同一虚假陈述引发的大量同类纠纷案件时也会选择典型案件先行审

---

① 这些不同的制度设计包括以下几类:(1)缓和受害人举证责任的同时加强加害方的举证责任;(2)强化当事人证据收集权;(3)采用举证责任倒置、降低诉讼证明标准等证明责任的替代方案。参见肖建国:《现代型民事诉讼的结构和功能》,载《政法论坛》2008年第1期。

② 熊锦秋:《证券期货示范诉讼制度值得探索试点》,载《证券时报》2017年9月6日,A03版。

理,将结果类推适用其他案件,在"东方电子案"中青岛法院就是采用了这种方式。[①]此外,法院在劳动争议、业主与开发商/物业争议、中小股东与控股股东/公司的纠纷中也采用类似方式。[②] 具有潜在利害关系的当事人会旁听庭审过程从而形成诉讼预期,在一案件作出裁决后,往往以该案的诉讼结果为参考决定是否接受法院调解或自行和解。

(三)由投服中心提起示范诉讼的正当性基础

1. 由非营利组织提起诉讼的实践

韩国的参与民主人民联盟(People' s Solidarity for Participatory Democracy)、日本的股东巡视员组织(Kabunushi Ombudsman)、我国台湾地区"投保中心"(Securities and Futures Investors Protection Center)均采用非营利组织提起诉讼的形式,"求偿权的行使已经逐步成为全球的发展趋势"。[③] 由于公共政策的原因,我国的民间非营利性组织并不发达。[④] 加之中国证券市场采用行政机关主导的监管模式,投服中心作为证监会批准设立的非营利性投资者保护服务机构自然而然地承担了此项使命。

2. 投服中心的"公益性"定位

(1)公益性维权组织

出于中国证券市场的投资者保护考量,2013年国务院办公厅《关于进一步加强资本市场中小投资者合法权益保护工作的意见》中指出"要探索建立中小投资者自律组织和公益性维权组织"。投服中心作为"公益性维权组织",是中小投资者的利益代表者和权利维护者,通过自身的特殊身份或者接受投资者的权利让渡,以专业的力量保障投资者个人权利。[⑤] 投服中心公益性维权组织的特征以及资金来源的有限性决定了投服中心不具有收益分配的可能性,其会选择既有益于改善公司治理又能维护证券市场秩序的案件,并且只有在具备充分依据的条件下才会提起诉讼,更能实现惩治违法者和阻却违法行为的目的。

(2)带有政府色彩的非营利性组织

相较个人投资者,投服中心的政府色彩使其能够很好地获得监管机构的支持,开

① 参见黄辉:《注册制改革背景下的虚假陈述赔偿制度:现状与未来》,载《经济法研究》2016年第2期。

② 参见杨严炎:《我国示范诉讼司法实践与相关立法问题浅析》,载《人民法院报》2008年1月22日,第6版。

③ 黄忠顺:《论公益诉讼与私益诉讼的融合——兼论中国特色团体诉讼制度的构建》,载《法学家》2015年第1期。

④ 参见汤欣:《私人诉讼与证券执法》,载《清华法学》2007年第3期。

⑤ 参见陈洁:《〈证券法〉应明确投服中心的功能定位》,载中证网:http://www.cs.com.cn/xwzx/zq/201612/t20161213_5117866.html,最后访问日期:2018年2月2日。

展诉讼的难度相对于中小投资者而言要小得多。韩国著名的非营利性组织——参与民主人民联盟在发起少数股东权益保护运动时,其行动就很少得到监管机关的支持,其向监管机构提出的制度检讨意见也很少得到政府的支持。而具有兼具达成行政目的的台湾地区“投保中心”在形式上同样是法人,但其董事、监事的任命以及经费来源均带有行政色彩,这就为其行使职权和调查举证提供了便利。此外,我国投服中心作为介于市场和政府之间的社团法人,[①]其政府背景的存在使其不会阻碍其他执法机制的运作,反而能和其他机制共同发挥作用,二者能够实现良好互动,提高投资者保护效率。

3. 投服中心提起示范诉讼的理论支撑

从世界各国及各地区的实践来看,由非营利性组织作为当事人提起诉讼的正当性因纠纷的类型和各国及各地区的规定而有所差异。赋予诉讼实施权的方式包括程序赋权和实体赋权。[②]

(1)实体赋权模式

此种模式又分为两种:一是基于团体自身实体权利起诉,如德国《反不正当竞争法》《一般交易条款规制法》下特定团体提起的不作为之诉。[③] 通说认为,上述法律赋予了工商业利益团体、消费者团体等不作为请求权,由于该请求权具有实体权利的性质,[④]因而团体基于该请求权起诉属于依据团体自身实体权利而享有诉权。二是基于诉讼信托起诉,有学者认为我国台湾地区“消费者保护法”第 50 条关于消费者团体受让损害赔偿请求权后以自己名义起诉属于诉讼信托,[⑤]因“对提起诉讼的权利进行信托”[⑥]而当然带来的程序权利转移。

(2)程序赋权模式

此模式亦分为两种:一是基于法定诉讼担当起诉,认为团体提起诉讼是基于法律规定的诉讼实施权,我国台湾地区“消费者保护法”第 53 条和“民事诉讼法”第 44 条

---

① 参见陈洁:《投服中心公益股东权的配置及制度建构——以“持股行权”为研究框架》,载郭文英、徐明主编:《投资者》(第 1 辑),法律出版社 2018 年版,第 78 页。

② “程序赋权”与“实体赋权”的相关表述参见黄忠顺:《论公益诉讼与私益诉讼的融合——兼论中国特色团体诉讼制度的构建》,载《法学家》2015 年第 1 期。

③ 参见刘学在:《民事公益诉讼制度研究——以团体诉讼制度的构建为中心》,中国政法大学出版社 2015 年版,第 114 页。

④ 参见姜世明:《选定当事人之变革——兼论团体诉讼》,载《月旦法学杂志》2003 年第 5 期。

⑤ 参见刘学在:《团体诉讼之当事人适格的类型化分析》,载《法学评论》2010 年第 2 期;朱柏松:《诉讼信托无效之规定的适法性探讨》,载《月旦法学杂志》2001 年第 8 期。

⑥ 齐树洁:《环境公益诉讼原告资格的扩张》,载《法学论坛》2007 年第 3 期。

赋予团体提起不作为之诉的权利,[①]属于诉讼法上的制度安排,[②]是基于法定诉讼担当人地位而为的诉讼。[③] 二是基于任意诉讼担当起诉,团体基于实体法律关系当事人的授权而享有诉讼实施权,以团体名义行使他人的请求权。该授权是团体以实体法律关系当事人身份进行诉讼的基础和判决对实体法律关系当事人发生效力的前提。我国台湾地区"民事诉讼法"第44条与"证券投资人及期货交易人保护法"第28条规定的诉讼即是此种模式。[④] 甚至我国著作权集体管理组织与著作权人未签订著作权信托合同的情况下,经著作权人书面授权而以该组织名义提起诉讼的情况亦属于任意诉讼担当。[⑤]

(3)中国的理论支撑——任意诉讼担当理论

虽然各国和各地区对于团体基于何种理论提起诉讼存在不同的认识,但有一点是一致的,即在特定条件下,为保护扩散性或公益性利益,都赋予团体诉讼实施权以方便其起诉。对于中国而言,直接赋权模式需要以专门立法形式赋予专门机构,但目前中国暂无这方面的立法,在投服中心出现之前甚至没有专门的机构适合被赋予此项权利。诉讼信托模式学界尚未达成一致认识,而且我国《信托法》第11条直接禁止了专为诉讼或讨债目的而设立信托。法定诉讼担当只有在遗嘱执行、遗产管理、破产管理等直接利害关系人不能、难以或者不宜诉讼的情况下才适用。任意诉讼担当模式下由当事人进行程序授权,与传统当事人理论和"当事人自负其责"的理念相吻合,通过投资者与投服中心签订一系列协议的方式将诉讼权利委托投服中心的模式对中国传统理论和制度冲击较小,还能避免无谓的小额诉讼。

---

① 我国台湾地区"消费者保护法"第53条第1款规定:消费者保护官或消费者保护团体,就企业经营者重大违反"消费者保护法"有关保护消费者规定之行为,得向法院诉请停止或禁止之。"民事诉讼法"第44-3条第1款规定,"以公益为目的之社团法人或财团法人,经其目的事业主管机关许可,于章程所定目的范围内,得对侵害多数人利益之行为人,提起不作为之诉"。

② 参见沈冠伶:《诉讼权保障与裁判外纠纷处理》,台北,元照出版股份有限公司2006年版,第186页。

③ 同上书,第189页。

④ 我国台湾地区"民事诉讼法"第44-1条第1款规定:"多数有共同利益之人为同一公益社团法人之社员者,于章程所定目的范围内,得选定该法人为选定人起诉。"台湾地区"证券投资人及期货交易人保护法"第28条第1款规定:保护机构为保护公益,于本规定及其捐助章程所定目的范围内,对于造成多数证券投资人或期货交易人受损害之同一原因所引起之证券、期货事件,得由20人以上证券投资人或期货交易人授予仲裁或诉讼实施权后,以自己之名义,提付仲裁或起诉。

⑤ 参见刘学在:《著作权集体管理组织之当事人适格问题研究》,载《法学评论》2007年第6期;肖建国、黄忠顺:《任意诉讼担当的类型化分析》,载《北京科技大学学报》(社会科学版)2009年第1期。

四、投服中心民事赔偿诉讼的完善路径:示范诉讼制度构建

(一)投服中心提起示范诉讼的整体构想

基于投服中心的有益实践,由投服中心选取典型证券侵权案件,接受投资者委托就该侵权行为支持投资者提起损害赔偿的示范诉讼,由法院就该案共同的法律问题和事实问题进行审理,作出示范判决,判决效力及于所有授权的投资者。具体而言,其可以分为以下几点:(1)由投服中心选取证券市场典型纠纷,发布征集委托公告,由投资者向投服中心递交所需材料证明其合格投资者身份和所受损失。投资者向投服中心授予诉讼实施权并签订委托协议、既判力扩张协议和执行根据获得协议,表明其自愿接受投服中心对示范原告的选择,其愿意将自身案件作为示范案件提交法院,若其案件最终未被法院认定为示范案件审理,则其愿意接受法院对示范案件作出的示范判决约束。(2)由投服中心选取具有典型性的投资者向法院申请作为示范诉讼审理,由法院裁定作为示范诉讼审理并进行公告,公告产生中断诉讼时效的效力。法院已经受理的案件暂停审理,未授权给投服中心的投资者可以向法院申请进行权利登记。(3)法院对示范案件进行审理,对该案件作出的示范判决对所有授权或登记的投资者具有直接扩张的效力,其不能就该事宜再次提起诉讼。但是,对于示范判决结果不服的投资者可以提起上诉,上诉适用一般上诉程序审理。(4)其他未授权给投服中心或公告期间未登记的当事人可以自行向法院提起诉讼,但案件中共同的事实和法律问题将参照示范判决进行认定。

(二)投服中心提起示范诉讼的制度构造

1. 示范案件审理前的制度构造

(1)投服中心申请启动示范诉讼

按照示范诉讼的启动方式不同,可以分为契约型示范诉讼、职权型示范诉讼以及混合型示范诉讼。契约型和综合型示范诉讼模式需要当事人之间首先达成诉讼契约,该示范性契约给了当事人是否愿意为追求效率而牺牲一定公正的选择权,[①]但受制于中国"不诉不理"的传统诉讼法理论,加之中国证券纠纷受损投资者分布广泛,要所有投资者之间达成诉讼契约无疑是高成本甚至不可能的,最合适的方法便是借鉴

---

① 参见田平安主编:《民事诉讼法原理》,厦门大学出版社2004年版,第45页。

德国的职权性示范诉讼模式并进行改造。具体而言,由投资者在委托投服中心时便签订委托协议、既判力扩张协议和执行根据获得协议。通过委托协议将是否提起示范诉讼申请的选择权同时委托给投服中心,由投服中心选择示范诉讼申请审理,其他当事人暂停起诉,已经起诉的则其案件暂停审理。既判力扩张协议是由投资者出具的表明其愿意接受由投服中心提起的示范诉讼判决约束的声明。执行根据获得协议是非示范诉讼当事人向法院申请强制执行示范诉讼裁判结果的依据。[①] 此种模式既赋予了当事人选择是否愿意为了快速解决纠纷而牺牲一定程序公正的权利,又避免了投资者之间可能无法达成一致的尴尬境地。

(2)依据典型性选取示范案件和当事人

证券民事赔偿诉讼提起率不高的一个主要原因在于因果关系、损失计算、举证等技术性障碍,这对于广大投资者而言是极大的障碍,但是投服中心作为依托证监会的公益组织,加之有诸多公益律师的支持,可以调动各方力量,针对难点案件尤其是在损害赔偿因果关系认定上有不确定的案件进行诉讼,打造经典案例。此外,投服中心选取的案件还应当考虑案件的可诉性、可能潜在的投资者人数、被告的赔付能力以及案件的示范效应等方面。征集委托期限届满后,由投服中心在已委托的投资者中选取具有典型性的投资者提请法院作为示范案件审理。

(3)上海金融法院集中管辖

以虚假陈述案件为例,《若干规定》第9条将审理法院限定在发行人或者上市公司所在地的中级人民法院。但此条规定经常引发诟病,原因在于发行人或上市公司大多在该辖区有比较大的影响力,多是当地优质企业或纳税大户,因而被告所在地的法院可能无法中立、公正地审理该案。由于《关于设立上海金融法院的法案》已经通过,上海将设立金融法院,由专业力量审理金融案件。在金融法院设立之后,由金融法院专属管辖是最有利于提高金融审判水平,实现裁判统一和判决示范效力的方式。然而,上海金融法院的设立尚需履行相应的批准流程,在上海金融法院尚未组建的当下,可以考虑由证券交易所所在地的法院进行管辖,[②]尤其是在上海已经基本形成了

① 有观点认为由于执行直接与当事人实体权利义务相关,因此《执行根据获得协议》需要进行公证或者法院确认。参见郑妮:《示范诉讼制度研究》,四川大学出版社2012年版,第66页。

② 《通知》第1条直接将虚假陈述民事赔偿案件定位为民事侵权索赔案件,而《民事诉讼法》第28条规定侵权行为引发的纠纷由侵权行为地或被告住所地法院管辖。如文章所述,被告住所地的可能面临客观公正性的挑战,因而此类案件不妨由侵权行为地法院管辖。而侵权行为地的认定,出于被告基本为上市公司,也即其股票均在上海证券交易所或深圳证券交易所上市交易,上市公司的信息披露也是主要通过上述平台进行,因此沪深证券交易所可视为信息披露的侵权行为地。

以各级法院金融庭为依托的三级法院金融审判组织体系[①]的情况下，可以对证券纠纷案件作出公正审判。在金融法院设立完毕并成功运作后再将相关案件移交金融法院审理。

(4)示范诉讼公告的中断和登记效力

投服中心的征集委托并不能产生法律上的公告效力，加之中国本就有法院牵头进行公告的做法，代表人诉讼的公告主体就是法院。因而中国在示范诉讼的公告制度设计方面，不妨由法院承担此项公告职责。在公告的内容方面，力争使当事人能清楚明白示范案件的基本情况，并及时向法院登记权利，使示范案件的判决结果具有更为广泛的扩张效力。在公告期满后，由法院通知所有登记的权利人(包括向投服中心授予委托的投资者)，这可以作为后续判决既判力扩张效力的正当基础。在公告后登记的效力方面，在投服中心征集委托后向法院提起诉讼时就可视为向侵权人"提出履行请求"，只是为了一次性定分止争而采用先选取示范案件进行审理的方式。

2. 示范案件审理中的制度构造

(1)诉讼请求聚焦于损害赔偿

投服中心作为公益性维权组织，对证券侵权行为提起诉讼的目的在于投资者的损害赔偿，因而投服中心的诉讼请求自然应聚焦于投资者的实际损失。投服中心作为带有行政色彩的私法主体，其带有私人执行方式的目的，通过帮助受到证券侵权损害的投资者获得补偿间接实现制止证券违法行为、保障证券市场公平效率的目的。有学者建议赋予诉讼实施者"惩罚性赔偿请求权和剥夺经营者非法收益的利润剥夺请求权"，[②]但是目前中国的相关诉讼法理论或者配套制度限制了诉讼的扩张力，因而在较短的一段时间内，投服中心应当更多地将焦点聚集在损害赔偿的诉请上，通过案件的示范效力起到预防和震慑效果是示范诉讼的第二位目标。

(2)诉讼实施权撤回的适当限制

投服中心代为提起诉讼的前提是投资人向投服中心递交书面材料将自己的诉讼实施权授予投服中心，此诉讼实施权的授予应当采用书面形式。授予诉讼实施权后在审理过程中是否允许投资者撤回授权亦值得探讨。诚然，从实体当事人意愿和处分权的角度出发，其应有权撤回授权，但从诉讼程序的进行以及纠纷的统一解决角度

① 参见李思：《护航国际金融中心建设上海金融法院"先试先行"》，载东方财富网：http://finance.eastmoney.com/news/1365,20180412856203723.html，最后访问日期：2018年4月13日。

② 黄忠顺：《论公益诉讼与私益诉讼的融合——兼论中国特色团体诉讼制度的构建》，载《法学家》2015年第1期。

考量,投资者不能随意撤回授权。具体而言,可以将诉讼实施权撤回的时点限制在法庭辩论结束之前。在法庭辩论结束之后,对案件的事实的争议已经基本审理完毕,此时若允许当事人撤回授权,则有浪费司法资源和回避审判约束之嫌。

(3)保障非示范诉讼当事人的程序权利

鉴于非示范诉讼当事人未直接参与案件的审理,但是却受到示范判决效力的约束,虽然其向投服中心授权时签订了委托协议和既判力扩张协议可以为其放弃诉权提供一定正当性基础,但这并不影响对当事人提供相应的程序保障作为示范判决效力扩张的制度优势。具体而言,在审理示范案件时需要注重保障相关当事人的知情权,允许其他已授权投资者对案件进行持续追踪并对判决提出异议。赋予非示范诉讼当事人的知情权和异议权。[①] 由于示范判决会扩张至已经授权并作出声明的投资者,因而也应当赋予同期的非示范诉讼当事人上诉的权利。

3. 示范案件审理后的制度构造

(1)明确示范判决的扩张效力

对于法院裁判的扩张力,主要有“加入制”和“退出制”两种。各国(地区)裁判扩张的效力基础各不相同。[②] 但中国目前还是以选择加入为宜。主要原因在于以下两点:(1)传统既判力理论占据主流地位,民事诉讼法和传统的诉讼救济均以加入制为基础;(2)小额多数案件并没有引入退出制的迫切需要。保障每个投资者的投资安全不是法律应该起到的作用,因而也不需要采用退出制强势保护投资人的权益。在选定的示范案件审理结束后,法院在判决书中应当明确其示范判决属性和既判力范围。具体而言,从既判力主观范围而言,将其扩张至已经签订委托协议和既判力扩张协议的投资者;从既判力客观范围而言,可以扩张的不仅仅是对当事人实体权利义务产生直接影响的判决主文的内容,而且还应包括判决理由部分。因为判决主文主要是对当事人的请求事项作出裁判,而对共同法律问题和事实问题的认定则是在判决理由部分,示范判决的本质就是要使判决理由认定的事实和法律问题适用于后续案件。

---

① 参见洪冬英:《代表人诉讼制度的完善——以职权型示范诉讼为补充》,载《华东政法大学学报》2011年第3期。

② 美国的示范判决对达成示范诉讼契约的所有当事人有效,英国示范判决效力扩张的理论基础是法院的案件管理理论,德国则基于程序保障理论将判决效力及于所有法院通知参加示范诉讼程序的“参加人”。参见郑妮:《示范诉讼制度研究》,四川大学出版社2012年版,第38页、第55页、第187页。

(2)诉讼费用的分摊

各国(地区)对示范案件审理过程中发生的费用分摊采用不同的做法。[①] 在中国进行示范诉讼的费用设计时应当考虑:(1)裁判费征收的一般原理;(2)鼓励此种程序机制的适用,力求用同一诉讼程序为受害人提供保护并矫治违法行为。[②] 鉴于投服中心提起的示范诉讼主要对同一证券违法行为共同的事实和法律焦点进行认定,并且投资者已经声明愿意接受判决约束,此外,投资者本该为占用国家审判资源而付出相应的对价,且投资者也有这种合理预期,因而此种情形下,示范诉讼的费用可参考英国做法,在审理过程中将发生的案件费用进行区分,示范诉讼的费用由所有当事人共同承担,非示范诉讼费用则由个别当事人自行承担。

(三)投服中心提起示范诉讼需要完善的配套措施

1. 从胜诉赔偿中拨款建立基金作为经费来源

目前投服中心的经费来源主要是资本金的耗用,加之投服中心作为公益性维权组织,不以营利为目的,这一模式并非长久之计。诉讼制度运用的频率以及对案件选择的主要考量在于资金的充分程度。资金可能的来源途径包括多种方式。[③] 从胜诉赔偿中拨款建立基金的模式对于投服中心而言具有可行性。一方面,在中国,法律服务需要收费已经习以为常,投资者决心起诉之时就已预想到可能需要支付的律师费,因而这种法律服务费用没有理由因为投服中心的公益性质就免除。另一方面,投服中心为投资者寻找公益律师,不意味着投资者可以不承担任何法律服务费用,如此将会增加投资者进行投资的道德风险。因而从胜诉收益中提取一定比例作为投服中心的运营资金属于投资者的可预期范围,并且该笔费用主要用作投服中心的日常运营和案件起诉,只要做到经费使用透明公开,通过基金的形式是比较可行的做法。

2. 保持投服中心的独立性

投服中心虽然是公司制法人,但其是证监会批准成立的,股东包括上海证券交易

---

① 英国对示范案件审理过程中发生的费用进行了区分,如证据调查、专家鉴定等示范诉讼费用由同期其他当事人按照其请求金额的比例进行分摊,其他非示范诉讼费用由当事人自行负担。德国法规定初审的费用由所有当事人共同承担,上诉费用由上诉人和上诉参加人承担。我国台湾地区"投保中心"起诉的案件诉讼或仲裁费用由财团法人证券市场发展基金支付,诉讼金额或价额超过3000万元新台币的部分暂免缴裁判费,若该部分费用由"投保中心"承担则无须缴纳。

② 参见刘学在:《民事公益诉讼制度研究——以团体诉讼制度的构建为中心》,中国政法大学出版社2015年版,第403页。

③ 资金的来源渠道可以包括:(1)政府资助;(2)成员缴纳会费;(3)减免诉讼费;(4)通过第三方公司提供资金支持;(5)采用胜诉酬金制;(6)采用单方面的律师费负担模式;(7)从胜诉的赔偿金中拨付一部分比例建立基金。此部分的论述参见刘学在:《请求损害赔偿之团体诉讼制度研究》,载《法学家》2011年第6期。

所、中国金融期货交易所、上海期货交易所、深圳证券交易所、中国证券登记结算有限责任公司,从董事会构成来看,董事大多在股东单位担任高级管理人员。① 目前虽没有公开文件显示证监会可以直接遴选或者指派投服中心董事会成员,但依据《证券交易所管理办法》(2017年)、《期货交易所管理办法》(2017年)、《证券登记结算管理办法》(2017年)的规定,证监会对投服中心股东单位的高级管理人员选任和任命具有相当大程度的影响。诚然,政府主导也并不必然招致太大争议,但若完全由政府主导,则与投服中心的设立初衷和职能定位不相符合。因而在今后投服中心的运作中,应当保障投服中心的决策自主权,避免证监会对投服中心人事、战略、业务决策方面的全面主导,让投服中心能够有效、独立地运作。尤其要避免其成为严重依赖政府,甚至依然作为政府的附属机构发挥作用的情况出现。②

3. 加强信息披露与监督

由于投服中心采用有限责任公司的形式,而我国公司法对有限责任公司的信息披露制度没有严格要求,但基于投服中心的公益定位以及其目前承担的职能,其应当对日常活动进行披露,尤其是关于其财务报告等重大信息,公布诉讼和调解的细节,便于投资者乃至政府、非营利组织同行自律监督等。具体的做法可以在官网上披露年度报告,对投服中心1年内的诉讼情况、促进公司治理、未来展望目标、组织结构、各项职能业务的具体开展情况和取得成就以及财务情况做总结报告,③并在官网公示供民众下载查阅。

---

① 投服中心目前董事会有7名成员,分别为郭文英、徐明、张冬科(上海证券交易所副理事长)、刘慧清(深圳证券交易所副总经理)、曹越(上海期货交易所副总经理)、鲁东升(中国金融期货交易所副总经理)、范宇(中国结算公司副总经理),载投服中心网:http://www.isc.com.cn/about_us/,最后访问日期:2018年2月24日。

② 参见汤维建:《论团体诉讼的制度理性》,载《法学家》2008年第5期。

③ 参见台湾地区"投保中心"网:https://www.sfipc.org.tw/mainweb/index.aspx? l=1,最后访问日期:2018年1月1日。

对“抢帽子”市场操纵行为的认识与反思

——由一起“黑嘴”案引发的思考

杜勇波[*]　张海洋[**]

摘　要:“抢帽子”作为我国证券市场操纵行为之一受到各界广泛关注,然而由于市场操纵行为理论研究不足,社会现象纷繁复杂,现有法律规定难以涵盖所有违法行为。因此,有必要进一步厘清“抢帽子”市场操纵行为的实质内涵、构成要件。本文从一起案例谈起,对“抢帽子”行为的实质属性、构成要件、立法的完善及证明路径进行了论述,提出了相应的观点。

关键词:“抢帽子”　市场操纵　构成要件　认识　反思

近日,监管部门对廖某某利用知名主持人的影响力,在微博、博客公开评价、推荐股票进行市场操纵的行为进行了行政处罚。该事件一经公布,舆论哗然,市场纷纷猜测一个“名嘴”缘何成了“黑嘴”,监管部门对“黑嘴”又如何定性呢?事实上,对于股市“黑嘴”的违法违规形态,业内还有一个形象的名称——“抢帽子”交易。从2011年汪某某“抢帽子”市场操纵案入刑,到近几年市场的处罚案例来看,“抢帽子”市场操纵行为不断演进,花样翻新。虽然监管部门不断加大查处力度,严厉打击“抢帽子”市场操纵以及股市“黑嘴”误导投资者的行为,但“抢帽子”行为依然猖獗。究其原因,这与“抢帽子”行为立法空白不无关系。无论是证券法还是刑法均未进行明确规定“抢帽子”的操纵行为,执法、司法机关在进行查处时需要用“兜底条款”进行实质解释。为此有必要认真审视“抢帽子”行为的性质及构成要件,以便更好地保护投资者利益,有效打击证券市场违法违规行为。

---

* 中国证监会上海专员办副调研员、公职律师。

** 中国证监会上海专员办处长、高级会计师。

一、"抢帽子"行为的实质属性

"抢帽子"交易,又称抢先交易(Forward trading),是指证券公司、证券咨询机构、专业中介机构及其工作人员,买卖或者持有相关证券,并对该证券或其发行人、上市公司公开作出评价、预测或者投资建议,以便通过期待的市场波动取得经济利益的行为。可见"抢帽子"行为与《证券法》第77条规定的前三类市场操纵不同,属于第四类兜底条款"以其他手段市场操纵"的行为。

从全球范围来看,兜底条款均是建立在对市场操纵概念、原则性规定基础上的。例如,美国《证券交易法》规定,禁止在证券发行与买卖时实施欺诈行为。这在反欺诈层面对市场操纵的违法性进行了规定。该法同时规定"出于提高或者压制证券交易价格的意图散布信息诱导市场参与者交易特定证券,属于证券市场操纵行为"。美国《商品交易法》第6条第(c)款第(1)项(A)目中规定,明知是虚假、误导、失实的研究报告,或罔顾危害结果的无视虚假、误导、失实的研究报告,依然传播或者推进相关虚假信息传播,从而实体性地影响跨州期货、期权、掉期等交易价格,并且在此期间进行关联期货合约买卖的,属于期货、期权、掉期交易操纵。德国《证券交易法》也明确规定下列行为构成欺诈:(1)散布对金融工具价格评估具有重大影响的虚假误导性信息;(2)实施对股票、金融工具市场供求关系具有信息欺诈、误导效果的证券发行或买卖行为;(3)从事其他对德国或者欧盟各国金融工具交易价格有现实或潜在影响的误导、欺诈行为。①这种对市场操纵既有原则性机制条款又有特殊条款的系统性市场操纵规则,使认定市场操纵有章可循,也有利于兜底条款的适用。而我国理论界对市场操纵行为的内涵和外延尚未达成一致性意见,导致实践中无法依照市场操纵的实质内涵作类推适用。

从刑法层面来看,兜底条款不符合罪刑法定原则对法的明确性要求,不能认为法律列举以外的任何行为都可以被兜底条款所包容,不能根据社会防卫的目的和需要进行任意解释。因此,市场操纵兜底条款需要符合市场操纵罪行的基本特征,客观寻求行为与法律的一致性。遗憾的是,我国证券法、刑法立法未能对市场操纵行为的内

① 参见谢杰:《抢先交易刑法规制全球考察——比较法视野下市场操纵犯罪法律完善的启示》,载《海峡法学》2012年第1期。

涵和外延进行科学阐述,导致兜底条款在运用过程中出现意见分歧。① 虽然现有学说对市场操纵理论莫衷一是,但理论和实务界均认为市场操纵行为导致了证券交易价格和交易量的变化,使证券供求关系发生扭曲。“抢帽子”交易实质上与《证券法》第77条前3项规定的连续交易、洗售、相对委托交易等方式达到的客观效果一致,也是通过影响证券交易价格和交易量达到获取非法利益的目的。应当说兜底条款将市场操纵的类型做了扩大解释,一定程度上弥补了列举式立法的不周延性。

现行“抢帽子”行为的规制条文是在国内市场操纵理论不完备情况下进行的扩大解释,有力地推动了我国证券市场操纵行为规制的执法实践。当事人利用误导性信息诱导投资者交易股票,人为增强了证券价格和交易量的波动,趁机从中获取利益。在廖某某操纵证券市场案中,为了达到影响交易价格和交易量的目的,其发布含有荐股内容的博客文章60篇,同时在微博、博客“午间解盘”栏目视频中公开评价、推荐涉案股票,诱使投资者交易股票,以期影响涉案证券的交易价格和交易量。可见廖某某的“抢帽子”行为实质属性为证券市场操纵范畴。

二、“抢帽子”市场操纵行为构成要件

廖某某“抢帽子”市场操纵行为与现行“抢帽子”的规定有所不同,其不是中介机构和证券从业人员,仅是利用其知名证券节目主持人的影响力,在其微博、博客上公开评价、推荐股票,在推荐前使用其控制的账户组买入相关股票,并在荐股后的下午或次日集中卖出。其行为具有以下特点:(1)营造并利用影响力,拉拢或诱导投资者。廖某某作为嘉宾主持人,收视率较高,借助微博、博客等互联网平台宣传、推广其关于股票市场的观点,使投资者纷纷依以其信息为投资依据。(2)控制证券账户组,提前交易证券。廖某某除控制其本人证券账户外,还控制其亲属或员工等11个证券账户。并在宣传推介证券前提前交易该证券。(3)在诱导投资者买进后,再进行反向操作将上述股票卖出获利。

① 参见刘淑莲:《操纵证券市场罪之堵截条款研究》,载《商场现代化》2008年第30期。

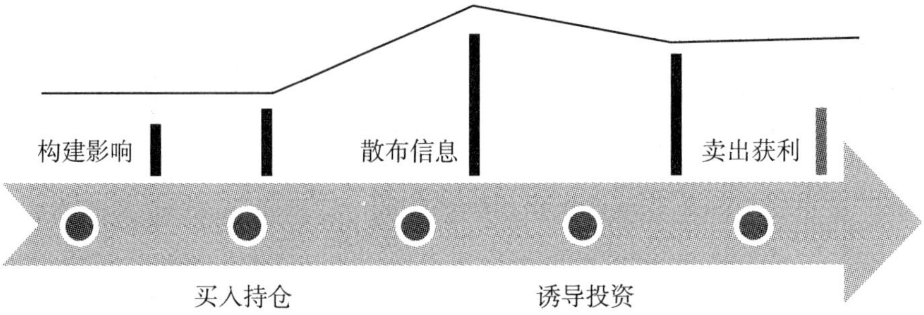

图1 廖某某"抢帽子"行为市场操纵

通过对廖某某操纵证券市场行为的分析,可以看出其违法行为涵盖了构建影响、买入持仓、散布信息、诱导投资、卖出获利等环节。参照犯罪构成要件分析,笔者认为"抢帽子"违法行为在主体、主观方面、客体、客观方面具有一定的特殊性,有必要进一步厘清。

(一)"抢帽子"行为主体

传统观点认为"抢帽子"行为主体应当为特殊主体。无论是监管部门出台的《市场操纵行为认定指引》,还是《最高人民检察院、公安部关于公安机关管辖的刑事案件立案追诉标准的规定(二)》(以下简称《追诉标准二》),对"抢帽子"市场操纵行为均规定为特殊主体,即证券公司、证券咨询机构、专业中介机构及其工作人员。然而,由于微信、微博等自媒体以及互联网的出现,大量不具备上述主体资格的人参与到证券市场中来,通过营造的影响力实施操纵市场的行为,如影视名人、网络"大V"等。这些人员并非中介机构也非专业机构工作人员,却能够利用市场数据或者其他信息聚集大量投资者,诱使他们相信其具有某种实力。这些人实施"抢帽子"行为同样具有操纵市场的典型特征。例如,廖某某并非证券从业人员,也不是中介机构人员,其实质为一名媒体人,但由于其已经构建了证券市场一定的影响力,足以影响投资者的投资决策,具有了与中介机构和专业人员的特征。美国《证券交易法》在规定价格操纵时未明确市场操纵必须为特殊主体。例如,该法第9条禁止价格操纵行为中规定:证券经纪商、承销商或者任何市场人士,出于提高或者压制证券交易价格的意图散布信息诱导市场参与者交易特定证券,属于证券市场操纵行为。欧盟和我国香港特别行政区也未对于"抢帽子"行为设定特殊人群。将"抢帽子"行为主体特定化容易造成行为人规避法律行为。如特定主体将信息泄露给非特定主体,并由后者在自媒体或网络发布信息。[①] 为此,笔者认为,在当前市场环境下,不宜将“抢帽子”行为主体特定化,一般主体同样可以实施“抢帽子”的行为,这样会更有利于对投资者的保护和市场生态的净化。

(二)“抢帽子”行为主观方面

欺诈是证券市场违法行为普遍性目的之一,如美国、德国证券法便将市场操纵的主观意图归于欺诈。我国《证券法》第77条前3项规定的连续交易、洗售、相对委托,虽然没有出现欺诈的字眼,但从逻辑结构上来讲则属于欺诈。“抢帽子”市场操纵行为也不例外,但“抢帽子”行为的欺诈性不在于利用虚假信息诱导投资者进行股票买卖,而在于隐藏了其已经提前交易了该证券并拟诱导投资者交易证券,随之反向交易达到其持有的证券获利目的。这一主观目的与误导性陈述不同,误导性陈述的主观目的是通过虚假宣传或者片面宣传达到诱导投资者交易的目的。“抢帽子”的主观动机与“蛊惑交易”相同,均是为了达到诱使投资者交易并达到其证券获益的目的。可见“抢帽子”行为与“蛊惑”交易的主观目的具有多重、复杂的特点,不仅希望实施诱导投资者交易证券的目的,还希望通过实施上述行为达到证券交易获取利益的目的。

(三)“抢帽子”行为客观方面

违法行为的客观方面主要是行为的外在表现,包括危害行为、危害结果。就“抢帽子”市场操纵行为而言,客观方面主要表现在以下几点:(1)当事人提前交易了该证券,如果当事人未提前交易自己所宣传的证券,则不应当以“抢帽子”违法行为论处。例如,仅散布消息,如果消息真实,则不应当认定为违法行为,如果消息不实,则扰乱了市场秩序,涉嫌传播虚假消息。(2)当事人实施了诱导投资者交易证券的宣传、推广或者散布信息行为,至于宣传推广的信息是否真实在所不问。(3)宣传推广行为与该证券交易价格和交易量的变化具有因果关系。即宣传推广行为直接或者间接导致了证券交易量和价格的变动,只有具有这样的因果关系存在才能得出市场操纵的结论。如果涉案证券价格以及交易量的变化与实施行为没有因果关系,则即便当事人获利也不能以违法论,因为违法行为与直接后果不存在因果关系,认定市场操纵就比较牵强。例如,在汪某某“抢帽子”操纵案中,汪某某利用自己撰写的咨询报告诱导投资者,人为制造证券市场的供需假象,扭曲证券市场的正常价格,使股票价格与价值背离。正是由于咨询报告的披露与证券市场股票交易价格出现变动具有因果

---

① 参见蔡奕:《信息型操纵基本法律范畴分析》,载黄红元、卢文道主编:《证券法苑》(第18卷),法律出版社2016年版,第65~77页。

关系,才认定其行为具有了市场操纵的违法性。(4)当事人在宣传、诱导投资者交易证券后,立即实施了相反的交易行为。这种立即实施主要是在宣传、推介行为对市场影响力未消除前采取了相反交易。由此可见,“抢帽子”市场操纵行为客观方面较复杂,具有多种行为综合而成,且前后行为之间存在一致的主观意图和逻辑关系。

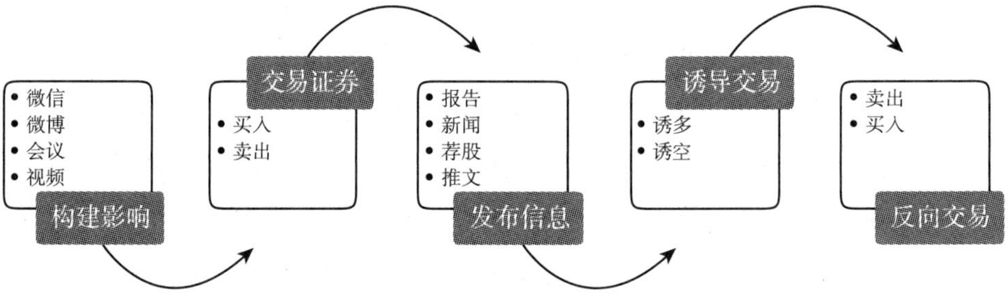

图2 “抢帽子”市场操纵客观行为

(四)“抢帽子”行为侵犯的客体

“抢帽子”行为本质上而言为市场操纵行为之一,侵犯的客体与其他市场操纵一致,即影响了证券交易品种的价格和交易量,使股票价格与价值背离,扰乱了公开、公平、公正的证券市场秩序,损害了公众投资者的合法利益和投资信心。然而,现有《追诉标准二》中所保护的客体却与市场操纵行为存在一定的偏差。如前所述,《追诉标准二》似乎强调更多的是从业人员的管理秩序和行业职业道德规范的有效性。其侵犯的客体也非证券交易秩序,而是证券从业人员管理秩序和职业行为规范。现有规范在客体保护的错位,使“抢帽子”市场操纵行为的刑法保护力度不足。

三、“抢帽子”市场操纵立法的完善及证明路径

(一)“抢帽子”行为的立法完善

我国证券法、刑法并没有对“抢帽子”行为进行明文规定,行政监管实践中适用兜底条款。最高人民检察院与公安部在《追诉标准二》中虽然规定了证券公司、证券投资咨询机构、中介机构或者专业人员从事“抢帽子”交易的刑事追诉标准,但该标准在实践适用中存在一些问题。(1)该规定位阶比较低,追诉标准不是法律、立法解释,只能称为司法解释性文件。以这种文件规定公民基本刑事责任,不利于公民基本权利的保护。另外,追诉标准只是启动刑事程序进行立案侦查的标准而非定罪量刑标准,对于犯罪性质与数额的认定不具有最终决定性。追究“抢帽子”刑事责任不应当以这

种立案追诉标准为规范基础。①（2）该文件中对“抢帽子”的规定与市场操纵行为保护的客体不一致。该条规定针对的是当事人违背有关从业禁止的行为，实施了相关市场操纵行为。可见条文规定行为的前提是违反了从业禁止性规定，其次才是实施了市场操纵的行为。问题是没有违反从业禁止性条款就不构成市场操纵行为吗？答案是否定的。因为市场操纵并不以违反从业禁止为要件。（3）陈述性条文规范中前后行为之间不存在逻辑上的因果关系。从条文中可以看出，只要存在上述行为并且获利，即构成了市场操纵行为。但实际上，宣传、推广行为与证券交易价格和交易量以及获利具有密切的因果关系。如果只以陈述性的言辞规定该行为，则将不利于解释“抢帽子”市场操纵行为的内涵，容易导致刑法所保护的法益出现偏差。特别是在当前，市场上出现了大量不具备主体资格的人员从事“抢帽子”市场操纵的违法行为，使“抢帽子”条文在惩治这类违法行为时显得力不从心。

笔者认为，应当进一步细化“抢帽子”市场操纵的规范，明确“抢帽子”市场操纵行为的行政违法责任和刑事责任。（1）明确责任主体的范围，由特殊主体修改为一般主体。为避免打击面过于宽泛，应进一步细化“抢帽子”行为的客观方面。比如，认定当事人具备专业能力方面，要从是否长期以此为业，是否持续发布相关证券信息；判断影响力方面，要从微信、微博的受众面、客户群范围方面进行考虑等。（2）尽快出台市场操纵标准。对证券法进行细化，以原则性条文规定辅以列举法的立法模式，明确“抢帽子”行为的构成要件和处罚力度，形成原则、规则、行政责任、刑事责任全面的立体网络。（3）赋予监管部门更大执法权。由于“抢帽子”行为的隐蔽性和证据的易逝性，应当赋予监管部门通信网络、IP 信息基站落地查询权，确定人员位置，锁定违法地点。

（二）“抢帽子”行为的证明路径

“抢帽子”行为的证明是执法、司法机关的法律适用过程，是通过逻辑思维认定当事人行为符合法律规定的构成要件的过程。通过对“抢帽子”操纵行为的构成要件的分析，笔者认为，在“抢帽子”市场操纵案调查中，应当围绕以下主要证据进行取证：（1）当事人具有证券市场影响力方面，特别是不具有证券从业身份，不是中介机构等专业机构的人员，要通过证据证明当事人具有影响或者可能影响投资者进行证券交易的能力。例如，当事人虽然不是从业人员，但在证券市场浸淫多年，具有一定的证

① 参见刘宪权：《操纵证券、期货市场罪“兜底条款”解释规则的建构与应用　抢帽子交易刑法属性辨正》，载《中外法学》2013 年第 6 期。

券专业知识,是网络"大V",开设网络直播交易室,粉丝达到一定数量级等,另有一定数量级的投资者跟随投资,投资者相信其具有一定的水准,都可证明当事人对证券市场投资者的影响力。(2)当事人实施影响力影响投资者进行证券交易,且投资者基于其影响力实施了证券交易行为。这种行为包括宣传上市公司利好消息、荐股信息等,且当事人因此交易了相关证券。这些证据可以从当事人的微博、微信截屏,或者下载网页视频等相应的手段获取直接证据,但由于网络信息的容易被删除,应当及时搜集并固定。(3)当事人在实施影响力前买入了涉案证券,且在实施影响力后,对涉案证券采取了相反行动。这是"抢帽子"案的证明重点、难点。当事人控制账户的行为一般比较隐蔽,或单独或合谋实施,使账户控制与传播信息的人员隔离难以认定。笔者认为可以通过当事人履历、手机通讯录、联络信息、IP\MAC、证券账户资金来源、往来频繁账户、工资流水、社保信息等进行比对,寻找蛛丝马迹。(4)当事人从事行为目的是为了实施影响力,达到影响证券交易价格和交易量并利用反向交易获取利益。具体来讲,只要证明实施了这种行为,且之间存在关联关系即可。(5)在证明责任上,执法部门只需要证明当事人实施了上述行为,通过客观行为反推主观状态,而无须要求当事人承认实施上述行为的目的是市场操纵。(6)证明利用影响力影响证券交易价格、交易量之间存在因果关系,需要考虑两者的时间关联性、K线图的异常波动性、信息传递在K线图上的反应综合判断。(7)证明利用证券交易价格、交易量波动与反向交易证券之间的因果关系,可以参照内幕交易的异常性、吻合性标准,从两者吻合度、异常度评判行为之间的因果关系。

四、认定"抢帽子"市场操纵应当注意的几个问题

"抢帽子"市场操纵行为与误导性陈述、"蛊惑"交易、"浑水"做空模式在外在表现上具有相似之处,但也有一定的区别。回答这些问题,需要我们认真梳理这些行为的特点,进一步厘清这些行为的特征。

(一)"抢帽子"行为与误导性陈述的区别

(1)主体不同。误导性陈述是特殊主体,是负有信息披露义务的人,不负有信息披露义务不能构成误导性陈述的违法主体。例如,在"安硕信息误导性陈述案"中,监管部门认定负有信息披露义务的安硕信息构成了误导性陈述行为,对同案中的浦某某、郑某某认定为传播误导性信息行为。而"抢帽子"操纵行为虽然传统观念上认为

其为特殊主体,但随着市场的变化,笔者认为一般主体仍可以构成“抢帽子”行为实施者。(2)客观行为不同。误导性陈述仅实施了误导性陈述这一种行为,且这种行为是对上市公司信息的不真实或者片面宣传。而“抢帽子”行为传播的信息不一定是误导性信息,也有可能是正负面信息,同时“抢帽子”行为还实施了证券交易的行为。(3)行为目的不同。“抢帽子”行为主观目的是通过实施操纵行为,获取账户交易的直接利益。而误导性陈述目的是实施误导性行为,通过误导性行为影响上市公司形象或者谋取其他利益。

(二)“抢帽子”行为与“浑水”做空模式的区别

随着融资融券、股指期货等做空工具的丰富,A 股市场逐渐走向双边市场,给投资者带来了做空的冲动。许多投资者对“浑水”“香橼”等做空模式跃跃欲试,但顾忌涉嫌市场操纵行为而不敢越雷池一步。笔者认为有必要认清“浑水”模式。“浑水”模式的客观方面包括通过发现问题,进行推断,调查研究,实施卖空操作,公布研究信息。这些行为特征与“抢帽子”行为具有相似性,但行为本质有较大区别。(1)“浑水”模式披露的信息不是片面、虚假、误导性信息。而“抢帽子”行为的信息则没有这样的区分。(2)“浑水”模式行为全部公开,不具有误导、欺诈性。而“抢帽子”行为隐藏其提前交易涉案股票、诱导投资者后反向交易的行为,具有较大的欺诈性。(3)“浑水”模式在整个做空过程中,未实施与其行为意图相反的证券交易行为。而“抢帽子”行为在初期实施了证券交易,随后进行了反向交易,反复的交易行为扰乱了市场秩序,是典型的市场操纵行为。(4)“浑水”模式主观状态为对市场真实信息的揭示,具有使证券价格回归合理价值区间的作用。而“抢帽子”行为主观状态为通过误导投资者进行证券交易,获取市场波动利益。由于我国目前还未就市场操纵行为有明确的内涵和外延,投资者不宜使用“浑水”模式进行操作,以免使自己行为游走在违法犯罪边缘。

(三)“抢帽子”行为与“蛊惑”交易的区别

如果说“抢帽子”市场操纵行为作为特殊主体的立法目的是惩罚证券从业者以及专业机构人员违背职业道德行为,那么,“蛊惑交易”行为就是规范不具备证券从业等专业身份人员进行扰乱证券市场的行为。“抢帽子”行为与“蛊惑”交易行为虽然都是证券市场操纵行为之一,均表现为提前潜伏于某证券,并在宣传后利用证券波动获取利益,但“蛊惑”交易仅是理论上出现的分类,法律上并未进行明确界定,现实中也没有“蛊惑”交易的行政处罚案例。笔者认为,“蛊惑”交易实质上与“抢帽子”市场操纵行为相同。客观上只有以下几点不同:(1)“蛊惑”交易传播的信息不真实、不准确、不完整或不确定,而“抢帽子”交易传播信息则没有此限制,可以是任何信息。(2)传统观念上认为“抢帽子”交易主体为特殊主体,而“蛊惑”交易主体为一般主体。笔者认为仅以主体和信息的不同来划分操纵行为增加了操纵认定的复杂性,不利于市场对操纵行为的认知。如果将“蛊惑”交易吸收为“抢帽子”行为则更能被市场理解和遵循。

证券市场操纵行为纷繁复杂,难以有一个清晰且有说服力的理论支撑。但其由于破坏了自由竞争机制,利用不法手段,介入了市场竞争与价格形成机制,使理性投资者发生错误认知采取了错误交易行为,被世界各国(地区)所禁止。[①] “抢帽子”行为作为市场操纵之一,也独具特性。厘清“抢帽子”行为的本质属性和构成,有利于我们更好地理解和执行法律,更好地保护资本市场正常秩序和投资者的合法权益。

---

① 参见李睿:《沪上“抢帽子”第一案的刑法解读》,载“北京隆安律师事务所上海分所创建公众号——金融刑法”2016年10月27日。

上市公司并购重组现状及趋势分析

谢刚凯* 张永卫**

摘　要:“史上最严”重组规定下,中国证监会第六届上市公司并购重组审核委员会作为近两年上市公司并购重组项目审核机构,项目审核意见反映了上市公司并购重组的现状,体现了上市公司并购重组的趋势。笔者通过分析中国证监会第六届上市公司并购重组审核委员会审核项目审核情况,尤其是审核未获通过项目情况,着重分析了上市公司并购重组审核关注点、支持的领域和发展趋势。

关键词:上市公司　并购重组　现状及趋势

2016年6月17日,中国证监会就修改《上市公司重大资产重组管理办法》公开征求意见,主要修改之处在于细化了关于上市公司“控制权变更”的认定标准,取消了重组上市的配套融资,延长了相关股东股份锁定期,严管中介机构等内容。2016年9月9日,这一新规正式落地,被称作“史上最严”重组规定。

自2016年7月20日开始,中国证监会第六届上市公司并购重组审核委员会(以下简称证监会第六届并购重组委)正式开始审核上市公司并购重组项目,至2018年5月30日止,证监会第六届并购重组委共召开了161次重组委会议,审核了共369家上市企业的重大资产重组项目。

在新的《上市公司重大资产重组管理办法》实施以来,证监会第六届并购重组委审核项目意见反映了上市公司并购重组的方向。

* 上海东州资产评估有限公司项目经理。

** 上海东州资产评估有限公司副总裁、首席评估师、合伙人。

一、证监会第六届并购重组委审核项目情况

(一)并购重组审核总体概况

从审核结果来看,369 个重组项目中审核获通过的有 337 个,未通过的有 32 个,审核通过率达 91.33%,其中无条件通过项目有 207 个,通过率为 56.10%,有条件通过项目为 130 个,通过率为 35.23%,未通过率为 8.67%。[①]

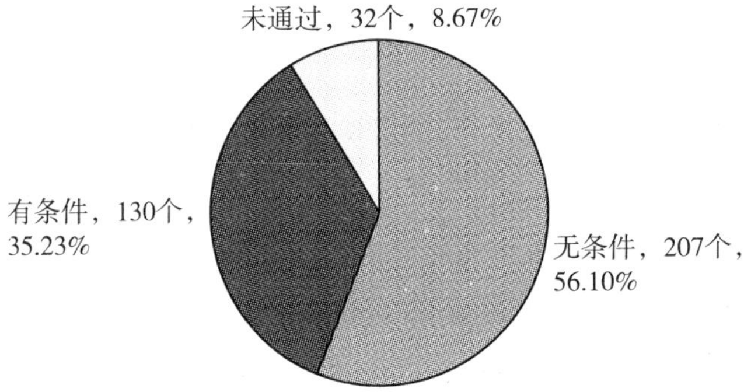

图 1　证监会第六届并购重组委审核项目情况

证监会第五届并购重组委共审核 606 个重组项目,审核获通过的有 570 个,未通过的有 36 个,审核通过率达 94.06%,其中无条件通过项目 298 个,通过率为 49.17%,有条件通过项目 272 个,通过率为 44.88%,未通过率为 5.94%。

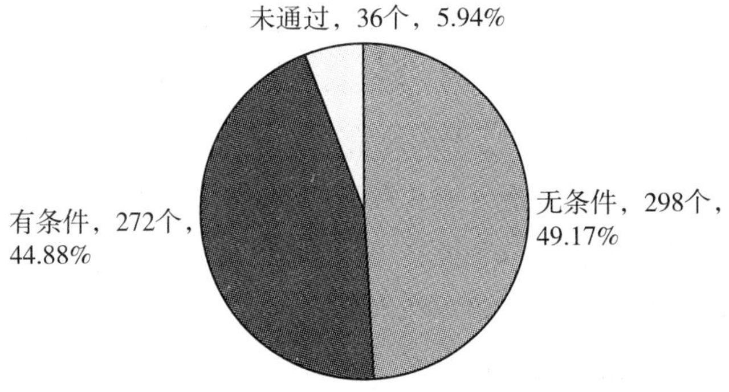

图 2　证监会第五届并购重组委审核项目情况

① 参见中国证券监督管理委员会上市公司监管部:《重组委公告》,载中国证券监督委员会官网:http://www.csrc.gov.cn/pub/newsite/ssgsjgb/bgczwgg/,最后访问日期:2018 年 6 月 6 日。

总体来看，证监会第六届并购重组委审核项目较证监会第五届并购重组委审核项目数量大幅度下降，通过率有所降低。

（二）并购重组标的的行业分布情况

剔除吸收合并涉及的5个项目后，将证监会第六届并购重组委审核项目按照所属证监会行业大类统计如下。[①]

表1　审核项目行业分类

所属行业	交易数量（个）	交易数量占比（%）	交易金额（亿元）	交易金额占比（%）
制造业	228	38.71	4656.85	37.48
信息传输、软件和信息技术服务	109	18.51	1821.57	14.66
房地产	44	7.47	726.08	5.84
批发与零售业	32	5.43	546.11	4.40
交通运输、仓储和邮政业	27	4.58	1119.47	9.01
电力、热力、燃气及水生产和供应业	24	4.07	649.22	5.23
租赁和商务服务业	19	3.23	213.86	1.72
采矿业	15	2.55	402.82	3.24
建筑	15	2.55	460.61	3.71
水利、环境和公共设施管理业	15	2.55	135.37	1.09
金融	14	2.38	1257.41	10.12
科学研究和技术服务	12	2.04	88.52	0.71
文化、体育和娱乐业	11	1.87	190.36	1.53
卫生和社会工作	9	1.53	45.51	0.37
农林牧渔	8	1.36	63.89	0.51
教育	7	1.19	45.66	0.37
合计	589	100.00	12,423.31	100.00

从数量分布来看，制造业（228个，占比38.71%）、信息传输、软件和信息技术服务（109个，占比18.51%）、房地产（44个，占比7.47%）、批发与零售业（32个，占比5.43%）、交通运输、仓储和邮政业（27个，占比4.58%）、电力、热力、燃气及水生产和供应业（24个，占比4.07%）等行业分布的标的较多，交易比较活跃，资源配置灵活。[②]

① 参见中国证券监督管理委员会上市公司监管部：《并购重组行政许可核准》，载中国证券监督委员会官网：http://www.csrc.gov.cn/pub/newsite/ssgsjgb/ssbbgczxzxkhz/，最后访问日期：2018年6月6日。

② 参见巨潮资讯：《上市公司公告》，载巨潮资讯网：http://www.cninfo.com.cn/cninfo-new/index#，最后访问日期：2018年6月6日。

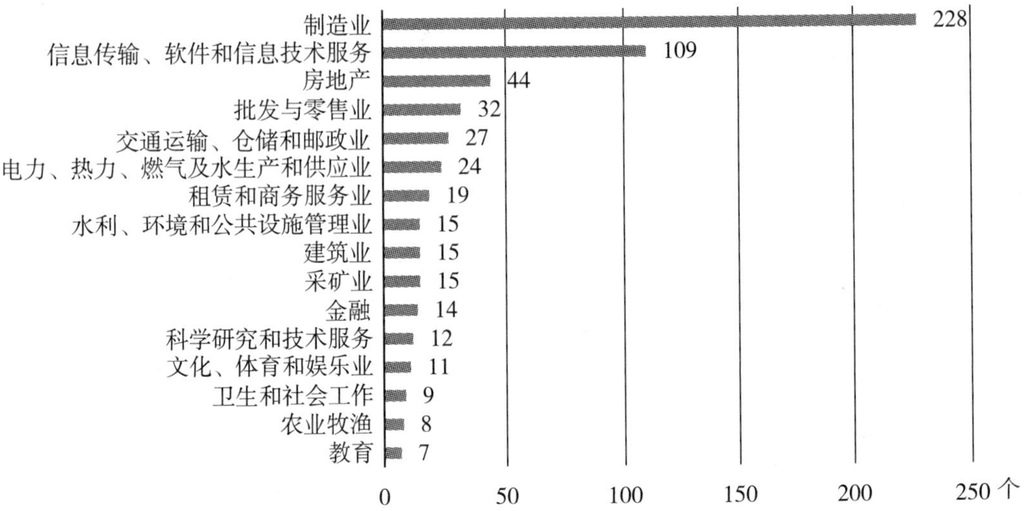

图3　证监会第六届并购重组委审核项目行业分布

从交易金额来看,标的主要集中于制造业(4656.85 亿元,占比 37.48%)、信息传输、软件和信息技术服务(1821.57 亿元,占比 14.66%)、金融(1257.41 亿元,占比 10.12%),交通运输、仓储和邮政业(1119.47 亿元,占比 9.01%)、房地产(726.08 亿元,占比 5.84%)、电力、热力、燃气及水生产和供应业(649.22 亿元,占比 5.23%)和批发与零售业(546.11 亿元,占比 4.40%)。

图4　证监会第六届并购重组委审核项目行业分布

(三)并购重组审核未获通过项目分析

1. 并购重组审核未获通过原因分类

证监会第六届并购重组委审核项目未获通过32个,审核意见及分类如下:

表2 未通过项目审核意见汇总

序号	公司	分类	审核意见
1	宁波华翔	信息披露不足,定价不公允	申请材料未充分披露本次交易标的公司两次作价差异的合理性,不符合《上市公司重大资产重组管理办法》第11条相关规定
2	电光科技	盈利能力或持续盈利能力具有不确定性	申请材料显示本次交易标的公司未来持续盈利能力存在重大不确定性,不符合《上市公司重大资产重组管理办法》第11条、第43条相关规定
3	*ST商城	信息披露不足,盈利能力或持续盈利能力具有不确定性	申请材料显示上市公司权益存在被控股股东或实际控制人严重损害且尚未解除情形,且标的公司的持续盈利能力具有重大不确定性,不符合《上市公司重大资产重组管理办法》第43条相关规定
4	新文化	信息披露不足	申请材料关于标的公司经营模式及盈利预测的披露不充分,不符合《上市公司重大资产重组管理办法》第4条的相关规定
5	申科股份	信息披露不足,定价不公允	申请材料显示,本次交易完成后上市公司实际控制人认定依据披露不充分,标的公司本次交易作价与历次股权转让定价差异合理性披露不充分,不符合《上市公司重大资产重组管理办法》第4条的相关规定
6	金刚玻璃	盈利能力或持续盈利能力具有不确定性	申请材料显示,标的公司盈利预测可实现性及评估参数预测合理性披露不充分,不符合《上市公司重大资产重组管理办法》第4条相关规定
7	国发股份	盈利能力或持续盈利能力具有不确定性	根据申请材料,标的公司持续经营能力和持续盈利能力存在重大不确定性,不符合《上市公司重大资产重组管理办法》第11条第5款和第43条第1款的规定
8	奥维通信	盈利能力或持续盈利能力具有不确定性	申请材料显示,本次交易标的公司未来盈利预测依据不充分,预测收益实现不确定性较大,不符合《上市公司重大资产重组管理办法》第11条的相关规定
9	神农基因	盈利能力或持续盈利能力具有不确定性	申请材料显示,标的公司未来持续盈利能力具有重大不确定性,不利于提高上市公司资产质量、改善财务状况、增强持续盈利能力,不符合《上市公司重大资产重组管理办法》第43条规定

续表

序号	公司	分类	审核意见
10	南通锻压	信息披露不足,盈利能力或持续盈利能力具有不确定性	申请材料未充分披露上市公司和标的公司实际控制结构及法人治理结构,标的资产的持续盈利能力存在不确定性,不符合《上市公司重大资产重组管理办法》第 11 条第 7 款和第 43 条第 1 款的规定
11	明家联合	盈利能力或持续盈利能力具有不确定性	1. 申请材料关于标的资产未来持续盈利能力的披露不充分,不符合《上市公司重大资产重组管理办法》第 43 条第 1 款的规定。 2. 申请材料披露的关于标的公司的重要数据不准确、不完整,不符合《上市公司重大资产重组管理办法》第 4 条的相关规定
12	长城动漫	盈利能力或持续盈利能力具有不确定性	申请材料关于标的资产盈利预测的信息披露不充分,不符合《上市公司重大资产重组管理办法》第 4 条的规定
13	巨龙管业	信息披露不足	申请材料关于标的资产未来盈利能力的持续性与稳定性披露不充分,不符合《上市公司重大资产重组管理办法》第 43 条第 1 款的规定
14	方大化工	信息披露不足	申请材料对交易完成后维持上市公司控制权稳定性的披露不充分,上市公司控制权存在不确定性,不符合《上市公司重大资产重组管理办法》第 11 条的相关规定
15	先锋新材	盈利能力或持续盈利能力具有不确定性	申请材料显示,标的资产未来盈利能力有较大的不确定性,不符合《上市公司重大资产重组管理办法》第 43 条的相关规定
16	金利科技	定价不公允	申请材料显示,标的资产定价的公允性以及盈利预测的主要业绩指标缺乏合理依据,不符合《上市公司重大资产重组管理办法》第 11 条和第 43 条的相关规定
17	宁波热电	盈利能力或持续盈利能力具有不确定性	申请材料显示,标的资产的持续盈利能力存在不确定性,不符合《上市公司重大资产重组管理办法》第 43 条第 1 款第 1 项和第 4 项的规定
18	九洲电气	信息披露不足	申请材料关于上市公司与标的公司之间 EPC 合同履行情况的披露不及时、不充分,不符合《上市公司重大资产重组管理办法》第 4 条的有关规定
19	北部湾港	盈利能力或持续盈利能力具有不确定性	申请材料显示,本次交易标的公司的资产权属及持续盈利能力披露不充分,不符合《上市公司重大资产重组管理办法》第 43 条的相关规定
20	浙江东日	盈利能力或持续盈利能力具有不确定性	申请材料显示,本次交易标的资产未来盈利能力具有重大不确定性,不符合《上市公司重大资产重组管理办法》第 43 条的相关规定

续表

序号	公司	分类	审核意见
21	山西焦化	中介机构资质	申请材料显示,本次重组资产交易定价以资产评估结果为依据,其中介机构资格不符合《上市公司重大资产重组管理办法》第17条的相关规定,有关信息披露不符合《上市公司重大资产重组管理办法》第4条的规定
22	山东地矿	上市公司持续营利性	申请材料显示,标的资产目前仅取得采矿权证,尚未取得项目立项批复等生产经营所必需的审批许可,按期达产存在不确定性,且建设期持续亏损,不利于上市公司改善财务状况和增强持续盈利能力,不符合《上市公司重大资产重组管理办法》第43条的相关规定
23	中通国脉	信息披露不足	标的公司未来年度预测毛利率的合理性披露不充分,不符合《上市公司重大资产重组管理办法》第4条的规定
24	恒力股份	盈利能力或持续盈利能力具有不确定性	标的资产持续盈利能力的稳定性和合理性披露不充分,不符合《上市公司重大资产重组管理办法》第43条相关规定。 本次发行股份购买资产与申请人前次重组上市的承诺不一致,不符合上市公司监管指引第4号的相关规定
25	东方市场	经营模式变化	本次交易标的资产在报告期内经营模式发生重大变化,且交易前后存在大量关联交易,不符合《首次公开发行股票并上市管理办法》第37条和《上市公司重大资产重组管理办法》第43条相关规定
26	海普瑞	盈利能力或持续盈利能力具有不确定性	本次交易标的资产盈利能力存在较大不确定性,不符合《上市公司重大资产重组管理办法》第43条规定
27	新宏泰	盈利能力或持续盈利能力具有不确定性	标的资产生产经营用房被没收及未办理环评报批手续对标的资产持续经营能力的影响披露不充分,不符合《上市公司重大资产重组管理办法》第11条的规定
28	国旅联合	盈利能力或持续盈利能力具有不确定性	申请材料对标的公司持续盈利能力披露不充分,不符合《上市公司重大资产重组管理办法》第43条的规定
29	长城影视	盈利能力或持续盈利能力具有不确定性	申请材料显示,标的资产会计核算基础薄弱,持续盈利能力具有不确定性,且重组完成后上市公司关联交易增加,不符合《上市公司重大资产重组管理办法》第11条和第43条相关规定
30	中环股份	盈利能力或持续盈利能力具有不确定性	申请材料显示,标的资产未来持续盈利能力具有不确定性,不符合《上市公司重大资产重组管理办法》第43条相关规定

续表

序号	公司	分类	审核意见
31	神州信息	盈利能力或持续盈利能力具有不确定性	标的资产预测期收入具有较大不确定性，不符合《上市公司重大资产重组管理办法》第 43 条相关规定
32	沃施股份	信息披露不足	申请文件关于标的资产后续股权收购对上市公司控制权稳定性的影响披露不充分，不符合《上市公司重大资产重组管理办法》第 11 条相关规定。 申请人前次募集资金使用情况不符合《创业板上市公司证券发行管理暂行办法》第 11 条相关规定

证监会第六届并购重组委审核未获通过项目涉及交易标的及所属行业分布如表 3 所示。

表 3　未通过项目涉及的交易标的及所属行业

序号	公司	交易标的	标的行业
1	宁波华翔	宁波劳伦斯汽车内饰件有限公司	制造业
		上海戈冉泊精模科技有限公司	制造业
2	电光科技	上海雅力信息科技有限公司	教育
		上海乐迪网络科技有限公司	教育
3	*ST 商城	宜租(深圳)车联网科技有限公司	租赁和商务服务业
4	新文化	上海千足文化传播有限公司	信息传输、软件和信息技术服务
5	申科股份	紫博蓝网络科技(北京)股份有限公司	信息传输、软件和信息技术服务
6	金刚玻璃	ONWARDS MEDIA GROUP PTE. LTD.	信息传输、软件和信息技术服务
7	国发股份	河南德宝恒生医疗器械有限公司	批发与零售业
8	奥维通信	上海雪鲤鱼计算机科技有限公司	信息传输、软件和信息技术服务
9	神农基因	海南波莲水稻基因科技有限公司	农林牧渔
10	南通锻压	北京亿家晶视传媒有限公司	信息传输、软件和信息技术服务
		北京维卓网络科技有限公司	信息传输、软件和信息技术服务
11	明家联合	北京小子科技有限公司	信息传输、软件和信息技术服务
		无锡线上线下网络技术有限公司	信息传输、软件和信息技术服务
12	长城动漫	西安灵境科技有限公司	租赁和商务服务业
		北京迷你世界文化交流有限公司	租赁和商务服务业
13	巨龙管业	杭州搜影科技有限公司	信息传输、软件和信息技术服务
		北京拇指玩科技有限公司	信息传输、软件和信息技术服务

续表

序号	公司	交易标的	标的行业
14	方大化工	长沙韶光半导体有限公司	制造业
		威科电子模块(深圳)有限公司	制造业
		成都创新达微波电子有限公司	制造业
15	先锋新材	香港四明投资有限公司	农林牧渔
		宁波梵帝国际贸易有限公司	农林牧渔
16	金利科技	微屏软件科技(上海)有限公司	信息传输、软件和信息技术服务
17	宁波热电	宁波能源集团有限公司	电力、热力、燃气及水生产和供应业
		宁波明州热电有限公司	电力、热力、燃气及水生产和供应业
		宁波科丰燃机热电有限公司	电力、热力、燃气及水生产和供应业
		宁波长丰热电有限公司	电力、热力、燃气及水生产和供应业
		宁波明州生物质发电有限公司	电力、热力、燃气及水生产和供应业
18	九洲电气	七台河万龙风力发电有限公司	电力、热力、燃气及水生产和供应业
		七台河佳兴风力发电有限公司	电力、热力、燃气及水生产和供应业
19	北部湾港	广西钦州保税港区盛港码头有限公司	交通运输、仓储和邮政业
		北海港兴码头经营有限公司	交通运输、仓储和邮政业
		防城港胜港码头有限公司	交通运输、仓储和邮政业
20	浙江东日	农贸城一期资产	租赁和商务服务业
		冷链物流中心项目资产	租赁和商务服务业
21	山西焦化	山西中煤华晋能源有限责任公司	采矿业
22	山东地矿	莱州金盛矿业投资有限公司	采矿业
23	中通国脉	上海共创信息技术股份有限公司	信息传输、软件和信息技术服务
24	恒力股份	恒力投资(大连)有限公司	制造业
		恒力石化(大连)炼化有限公司	制造业
25	东方市场	江苏国望高科纤维有限公司	制造业
26	海普瑞	深圳市多普乐实业发展有限公司	制造业
27	新宏泰	北京天宜上佳新材料股份有限公司	制造业
28	国旅联合	上海度势体育文化传播有限公司	信息传输、软件和信息技术服务
29	长城影视	北京首映时代文化传媒有限责任公司	文化、体育和娱乐业
30	中环股份	国电光伏有限公司部分资产	制造业
31	神州信息	恒鸿达科技有限公司	信息传输、软件和信息技术服务
32	沃施股份	北京中海沃邦能源投资有限公司	采矿业

证监会第六届并购重组委审核未获通过项目按照交易标的所属行业和交易金额统计情况如表4所示。

表4 未通过项目所属行业及交易金额统计

审核未获通过项目交易标的所属行业	标的数量(个)	交易金额(亿元)
信息传输、软件和信息技术服务	14	174.51
制造业	11	354.93
电力、热力、燃气及水生产和供应业	7	22.76
租赁和商务服务业	5	33.59
采矿业	3	86.88
交通运输、仓储和邮政业	3	19.55
农林牧渔	3	18.83
教育	2	2.05
批发与零售业	1	6.50
文化、体育和娱乐业	1	10.59
合计	50	730.19

从审核未获通过项目的审核意见来看,证监会第六届并购重组委审核的几个重点关注点如下。

(1)并购重组标的未来的盈利能力或持续盈利能力存在不确定性,成为审核未获通过的主要及核心原因,关注并购重组标的的持续盈利能力,对并购重组项目能否获审核通过具有至关重要的意义。

(2)影视、游戏、互联网广告推广行业成为审核未获通过的主要行业。2013年至2014年是影视、游戏、互联网广告推广行业并购重组的最活跃年度,大量的上市公司为了寻求业务转型或者多元化战略,在这3个行业展开了近乎疯狂的并购重组行为。此类标的公司大多具有成立时间短、经营模式未经市场充分检验、业绩增长远超其他传统行业、高毛利高业绩承诺高估值等特点,其持续盈利能力很快就受到普遍质疑,成为未获审核通过的主要行业。证监会第六届并购重组委审核未获通过项目中,就涉及多个影视、游戏、互联网广告推广行业的标的公司。

(3)地方国资注入资产质量问题。随着中央国企改革的战略部署,各地方国资将大量资产注入上市公司,而注入资产的质量则对项目审核通过与否起着决定性作用。证监会第六届并购重组委审核未获通过的项目中,涉及地方国资注入的有5个。

表5　未通过项目中涉及地方国资注入的情况

序号	公司	交易标的	标的行业
1	宁波热电	宁波能源集团有限公司	电力、热力、燃气及水生产和供应业
		宁波明州热电有限公司	电力、热力、燃气及水生产和供应业
		宁波科丰燃机热电有限公司	电力、热力、燃气及水生产和供应业
		宁波长丰热电有限公司	电力、热力、燃气及水生产和供应业
		宁波明州生物质发电有限公司	电力、热力、燃气及水生产和供应业
2	北部湾港	广西钦州保税港区盛港码头有限公司	交通运输、仓储和邮政业
		北海港兴码头经营有限公司	交通运输、仓储和邮政业
		防城港胜港码头有限公司	交通运输、仓储和邮政业
3	浙江东日	农贸城一期资产	租赁和商务服务业
		冷链物流中心项目资产	租赁和商务服务业
4	山西焦化	山西中煤华晋能源有限责任公司	采矿业
5	山东地矿	莱州金盛矿业投资有限公司	采矿业

其中，宁波热电项目，标的资产及其子公司分别涉及热电、新能源、发电、运输、工业气体等板块约20家公司，其中大部分公司在报告期呈现业绩下滑，部分公司报告期内持续亏损，甚至部分公司即将停产。

北部湾港项目，标的资产中部分泊位仍处于在建状态，后续需要大量资金投入，且标的资产属于划转资产，相应权属变更尚未完成。

浙江东日项目，标的资产中的土地使用权设定借款抵押，农贸城项目已竣工，但尚未投入运营。冷链物流中心项目处于建设施工阶段，未投入运营。

山东地矿项目，标的资产仅取得采矿权证，尚未取得项目立项批复等生产经营所必需的审批许可，按期达产存在不确定性。

(4)保持上市公司控制权稳定以及拥有足够的并购整合能力。保持上市公司控制权稳定有利于上市公司的发展和保护中小股东的利益，证监会第六届并购重组委审核未获通过的重组案例中，方大化工和沃施股份均因交易方案对保持上市公司控制权稳定具有不确定性而被未获审核通过。

上市公司并购从横向和纵向来看，分别属于多元化战略和行业整合两个方向，并购后整合能力尤其是跨界并购项目，对上市公司的未来经营具有重要意义。近年来，并购后整合失败的情况并不鲜见，比如，新日恒力子公司拒绝接受年度审计，先锋新材发现子公司盖世汽车网财务异常，在对子公司做正常审计时遭遇暴力阻挠等。黄河旋风中“其2015年并购标的上海明匠,2017年的审计工作不能正常进行,公司已失去对上海明匠的控制”的公告发布,导致黄河旋风连续两天跌停,市值蒸发20亿元人民币。

(5)并购重组支持国家战略,支持实体经济。除了上述关注重点外,本届重组委对于服务于实体经济的并购,特别是具有协同效应的实体类资产并购重组审核通过率非常高,体现了资本市场对实体经济的支持。

2. 影响并购重组标的持续盈利能力因素

通过梳理分析证监会第六届并购重组委审核未获通过案例,上市公司并购重组项目可以从以下五个方面考量标的资产的持续盈利能力。①

(1)法律层面

①标的资产权属或产权瑕疵问题

资产权属清晰,是对资产进行定价和交易的前提。并购重组标的资产是否存在权属或产权瑕疵,标的资产主要经营性资产是否可控,是否存在抵押、担保等可能会影响企业未来经营的事项发生,均可能导致企业未来盈利具有不确定性,严重情况下还可能会影响企业的持续经营能力。

比如,新宏泰项目中,标的资产的主要生产经营用房、用地被没收,权属存在瑕疵。

浙江东日项目,标的资产中的土地使用权设定借款抵押,权属存在潜在风险。

②标的资产盈利能力尚未形成

标的资产盈利能力尚未形成主要包括两个方面:一方面是标的资产存在重要项目在建,尚需建设周期较长,按期达产具有不确定性。

如北部湾港项目,标的资产中部分泊位仍处于在建状态,未来盈利具有较大的不确定性。

浙江东日项目,农贸城项目已竣工,但尚未投入运营,冷链物流中心项目仍处于建设施工阶段,未投入运营。

另一方面则是标的资产需要完成大量的行政审批程序之后才能生产经营,实现盈利,而行政审批流程是否能够完成以及何时完成,均不受标的公司主观控制,按期达产实现盈利具有不确定性。

---

① 参见蒋骁:《企业价值评估中持续盈利能力的判断》,载《中国资产评估》2017年第7期。

如山东地矿项目，标的资产目前仅取得采矿权证，尚未取得项目立项批复等生产经营所必需的审批许可，按期达产存在不确定性。

（2）国家政策层面

商业经营受国家政策的影响很大，同样可以从两个方面来考虑，一方面是标的资产报告期是否存在大量财政补贴，对财务指标的影响是否重大，未来财政补贴对企业盈利的影响程度，如政府税收返还，高新技术企业所得税优惠，西部大开发所得税优惠，光伏和新能源汽车财政补贴等。通常而言，财政补贴具有条件性和时效性，未来一旦国家政策发生变化，企业的持续盈利能力将受到影响。

另一方面则是标的资产主营业务是否属于国家鼓励发展的产业，所处行业是否处于朝阳产业。落后产业终将会被淘汰，企业的持续盈利能力必然受到影响。

如宁波热电项目，标的资产受国家政策影响就较大。涉及电力体制改革、上网电价政策变化、光伏补贴政策变化等情况，未来国家政策变化对标的资产持续盈利将产生重大影响。

（3）行业及市场层面

从行业整体角度来看，行业的竞争格局和市场容量对标的资产的市场占有率影响很大，如果行业已经产能过剩，市场供大于求，企业很难保证获取足够的市场份额，以至于未来的持续盈利能力将受到较大影响。

如恒力股份项目，恒力投资主营业务为 PTA 的生产与销售，PTA 行业在经历了 2010 年至 2014 年大幅扩张后增速放缓，2015 年以后部分竞争力较弱的生产厂商由于生产成本较高，在市场竞争中长期处于关停状态，因此，我国 PTA 行业存在部分长期闲置产能，行业市场容量供大于求，标的资产的持续盈利能力具有较大不确定性。

（4）企业经营层面

①标的企业控制权问题

正如前文提到的，对标的企业的控制权，主要是经营整合能力。上市公司并购重组不能只是单纯的资产并购，堆积财务报表，而应该重点关注业务整合。由于大部分并购重组项目均签署了业绩承诺对赌条款，一般情况下在业绩承诺期内上市公司对并购标的的整合趋于谨慎，因此对标的企业实际控制能力可能出现问题，如若不能掌控标的企业的控制权，整合可能无法如期完成，前文提到的新日恒力、先锋新材和黄河旋风类似的案例可能继续出现，持续盈利能力必然受到影响。

②企业是否能够以现有经营状态保持持续盈利能力

对于报告期存在亏损的企业,从亏损原因来看,一般为三种情况:一是企业处于发展的初期,尚未进入平稳的生产经营状态,前期亏损是为后续盈利做准备,未来能否实现持续盈利,主要来自对企业投资产业的判断,但判断本身具有很大的不确定性,因此,其未来是否能够持续盈利也具有不确定性。

二是企业所处的行业具有明显的周期性特征,企业由于处于周期性的"谷底"而出现的暂时性亏损,这时判断企业能否持续的标准主要是看企业历史的累积能否支持企业"迈过寒冬",或者企业的融资能力(包括向股东或第三方进行融资两种情形)能否帮助企业坚持到周期中实现盈利的阶段,同样,上述情况也具有一定的不确定性,未来是否能够持续盈利也具有不确定性。

三是企业由于自身经营管理能力或行业整体的下行趋势导致企业目前的亏损状态在未来可预见的时期内都无法扭转,显然未来是否能够持续盈利具有不确定性。

如宁波热电项目,标的资产及其子公司分别涉及热电、新能源、发电、运输、工业气体等板块约20家公司,其中大部分公司在报告期内呈现业绩下滑,部分公司报告期处于亏损,甚至部分公司即将停产,很难判断企业是否能够以现有经营状态保持今后持续盈利能力。

③企业能否以现有盈利水平持续经营

企业经营永远是变动的,盈利水平受到众多因素的影响,包括管理、技术、资金以及市场等。标的企业报告期的盈利水平只是未来盈利的参考,但不是盈利的保证,尤其是当市场和技术发生重大变化时,企业的盈利能力将发生重大变化。

新经济时代下,部分企业由于更早地进入了某一领域而获得超额收益,这种超额收益主要来自对新技术的掌握或者对新市场的占有,这种企业获得超额收益的一个重要特征就是现阶段企业产品有很高的毛利率或净利率。理论上来讲,当企业毛利远高于市场的平均回报率时,在充分竞争的经济环境中,各类资源会从收益率较低的行业进入收益率较高的行业中,循环往复中使各行业的收益率长期来看会逐步趋于平衡,即标的资产很难以一个较高的毛利保持持续盈利。

比如,游戏和互联网广告营销行业,前些年,在拥有互联网人口红利的情况下,游戏和互联网广告营销企业的毛利甚至能够达到80%~90%,而近几年,由于竞争的加剧,流量成本飙升,游戏和互联网广告营销企业的毛利率能够保持50%的已经是一个较为成功的企业。

(5)商业模式层面

企业与企业之间,企业的部门之间,乃至与顾客之间、与渠道之间都存在各种各样的交易关系和联结方式,其通常被称为商业模式。企业现有的商业模式是否具有持续能力是在微观层面判断企业是否具有持续盈利能力的一个重要因素。最为常见的是作为股东的核心员工放弃收入或降低收入对企业持续盈利能力的影响。

这种商业模式在越来越多的项目中已经出现,作为股东的核心员工为了提高公司的利润水平,放弃收入或降低收入,而是通过股东分红获得收益。不考虑税收等因素影响,标的公司的净利润将直接增大,不是市场公允价值下实现的净利润。一旦上述员工离职,公司必然需要支付新员工更高的人力成本,在不考虑其他因素的情况下,必然导致企业的盈利水平下降。由此可见,这种商业模式是不具备持续性的。

另一种是公司的核心员工掌握了核心商业资源,创造了大部分的商业价值,公司的经营对核心员工的依赖极大。尤其是影视类企业,一般情况下,明星人物既是公司股东又是公司员工,公司的盈利基本上是由明星人物创作的产品来实现的,这对企业经营而言具有巨大的风险,一方面,明星人物的演艺生涯具有生命周期,一般而言,其价值创造能力是无法长久持续的,即便通过培养新的明星人物来做替代,也具有很大的不确定性,且无论是否一定能够成功,巨大的培育成本是必然将发生的,未来持续盈利能力显然不可控;另一方面,一旦明星人物发生无法预计的风险或者离开公司,公司将基本无法创造价值。比如最近刷爆朋友圈的“阴阳合同”,无论最终结论如何,目前来看导致的直接后果就是华谊兄弟跌停,A 股影视板块 100 多亿元市值消失。

二、上市公司并购重组趋势分析

从证监会第六届并购重组委目前审核情况来看,上市公司并购重组主要有如下趋势。

1. 产业并购占据主流

从证监会第六届并购重组委审核项目情况来看,并购重组的行业集中在制造业、信息传输、软件和信息技术服务、金融、交通运输、仓储和邮政业和批发与零售业等与国民经济息息相关的产业。产业并购始终是上市公司并购重组的主旋律,大多数并购交易目的仍以横向并购为主导,通过产生协同效应来获取规模经济,具体表现为通过并购同类型固定资产、产品、生产技术等达到充分释放产能的目的,通过并购销售渠道达到加强产品市场控制力的目的。

同时,也注意到上市公司积极实施纵向收购和跨行业收购,企业通过纵向并购,以期企业降低成本,塑造产业链优势,提升企业综合竞争优势。通过跨行业收购,以期实现业务转型或多主业经营,培育新的业绩增长点。

从发展来看,未来产业并购仍将是主流,纵向并购和多元化战略也将进一步发展。

2. 并购重组支持《中国制造2025》国家战略

并购重组对国家重点行业的支持明显。2013年根据12部委出台的《关于加快推进重点行业企业兼并重组的指导意见》,证监会将重大资产重组申请(含发行股份购买资产、重大资产购买出售、合并分立)划分为豁免/快速、正常、审慎三条审核通道,其中,进入"豁免/快速"通道、不涉及发行股份的项目豁免审核,由证监会直接核准;涉及发行股份的,实行快速审核,取消预审环节,直接提请并购重组委审议。

并购重组方案进入"豁免/快速"通道,除上市公司信息披露和规范运作水平及财务顾问执业质量评价均为A类外,还需要遵循以下三个条件:一是重组项目属于国家确立的"汽车、钢铁、水泥、船舶、电解铝、稀土、电子信息、医药、农业产业化龙头企业"等9个推进兼并重组重点行业;二是交易类型属于同行业或上下游并购;三是不构成重组上市。

2017年TCL集团收购华星光电少数股权项目,成为第一个进入证监会第六届并购重组委"快速通道"审核的项目,从报会到过会仅用了27天。

3. 并购重组促进技术升级,推动战略性新兴产业发展

并购重组项目中,新一代信息技术、高端装备制造、节能环保、新能源、新材料、服务业新业态等战略性新兴行业上市公司较多。如江南嘉捷重组三六零成功转型信息安全行业,北汽新能源注入S*ST前锋,上市公司成功由亏损企业转型高端装备制造行业,申通快递、圆通速递、顺丰控股和韵达快递重组上市(借壳),上市公司从传统行业转型为综合物流服务行业等。

4. 并购重组助推国有企业改革,支持国有企业做优做强

比如宝钢吸收合并武钢,合并成立的宝武钢铁集团成为中国第一、全球第二的特大型钢铁企业,有助于减少恶性竞争,提高行业集中度化解过剩产能,提高市场竞争力。招商公路吸收合并华北高速,有利于加强公司内部管理和成本控制,加快公司主营业务发展,提高公司盈利能力等。

5. 并购重组支持军民融合

军民融合发展是国家战略，中央高度重视，近年来，各地积极推动军民融合产业发展，如江南红箭并购星波通信、中国海防并购长城电子、太阳鸟并购亚光电子、长城电脑换股合并长城信息并收购资产等，提升了军工业务的综合实力等。显然，未来军民融合仍将持续发展。

6. 并购重组支持海外并购，促进产业升级

近年来，海外并购项目数量越来越多，方案越来越成熟。仅 2018 年 1 ~ 5 月，证监会第六届并购重组委审核海外并购项目就有 9 个，涉及标的金额达 288 亿元，行业主要集中在生物医药、集成电路半导体促进产业升级以及金矿等对国家战略具有重大意义的行业。

证券交易所现场检查制度的相关问题研究

林蔚然[*]　刘　畅[**]　汪　哲[***]　陈建桦[****]

摘　要:2018 年新修订的《证券交易所管理办法》正式公布实施,其中明确了证券交易所的一线监管职责并赋予其对上市公司等市场参与主体进行现场检查的权力,为沪、深证券交易所切实履行监管职责提供了制度保障。同时,沪、深证券交易所也据此开展了诸多积极有益的探索,在防止资本市场"病从口入"、保护中小投资者权益以及防范系统性风险方面做出了重要贡献。但应当看到的是,交易所现场检查的制度基础仍有待进一步夯实,相关工作规程仍待进一步细化,以为中小投资者权益保护提供更坚实的制度保障。本文即通过对于交易所现场检查相关规定以及监管实践的梳理,在借鉴境外经验的基础上,对交易所现场检查的制度基础提出了进一步的完善意见。

关键词:证券交易所　现场检查　制度基础

一、概　　述

中小投资者权益保护一直是资本市场监管的核心命题之一。LLSV① 的研究显

---

* 深圳证券交易所合规检查部员工。
本文仅代表作者个人的观点,与作者所在工作单位和其他监管机构无关。
** 深圳证券交易所合规检查部员工。
本文仅代表作者个人的观点,与作者所在工作单位和其他监管机构无关。
*** 深圳证券交易所合规检查部员工。
本文仅代表作者个人的观点,与作者所在工作单位和其他监管机构无关。
**** 深圳证券交易所研究所博士后,法学博士。
本文仅代表作者个人的观点,与作者所在工作单位和其他监管机构无关。

① See Porta R. L. ,Lopez-de-Silanes F. ,Shleifer A. ,et al. "Law and finance", *Journal of Political Economy*,1998,106(6):1113 - 1155.

示,一国资本市场发展的情况与中小投资者权益保护有着密切的关系。长期以来,证券交易所作为资本市场的重要组成部分,不仅承担着组织、发展市场的职能,更承担着维护市场秩序、保护中小投资者权益的职责。

过去,交易所一线监管手段较为单一,监管手段以非现场监管为主,针对上市公司等相关市场参与主体开展面对面的现场检查实践不多。然而,资本市场违法违规行为的日益隐蔽化、多元化、复杂化,给交易所一线监管工作带来了前所未有的挑战。既有的非现场监管手段,因无法前往现场直接核实情况,在有效识别、快速处理市场风险方面存在一定的不足;对突发、重大、恶性风险事件也无法及时发现、处置和化解,交易所一线监管的及时性、有效性、针对性和威慑力亟待提升。

2017 年 4 月证监会主席刘士余在深交所会员大会上明确指出,一线监管是证券法赋予交易所的法定职责,监管是交易所的法定主业;交易所要将一线监管的职责扛起来、扛得住;交易所必须依法主动行使全方位的监管职能,包括对公司上市、退市和并购重组的实质性监管。2018 年 1 月修订后的《证券交易所管理办法》(以下简称《管理办法》)也重新申明了证券交易所的一线监管地位。

与此同时,证监会党委下发了《关于进一步发挥证券交易所一线监管功能的指导意见》(以下简称《指导意见》),其中强调,交易所是证券市场监管的第一道防线,是维护市场稳健运行的第一责任人,是有明确监管责任的法定机构。防范风险首先要筑牢第一道防线,依法全面从严监管必须发挥好交易所一线监管的作用。交易所要切实依法履职尽责,全面加强一线监管,补齐“短板”,尤其要提升维护市场秩序、发现违法线索的一线监管能力。《管理办法》也新增现场检查作为交易所自律监管手段,为交易所切实履行一线监管职责提供了有力抓手。

据此,沪深交易所均成立了现场检查部门,[①]积极开展了相关工作,取得了一定成效。但因交易所现场检查工作尚属起步阶段,具体的制度规范、检查方式等均存在有待完善之处。本文针对以上问题开展研究并借鉴相关国际经验,提出下一步交易所现场检查工作改进的意见。

① 根据公开信息,上海证券交易所的现场检查部门为监管执行部,深圳证券交易所的现场检查部门为合规检查部。

二、立法现状及已有监管实践

(一)立法现状

目前,我国已经于部门规章以及交易所的自律规则层面对交易所现场检查权限进行了全面的规定,赋予交易所现场检查权较为坚实的制度基础。

1. 部门规章层面

如前所述,2018年正式实施的《管理办法》第52条第2款明确了交易所在进行会员监管时可以采用现场检查的形式,由于交易所对基金公司是类比于会员单位进行管理的,所以该条规定事实上已经将证券公司、基金公司均纳入了现场检查的监管范畴。

同时,《管理办法》第58条第2款规定交易所与证券上市交易的公司签订的上市协议中必须明确交易所对证券上市交易公司进行自律管理的手段和方式,其中就包括现场检查的相关内容。值得注意的是,此次《管理办法》修订将原有的"上市公司"概念扩张为"证券交易上市公司",旨在将债券发行人等证券发行主体纳入交易所监管范畴,即交易所有权对公司债发行人进行现场检查。

至此,部门规章层面已经赋予了交易所对于证券公司、基金公司、上市公司以及债券发行人的监管权限。

2. 证券交易所自律规则层面

沪、深证券交易所先后对章程进行了修订,明确了证券交易所对证券上市交易公司等市场参与主体具有现场检查的权限。其中,深圳证券交易所于2017年修订章程,于第9条第2款明确交易所可以对会员、证券交易上市公司以及其他市场参与主体进行检查;上海证券交易所则于2018年修订章程,于第10条第2款进行了相同的规定。① 可见,章程层面已经明确了证券交易所对包含上市公司、会员单位以及证券服务机构②等进行检查的权限。

相应地,沪、深证券交易所已经开始于业务规则、上市协议等相关业务规则以及业务文件中全面明确证券交易所现场检查的权限。具体而言,沪、深证券交易所的

---

① 考虑到沪、深交易所于同一条的第1款均明确了"会员、证券上市交易公司及其他信息披露义务人、参与证券交易的投资者、证券服务机构以及其他市场参与主体"有遵守交易所规则的义务,从文义解释的角度来看,其他市场参与主体涵盖了证券服务机构的范畴。

② 根据证券法等现行证券监管法律法规的规定,证券服务机构主要包括投资咨询机构、财务顾问机构、资信评级机构、资产评估机构、会计师事务所、律师事务所等机构。

《会员管理规则》与《交易规则》均已经明确规定证券交易所对相应监管对象进行现场检查的权限。同时,沪、深证券交易所于2018年就债券上市交易规则公开征求意见,明确了证券交易所对债券发行人等监管对象进行现场检查的权限,并对现场检查的对象范围以及检查手段进行了细化规定。

值得一提的是,深圳证券交易所已经先后启用了新版《证券上市协议》《基金上市协议》以及《债券上协议》,均明确约定了证券交易所对相关监管对象进行现场检查的权限,已经实现了证券产品种类的全覆盖,这意味着证券交易所现场检查权限规则体系已经基本成型。

(二)已有监管实践①

目前,交易所在现场检查方面的工作开展主要有三种方式:一是配合证监局进行联合现场检查;二是交易所自主发起并主导现场检查;三是受证监会委托开展首次公开发行企业信息披露质量检查(以下简称IPO企业现场检查)。沪深交易所对以上三种方式均已有了一定程度的实践。具体情况如下。

1. 与各地证监局联合开展现场检查工作

根据《上市公司现场检查管理办法》,证监会派出机构承担了上市公司现场检查的职能,但长期以来,由于监管资源有限,证监局相关工作的开展面临着一定的局限。鉴于此,沪、深证券交易所的现场检查部门承担了一部分配合地方证监局现场检查的职能。具体而言,地方证监局可以发起需求,提请证券交易所现场检查部门派员参加检查,以充实监管力量。以深圳证券交易所为例,其已与各地证监局签订了《监管协作备忘录》,明确规定深圳证券交易所需在上市公司等市场相关主体的现场检查中配合地方证监局开展工作。备忘录签署后至今,深圳证券交易所现场检查部门已先后派出累计180余人次参加了证监局的80余个检查项目。

2. 由证券交易所发起并主导、证监局配合的检查工作

在对上市公司等证券发行主体的日常监管中,经常会面临突发事项,既有的非现场监管手段因主要以书面审查及问询为主,并不能及时了解事实真相并作出快速反应。鉴于此,针对日常监管中出现的突发、重大、恶性风险事件,沪、深证券交易所建立了常态化的现场检查机制。以深圳证券交易所为例,其日常监管部门可发起需求,

---

① 该部分内容主要参见新闻媒体报道,如杜卿卿:《问询问询就算了? 不,交易所也来现场检查了》,载凤凰网:http://finance.ifeng.com/a/20180403/16057357_0.shtml,最后访问日期:2018年7月24日;邬川、张琴:《证监会三大机制严管IPO审核 交易所将介入现场检查》,载腾讯金融网:https://finance.qq.com/a/20171110/030989.htm,最后访问日期:2018年7月24日。

提请证券交易所现场检查部门牵头组织检查。沪、深证券交易所的现场检查部门已经在防止大股东侵害上市公司利益、打击"忽悠式"重组、防范化解债券市场风险等方面发挥了重要作用。以深圳证券交易所为例,其现场检查部门在终止损害投资者权益的上市公司关联交易、督促上市公司尽快复牌以保障投资者知情权与交易权以及及时发现私募债券欺诈发行行为方面均有了成功实践,有效地保护了中小投资者的权益,彰显了证券交易所现场检查工作的成效。

3. 由中国证监会统一部署首次公开发行企业现场检查

根据证监会发布的《关于组织对首发企业信息披露质量进行抽查的通知》(发行监管函〔2014〕147号),证监会每年会进行IPO现场检查抽签,通过现场检查的方式弥补书面审核的不足之处。同时,2017年以来,证监会曾多次公开表示要推进IPO现场检查机制的常态化,以防止资本市场"病从口入",把好上市关。因此,证券交易所的现场检查部门会根据证监会发行监管部的委托承担一部分IPO现场检查工作。2017年沪深交易所即各承担了两家拟IPO企业的现场检查工作,取得了较为显著的成效。2018年上半年,沪、深证券交易所又各自承担了3家IPO企业的现场检查工作。在可预计的未来,沪深交易所将会在IPO检查中承担更多的工作。

从效果来看,沪、深证券交易所的现场检查部门在成立1年内,充分发挥了现场检查这一监管手段的作用,初步达到现场检查的监管目的,但现有实践也反映出交易所现场检查工作在制度基础上存在的一些问题。

三、证券交易所现场检查相关制度的问题

尽管现有的规定对于证券交易所现场检查已经做出了较详尽的规定,但经过对法律法规、部门规章以及交易所自律规则方面的梳理,并比较前述国际经验,我们发现现有规定仍然存在以下缺陷。

(一)法律法规、部门规章等上位法依据尚待进一步夯实

目前,我国证券法明确了证券交易所自律监管者的地位,同时赋予了交易所限制交易、终止上市以及信息披露监管等方面的监管权限,但并未明确交易所可以采用现场检查的方式进行监管。而相关的行政法规(如《证券公司监督管理条例》)以及部门规章(如《上市公司现场检查办法》《证券公司检查办法》)也未能明确赋予交易所现场检查的权限,仅《管理办法》对这一权限进行了明确规定,这表明交易所现场检查

的上位法依据仍需进一步夯实。

（二）业务规则、工作程序仍需进一步细化

如前所述，虽然交易所规则层面对于现场检查权限的规定已经基本呈现体系化的特征，但是沪深交易所的《股票上市规则》和《证券投资基金上市规则》尚未明确规定交易所的现场检查权限，仅于相关业务协议中约定了交易所检查的权限。更重要的是，相较于境外交易所对于现场检查启动程序、检查权限以及救济程序等方面的全面、详尽的规定，我国交易所规则层面对于现场检查的上述具体问题也未能明确规定，尚存在一定完善的空间。

四、境外经验借鉴

一般认为，交易所监管的理论根据为自律监管。因近些年证券交易所去互助化（demutualization）以及自我上市的趋势，交易所为了解决自身利益冲突问题，将自律监管部门独立或分立出来，成立了交易所体系内或体系外的自律监管部门。所以，为了更全面地考量境外现场检查的实践，我们将考察范围扩张至境外自律机构。经过梳理，境外交易所（自律组织）现场检查的权限主要呈现以下特点。

（一）交易所（自律组织）现场检查具有明确授权

从境外发达市场的实践来看，进行现场检查是实现市场组织和监管职能的方式之一，多数国家（地区）的法律并未直接对此进行规定，通常交易所的现场检查权限来自行政法规或部门规章的授权，自律组织的现场检查权限除特别规定外，还可以来自原有交易所的监管职能转移，例如，美国金融业监管局（Financial Industry Regulatory Authority，FINRA）的现场检查权就继承于全美交易商协会（National Association of Securities Dealers，NASD）和各大交易所的监管职能。总体来看，境外交易所（自律组织）现场检查的权力依据有以下特点。

一是开展现场检查具有清晰明确的授权。发达市场交易所进行会员或上市公司的现场检查通常具有明确的授权，这一授权通常直接来自行政规章或法规。例如，在对会员或交易参与人的监管方面，我国台湾地区金融监管机构“证券交易所管理规则”第 23 条授权证券交易所应注意查察其会员或证券经纪商、证券自营商之财务业务情形；发现有违反“法令”或不当情事者，应即为适当处置，并通知监管机构。据此授权，我国台湾证券交易所也在其“台湾证券交易所股份有限公司查核证券商作业办法”中提出“本公司对证券商之查核作业采书面审查与实地查核方式,并以抽查为原则”。此外,日本《金融商品交易法》第84条和《东京证券交易所章程》第46条均明确赋予了交易所有现场检查的权力。韩国《交易所组织章程细则》第402条同样规定了交易所有广泛的一线监管权力,而且具体到“异常交易调查或会员监督方面”,交易所可以进行现场检查。

二是受监管对象负有配合交易所现场检查的义务。为了更有效地开展现场检查工作,境外规则还明确规定了被检查对象具有配合的义务,甚至是主动配合的要求。韩国《交易所组织章程细则》第402条规定了会员和金融投资公司提交相关材料和现场陈述的义务,“台湾证券交易所股份有限公司营业细则”第25条和第26条专门规定了券商配合交易所检查的义务,包括按照要求准备资料和其他配合的义务等,在“台湾证券交易所股份有限公司查核证券商作业办法”中同样规定“各受检单位不得规避或拒绝检查”。

三是交易所(自律组织)有权依据现场检查结果独立对监管对象作出处分。例如,“台湾证券交易所股份有限公司营业细则”第143条规定了交易所直接可以处理,并以函件形式上报主管机关,如果需要移送主管机关处理的,立刻上报。“台湾证券交易所股份有限公司对上市公司内部控制制度查核作业程序”第9条也规定了检查上市公司后的处理程序和要求。

(二)交易所(自律组织)现场检查的程序规则明确

从境外市场对现场检查的程序要求来看,大多规定了较严格的现场检查程序,使交易所(自律组织)的现场检查更加严谨、细致。具体而言主要有以下几个方面。

一是启动程序要求严格。启动条件是开展现场检查权的前提,从境外的规则来看,主要有概括规定和明确列举两种模式。前者主要是没有明确规定具体条件标准,而是概括授权交易所在调查违法违规嫌疑或其他必要情形时,可以开展现场检查。例如,日本《株式会社东京证券交易所章程》和韩国《交易所章程组织细则》均给予了交易所较为广泛的自由裁量权。后者主要是针对现场检查的启动进行严格限定,但范围仍然较为广泛。例如,我国台湾地区“台湾证券交易所股份有限公司对上市公司内部控制制度查核作业程序”第3条规定对上市公司现场核查时的比例条件;第4条更是细致地规定了10种可以进行检查的标准,主要是内部控制出现问题的情况。

二是检查权限要求严格。境外相关规则对交易所开展现场检查权工作的要求做出了规定,通常是对包括财务报告在内的核心资料和文件进行检查、复制等。韩国

《交易所组织章程细则》第402条规定交易所有权“调查与会员相关的业务状况、财务状况、账簿、文件和其他资料”。我国台湾地区“台湾证券交易所股份有限公司对上市公司内部控制制度查核作业程序”第5条、第6条和第7条更是细化规定了需要核查的项目和注意事项。而且我国台湾地区还对如何检查财务报告和年报作了细化程序规则——“台湾证券交易所股份有限公司审阅上市公司财务报告作业程序”和“台湾证券交易所股份有限公司审阅上市公司年报作业程序”。

三是现场检查的救济程序完备。从境外的实践来看，多数交易所都规定了监管对象对交易所现场检查的救济程序，主要通过交易所章程或相关细则实现。例如，韩国成立专门的金融服务委员会，对交易所的职权发挥进行监督。韩国《交易所组织章程细则》第410条规定了“金融服务委员会可以命令交易所提交有关其业务和财产的报告或参考资料，并要求金融监督院院长调查交易所相关业务、财务状况、账簿、文件或其他资料”，如果“交易所被认定违反本法任何规定或者本法项下采取的其他命令或纪律惩戒的，金融监督院院长应当就如何对此等违规采取措施随附书面意见”。

（三）交易所（自律组织）现场检查范围广泛

多数境外市场通常并未在规则中直接对现场检查的范围进行严格限定，而是赋予交易所（自律组织）就监管对象所涉业务较宽泛的检查权限。

一是现场检查的种类通常包括例行检查、专项检查等多种形式。例如，“台湾证券交易所股份有限公司查核证券商作业办法”第4条规定，对券商的一般性检查就分为“例行查核：对财务、业务及内部稽核作业（或证券商分公司自行查核作业）”以及“选案查核：对指针异常项目、投资人检举案件及非属项目查核之主管机关交办事项等进行查核”两种。美国FINRA对监管对象的现场检查也包括定期检查（Cycle Exams）、特定检查（Cause Exams）、分支机构检查（Branch Exams）、市场规制检查（Market Regulation Exams）和专项检查（Sweeps Exams）五类，其中定期检查是FINRA对监管对象现场检查的重点。

二是现场检查的具体范围较广泛。例如，我国香港证券交易所对现场检查的范围进行了宽泛界定，提出“经证监会咨询后，联交所会就一个或多个不时选定的重点范畴，前往交易参与人驻地进行风险性现场检查。联交所会按照交易参与人在重点范畴的整体交易活动决定是否需要进行现场检查”。又如美国FINRA就通过风险分类的形式，针对不同监管对象的风险类别，现场检查周期从1年到4年不等，风险等级最高的经纪商和交易商,必须每年接受 FINRA 的检查,风险等级最低的则可以4年检查一次。与美国证监会(Securities and Exchange Commission,SEC)的检查相比,FINRA 检查的最大特点是其检查领域宽而广,即便并非目标公司的主要业务,同样需要就合规问题接受检查。

五、政策建议

经过前述现状以及境外经验的梳理,我们认为要充分发挥交易所在资本市场一线监管的作用,实现"依法、全面、从严"监管,需要在法律法规、部门规章以及业务规则层面进一步明确相关规定,以提高交易所现场检查工作的效率,强化证券交易所一线监管的有效性和威慑力。具体如下。

(一)法律法规层面:拓宽交易所的法定监管对象,明确交易所的现场检查权力

1.通过《证券法》的修订,拓宽交易所的法定监管对象,同时明确交易所可以采用现场检查手段

一是借鉴《管理办法》的修订经验,将为证券上市、交易提供服务的证券服务机构、证券上市交易公司纳入自律监管范畴。在现行《证券法》框架下,交易所的自律监管对象仅包括会员、上市公司及相关信息披露义务人和市场交易行为。但在强化证券交易所一线监管的背景下,交易所在对证券交易上市公司等相关市场参与主体进行检查的同时,向券商、律所、会计师事务所以及评估机构等证券服务机构必要的延伸检查或要求其予以配合是不可或缺的甚至行之有效的检查手段。因此,结合监管实际需要,我们建议在《证券法》中借鉴新修订的《管理办法》的相关规定,将证券服务机构明确为交易所的自律监管范围,为交易所对上述主体或相关交易行为实施监管提供明确的法律依据。

二是考虑配合证券发行体制改革的进程,在《证券法》层面明确交易所可以对发行人进行现场检查。现场检查是核查拟上市公司财务真实性、运作规范性的有效措施,境外交易所如台北交易所以及东京交易所在上市审核过程中都会有现场审核的环节(on-site examination),交易所如能在未来的股票发行体制改革中获取更大的股票发审权,则宜在《证券法》修订中明确发行人①为交易所的现场检查对象。退言之,

① 根据证券法的现有表述,采用"发行人"的说法,但是特指拟IPO企业。

即使在现有的股票发行体制下,交易所因需履行上市审核这一法定职责的需要,也可以在《证券法》中增加关于交易所有权对申请上市企业进行现场检查的规定。

三是通过《证券法》明确现场检查为交易所自律监管的监管措施之一。如前所述,尽管《管理办法》已经从部门规章赋予了交易所现场检查的权限,但考虑到现场检查在核实证券上市交易公司财务真实性、公司治理规范程度以及内部控制执行情况等方面的重要作用,应该在《证券法》等上位法层面对交易所的现场检查权限进行明确。

2. 推动相关行政法规的制定或修订工作,强化交易所对上市公司等市场相关主体的自律监管地位

在法律层面将交易所的监管对象、现场检查措施等问题妥善解决后,尚需要在行政法规等下位法层面对交易所实施现场检查的一些具体问题作出细化的配套规定。我们认为应该从《证券公司监督管理条例》与《上市公司监督管理条例》着手,强化交易所对证券公司以及证券交易上市公司的自律监管。

一是修订《证券公司监督管理条例》,实现交易所对证券公司监管的全覆盖。证券公司作为交易所市场的重要参与主体,明确交易所对其的监管地位,对于实现依法全面从严监管是合理且必要的。目前,交易所章程、会员管理规则均已经明确证券交易所对于会员的监管地位,但由于仅覆盖了会员且自律规则与《证券法》之间层级跨越过大,缺乏必要的衔接。所以有必要在《证券公司监督管理条例》中明确规定交易所对证券公司的自律监管地位以及证券公司的主动配合义务,并在相应的部分细化规定交易所可以对证券公司进行现场检查并要求其报送有关信息。

二是推动《上市公司监督管理条例》发布,明确交易所可对上市公司进行现场检查。《上市公司监督管理条例(征求意见稿)》于2007年发布,受限于当时的监管思路和框架,仍然重点强调对上市公司的行政监管,对于交易所的自律监管规定仅作了原则性的规定,对上市公司的现场检查主体也仅限于证监会。为适应加强一线监管需要并保持与上位规则的衔接,我们建议总结归纳已有的成熟经验,在《上市公司监督管理条例》中将现场检查的主体拓展到证券交易所,以提高证券监管活动的有效性。

更进一步的是,考虑到目前交易所上市交易品种越发丰富,“上市公司”这一概念已经无法覆盖交易所自律监管对象,我们建议在后续修订中可以考虑借鉴此次《管理办法》的经验,适时地将《上市公司监督管理条例》修订为证券交易上市公司监督管理条例,以拓宽监管范围。

(二)部门规章层面:授予交易所对上市公司等市场参与主体的现场检查权限

1. 明确交易所可以参照适用《证券公司检查办法》和《上市公司现场检查办法》的相关检查规定

现行《证券公司检查办法》和《上市公司现场检查办法》分别于2000年和2010年开始实施,其中对于证券公司、上市公司的检查规定均仅适用于证监会及其派出机构。从目前的监管实践来看,交易所依据章程及上市协议对会员及上市公司开展的检查实际上也是严格参照证监会相关检查方式及检查程序进行的。因此,可以直接在《证券公司检查办法》和《上市公司现场检查办法》中允许交易所参照适用其关于检查方式、检查内容、检查程序的相关规定。

2. 明确交易所对证券服务机构的自律监管

目前,对于证券服务机构的监管规定散见于各主管部门的部门规章之中,如《上市公司并购重组财务顾问业务管理办法》《证券市场资信评级业务管理暂行办法》《资产评估行业财政监督管理办法》《财政部、证监会关于会计师事务所从事证券期货相关业务有关问题的通知》《律师事务所从事证券法律业务管理办法》等,但均仅规定了证监会对相关证券服务机构的行政监管权力,没能将证券服务机构明确为交易所自律监管的对象。

新修订的《管理办法》切合目前的监管实际和需要,已经明确了"对证券服务机构为证券上市、交易等提供服务的行为进行监管"为交易所的职能之一,但尚需要在前述各类规章以及规范性文件进行明确。

(三)自律规则层面:细化相关规则,增强市场参与主体接受现场检查的契约义务

1. 进一步补充完善自律规则中交易所现场检查的规定

尽管《管理办法》已经明确了交易所对于市场相关主体的现场检查权限,但交易所的主要业务规则中,《股票上市规则》与《证券投资基金规则》均未能明确交易所对上市公司等市场相关主体的现场检查权限。作为约束交易所相关监管对象最直接的业务规则,自律规则应当保持与上位规则的一致性,所以我们建议按照《管理办法》的规定完善交易所相关的业务规则,明确将现场检查作为交易所的自律监管措施之一。

2. 对现场检查的相关工作作出系统性安排

境外交易所的自律规则从启动程序、检查权限、救济程序等方面对现场检查作出了系统性的规定。就国内交易所的现场检查而言,上位法规主要解决现场检查的法律依据问题,对于现场检查的启动条件、检查内容、检查程序、检查方式、救济程序仍

有较大的完善空间。我们认为,可以借鉴韩国、日本及我国台湾地区的经验,通过交易所章程及相关业务规则对上述问题进行系统性的规定,为交易所实施现场检查提供充分的行为标准。

上述法律、行政法规、规章、自律规则层面的规则修订,可以对相关上市协议中关于证券及其衍生品种的发行人、基金管理人等主体的现场检查条款形成有效支持,从而在法律法规和契约两个方面对相关主体形成双向约束。

六、结　　语

在全面从严监管的态势下,雅百特、金亚科技以及九好集团等财务造假问题逐渐曝光,其所采取的造假手法也日益复杂化、隐蔽化。对此,交易所既有的监管手段呈一定的显著局限,日常监管中存在着一些“看不穿、摸不透”的情况,现场检查无疑为证券交易所加强一线监管工作提供了有效的抓手。

既有的监管实践证明,证券交易所现场检查在保护投资者权益、防范化解市场风险方面的作用是显著的,也具有较为坚实的制度基础与理论依据。但我们必须看到,目前对于交易所现场检查的制度供给尚显不足,必须坚定不移地对相关规定进行完善、修订以及细化,才能保证现场检查更进一步发挥其应有作为,为中小投资者权益保护提供更牢靠的保障。

投教园地

INVESTOR

上海期货交易所投资者教育产业服务实践与发展

杨　柯[*]　李　绚[**]

摘　要：本文结合期货市场20余年来与实体经济共生发展的历程，阐述上海期货交易所多年来坚持以服务实体经济为宗旨，在产业服务方面的实践和探索。近年来，为培育机构投资者，优化市场结构，上海期货交易所面向产业客户推出“风险管理研讨班”，并逐步形成面向不同受众、各具特色的“期货大讲堂”系列投资者教育品牌，帮助解决制约企业利用期货市场面临的市场环境、管理水平和人才培养等因素，以产业服务实践出发，探讨投资者教育的模式。

关键词：投资者教育　产业服务

上海期货交易所自成立以来，经过经20余年的发展，已形成了包括有色金属、黑色金属、贵金属、能源化工四大板块的产品体系，覆盖主要基础工业品领域。目前共拥有投资者128.5万户，其中一般单位客户2万余个，日均持仓296万手，占全市场30.96%。套保客户数579户，套保日均持仓103万手，占市场日均持仓量的11%。我国的期货市场因实体经济的需求而萌芽，在21世纪后步入规范发展的阶段，取得了令人瞩目的成就。中国商品期货市场不仅排名全球市场规模第一，并已逐步建立了一套适应中国国情、具有中国特色的市场体系。

对比成熟市场，我国期货市场机构投资者比例相对较低，生产贸易企业在参与期货市场中仍面临许多困难，在市场环境、管理水平和人才培养等方面还需进一步提高。习近平总书记在全国金融工作会议上强调，金融工作需紧紧围绕服务实体经济、防

* 上海期货交易所会员服务与投资者教育部总监。

** 上海期货交易所会员服务与投资者教育部高级经理。

控金融风险、深化金融改革三项任务。金融工作应当要回归本源,要把为实体经济服务作为出发点和落脚点,全面提升服务效率和水平。上海期货交易所始终以服务实体经济为使命,围绕实体企业参与市场的需求要求开展各类市场培育和投资者教育活动,积极推动企业利用期货市场进行风险管理,提升企业利用期货市场的能力和水平。

一、投资者教育工作以产业服务为主要目的

我国期货市场最初因改革开放初期市场急需价格引导信号而萌芽,并在 20 世纪 90 年代初国内工业企业大量三角债爆发、企业需要公平诚信的市场环境下催生落地,期货市场的产生与实体企业的需求紧密相关。以上海期货交易所目前最为成熟的期货品种铜为例,其产业客户数量、持仓量占比、套期保值量和实物交割量位居国内各品种前列,并仍继续呈现上升势头。经评估,铜期货套期保值有效性指标长期高于 97% ,与国内现货市场、境外同类市场的相关系数均超过 0. 97,铜期货价格已成为行业定价的重要参照依据。[①] 对于国内产铜、用铜企业而言,利用期货市场进行风险管理是企业生存、发展的必备本领。中国有色金属工业协会与上海期货交易所常年保持密切协作,在每年的新会员入会仪式上,都有期货市场介绍和有色企业期货市场管理实践课程讲座。有位有色企业代表曾指出:决定企业的利润关键早已不再是成本控制和生产流程,而是取决于其利用期货市场的水平。

而其他行业则是另一番景象。根据最新数据,钢铁产业作为我国最重要的重工业产业之一,其产业链相关企业依据统计口径不同,其参与期货市场比例仅为 1% ~ 5% 。由此管中窥豹,我国期货市场的绝大多数品种,仍呈现出机构投资者比例较低的特征,生产贸易企业参与期货市场也的确面临诸多困境。

中国证监会主席刘士余曾指出,期货市场的体量和质量与我国的实体经济规模和国际经济地位并不相称。要坚持期货市场服务实体经济的根本宗旨。上海期货交易所的投资者教育工作正是坚持以服务产业为主要目的,了解产业所需,从政策环境、服务水平、人才培养三大制约企业利用期货市场的影响因素入手,推动企业积极利用期货市场这一风险管理工具,改善市场参与者结构:一是举办面向政府和企业领导人员的培训,打好企业参与期货市场的政策环境基础,帮助企业获得政策的支持和

① 参见中国证监会期货监管部(2017):《脚踏实地 大胆探索 为中国期货市场走出一条成功之路》,载《中国证券报》2017 年 9 月 28 日,A01 版。

社会的认可;二是积极联络各行标杆企业介绍自身的套保模式,为众多还在摸索中的企业传经送宝,帮助提升企业利用期货市场的水平,摸索出适合自身特点的参与模式;三是积极培养行业后备力量,尤其是产业服务方面的专业人才。长久以来,由于专业人才培养周期长、难度大、流动性高,人员严重不足一直是制约期货市场发展的痼疾,上海期货交易所在举办各类从业人员培训,提升从业人员专业水平的同时,积极推动期货知识进入国民教育体系,推动在复旦大学、南京大学、武汉大学率先开设期货课程,为行业发展储备后续力量。

二、投资者教育服务产业的具体实践

上海期货交易所投资者教育品牌系列活动“期货大讲堂”,最早可追溯至2003年。当时,上海期货交易所率先在北京、上海、浙江、深圳四地经济发达地区,联合地方期货业协会,设立培训基地并冠名“期货大讲堂”,广泛与产业企业、期货公司、各地高校合作开展各类投资者教育活动。2007年上海期货交易所创办“有色金属之旅”系列培训,携期货业同人深入企业产业,开展临厂辅导和对接交流。2014年上海期货交易所在江西铜业、神火铝业等6家企业挂牌“上海期货交易所有色产业培训基地”,培养了一批又一批的产业服务人才。

然而,期货市场发挥价格发现与风险管理的职能仍需要期货人持续的耕耘和不断的努力。上海期货交易所党委明确指出:服务实体经济仍是商品期货一块显著的“短板”,必须下定决心,从功能发挥的角度真正体现出期货市场对于实体经济的价值和功用。2016年上海期货交易所积极整合各方资源,推出了“上期风险管理研讨班”,根据实体企业需求定制专题培训,至今已举办16期,参与人数超过1750余人。以推出研讨班为标志,上海期货交易所的市场服务和投资者教育活动直接深入广大产业客户和机构投资者群体。以下将以研讨班的设计理念为例,探讨我们服务市场和投资者的模式特点。

(一)以我为主、资源共享

上海期货交易所主导研讨班的课程设计和师资配套。为打造一套符合实际需求的培训课程,吸引实体企业人员和期货公司人员共同参与,研讨班在设计议程时就深入生产车间、物流仓库考察,充分理解实体企业需求,将培训内容主要分为两天三个模块,即理念、实践和工具。理念部分主要包括宏观经济分析、期货市场功能作用等,分三讲;实践部分包括套期保值业务管控体系、套期保值实务操作、套保财务处理等,分三到四讲;工具部分主要介绍期货公司服务实体企业的业务运行模式和相关产品,分三到四讲。为了帮助企业解决面临的实际问题,每期还安排讨论环节,邀请来自实体企业的讲师和期货交易所各主要业务部门的人员现场研讨,为参会企业提供可行的解决方案。

为保证课程质量,本着高规格高水准的初心,竭力邀请在业界有一定声望和地位、专业水准得到普遍认可的优秀讲师前来授课。

(二)教学相长、交流平台

上海作为是全国的经济金融中心,是众多实体企业和金融机构业务总部所在地,研讨班培训对象以实体企业为主、期货公司人员为辅,参会人员从全国各地汇聚上海,不仅能在课堂上接受培训、交流理念,在课堂外也能进行商务活动,成为交流的平台。此外,研讨班特别对中西部地区会员和单位有所倾斜,给予欠发达地区人员更多交流、沟通的机会。

研讨班设计由期货公司携产业客户共同参与,企业通过期货公司报名,由交易所和期货公司共同为其提供服务。每期议程中会安排一位期货公司董事长或总经理担任主讲嘉宾,他们也是期货行业的代表人物,从行业发展的高度,系统介绍期货市场的发展历程和趋势、期货行业服务实体企业的案例、期货市场为企业提供的咨询、定价、融资、风险管理和运营模式提升等全面服务,同时在上海期货交易所的平台上展示自身企业形象和服务,便于和企业进一步对接。

本着打造精品课程的宗旨,研讨班应学员要求,对课程内容和管理模式不断进行调整和丰富,如增加来自实体企业的讲师比例,每期从1人增加到3人,涵盖国内外知名生产商、加工商、贸易商,他们的套期保值方法和模式都不尽相同,为企业提供了不同类型的范本。为适应市场变化和需求,研讨班增加了更加多元化的主题课程,如套保业务中的财务处理、物流等因素对期货价格的影响、介绍原油期货、期权、标准仓单交易平台等新品种、新业务等,及时传递期货市场的最新动向。不少讲师、机构也因此与期货结下了情缘,例如,为研讨班提供套期保值财务处理授课的某国际会计师事务所体会到庞大的市场需求而专门设立了期货套期保值业务研究小组,专门为上市公司、大型央企的套保业务提供咨询服务。

从2017年开始,上海期货交易所向众多期货公司发出通知,公开招募优秀讲师参与研讨班授课,希望从中发掘优秀的行业人才,展示自己的研究成果、推荐公司的优秀产品，提升培训效果，并与实体企业共同成长。在上海期货交易所搭建的平台上，希望能够涌现更多期货市场专家型人才。

（三）形成口碑、解决问题

研讨班课程包容性强、覆盖面广，在实体企业中广泛传播，打造了良好的口碑，报名名额供不应求。根据调查反馈，研讨班学员评价“满意和非常满意”的占比达98%，培训名额供不应求，研讨班每期人数从20人逐步提高到50人和80人，现场的实际参会人员达120人左右，并在产业客户中产生了良好的影响，不少产业客户听闻开课后踊跃报名。

为满足投资者需求，研讨班在保证授课质量的前提下，增加举办频率，并将课程安排至不同地区举办。2017年研讨班每两个月举办一期面向实体企业和期货公司人员的培训，每半年与行业协会合作举办一期专题培训。至今已经举办14期，参与学员来自92家期货公司、220余家实体企业，期货公司会员参与度达62%，参与企业涵盖上海期货交易所所有色金属、黑色金属、能源化工类生产、加工、贸易类产业链企业，基本实现了有色、黑色、能源化工产品产业链全覆盖。从学员构成来看，学员来自全国各省市区域，以商贸和有色金属类企业为主，分别占比50%和22%；黑色金属类企业因行情波动参与积极，占比11%；以及部分糖、棉及投资类公司。

更为重要的是，研讨班能够为企业解决实际问题。2017年9月某企业董事长应邀来到讲堂，介绍了企业能够多年屹立的实践经验：该企业定位为一家铜加工企业，只赚取合理的加工利润。企业根据自身的实际情况，总结多年期货市场实践经验，建立了净库存管理模式，期间也走过弯路、交过学费，现在只对已经定价的采购量和销售量之差做套保，铜价的波动不会对企业利润产生较大影响。企业根据自身特点探索出的参与模式，是任何教科书上都学不到的，不少在场企业都表示受益良多，很有启发。另外，许多企业都反映过企业套保会计难以应用，希望在财务处理方面得到辅导，通过研讨班，企业了解到财务处理不仅仅是账务处理的表面问题，而是应当与套期保值的整体操作流程对应起来，并在现场与会计师事务所人员对接交流，切实解决自身的燃眉之急。

三、全面构建投资者教育体系

2018年上海期货交易所依据开办风险管理研讨班所的经验，针对企业参与期货市场面临的从政策环境、操作水平、人才缺乏等不利因素有的放矢,陆续推出了"市场发展共同体""产业沙龙群英会""从业人员强化班""大宗商品月月谈""未来英才训练营"等受众不同、各具特色的投资者教育栏目,在"上海期货交易所·期货大讲堂"统一品牌下,形成上海期货交易所的投资者教育品牌体系。

"风险管理研讨班""产业沙龙群英会"面向产业客户,服务于机构投资者。相比于前期面向广大客户的风险管理研讨班,产业沙龙群英会采取小型沙龙式交流的形式,与期货公司合作邀请产业链上下游高端企业集中参与讨论,增强了有效性和针对性。在2018年3月的一期活动中,21家高端铝产业与机构客户业务负责人齐聚一堂,参与企业产量占全国产量的52%,共同探讨当前宏观环境对铝产业的影响。

"市场发展共同体"面向系统内单位、地方政府企业领导,宣传期货市场功能作用,为企业应用期货市场赢得发展空间。2018年5月上海期货交易所响应党中央和证监会党委关于支持雄安新区建设的精神,组织部分系统内单位及会员单位代表前往雄安新区调研,提出关于上期所服务雄安新区建设"1+10+100"构想,即推动在雄安建设1个具有研究和培训功能的基地,引导10家具有优秀创新和服务实体经济能力的会员单位落户雄安,并利用交易所平台优势,为雄安新区定向储备100个期货行业的领军人才的计划,服务雄安建设。

"从业人员强化班""大宗商品月月谈"面向期货从业人员,每期拟定一个主题,从专业素养、业务水平、职业规划等角度为从业人员搭建平台,提升其专业能力和产业服务水平。"团队管理及领导力培养""数据库建立及数学建模""基金经理成长经验分享"等都是颇受学员欢迎的培训课程。

"未来英才训练营"聚焦当前行业人才缺失的问题,推动期货知识进国民教育体系,面向高校培养期货专业人才。2018年上海期货交易所先后与复旦大学管理学院、南京大学工程管理学院、武汉大学经济与管理学院签订战略合作备忘录,就与各高校合作开设期货课程、高校人才实践等方面提出明确合作意向。根据计划南京大学、武汉大学将于2018年9月开设第一期期货知识课程。

此外,上海期货交易所还在加快搭建互联网投资者教育平台,推动投资者教育工作形成"线上+线下"的整体布局。投资者教育任重而道远,是一项长期性工作。随着各类投资者教育栏目的日渐丰富,上海期货交易所将不断总结经验,设计开发开展符合市场期望的投资者教育活动,不断提升期货市场服务实体经济的能力和水平。

湘财证券投资者教育实践与探索

刘飞烨[*]　潘　琼[**]

摘　要：中国证券市场用28年的时间走过了西方发达国家200多年的发展历程，但以中小散户为主体的投资者结构决定了投资者教育工作的复杂性与迫切性。证券公司作为资本市场的前沿阵地，在中国证监会的领导下，承载着投资者教育的重要职能，湘财证券作为全国首批老牌综合券商，从成立伊始，始终高度重视投资者教育工作的必要性，始终坚持将投资者权益放在首位，始终坚持把适当的服务提供给适当的投资者。随着市场的不断发展，创新成为常态，将会有越来越多的新产品、新业务、新业态，证券公司不但要充分了解市场上的产品，更要对投资者的需求有深入了解，通过更加专业的服务提升投资者满意度，拓宽投教工作思路，让投资者权益得到最大限度的保护，让证券公司和投资者获得"双赢"的局面，让整个市场迎来更加健康的发展。

关键词：投资者教育　适当性匹配　风险承受　专业服务　健全机制

一、历史沿革

（一）我国证券市场的发展

1990年12月1日，深圳证券交易所开始试营业；同年12月19日，随着第一记开市锣声的敲响，上海证券交易所开始营业。两大证券交易所的相继开业以及最早一批股民的涌现，昭示着中国证券市场正式开启了崭新的历程。

风雨同行的20多年里，中国证券市场以"跨越式"的节奏走过了西方发达国家200多年的发展历程；在20多年的探索创新中，中国证券市场创造出了全球资本市场

---

* 湘财证券财富管理中心总经理。

** 湘财证券财富管理中心投教组。

的伟大奇迹:在20多年的砥砺前行中,中国证券市场晋升为全球市值排名前列的重要市场。截至2018年2月8日,中国证券市场沪深股市上市公司共计3499家,总市值547,391亿元,总流通市值达到了438,036亿元。

面对这20多年的风雨历程,用“时间短、发展快、成绩大、问题多、前景好”来概括是再适合不过了。

打开上证指数K线图,上证综指从百点跃过千点,之后又迎来首个较大幅度的调整,迎来首次政策扶持,迎来再次的循环波动。中国股民用真金白银切身感受了跌宕起伏的中国股市作为经济晴雨表的传导功能。从“8·10”到“3·27”,从“5·19”到“5·30”,从股指期货到指数熔断,从全民炒股到去杠杆,几度潮起潮落的中国股市以最真实、最贴切的方式为广大投资者上演了最深刻的风险教育课程。

在“行情起飞了”的全民沸腾中,在“谈股色变”风雨飘摇中,中国股市还有哪些曲折需要面对?哪些风险可以规避?如何保障广大投资者的投资权益?如何实现资本市场真正为经济发展保驾护航的重要职责?在这样的困惑和期许中,中国股市“路漫漫其修远兮”,参与其中的我们将如何上下求索呢?

(二)我国投资者特点分析

散户投资者作为我国证券市场的主要参与者,截至2018年2月2日,中国证券登记结算有限公司官网最新一期数据显示,我国投资者数已达13,530.72万户,其中自然人投资者高达13,494.31万户,占总数的99.73%;而非自然人投资者仅36.41万户,占总数的0.27%。[①] 大部分自然人投资者缺乏证券投资理财的专业知识,普遍表现出抗风险能力差、心理承受能力差、盲目从众的非理性特点;再加上我国证券市场的波动性相较国外成熟市场更大,以2007年和2015年为例,股市几近疯狂,千股涨停潮引燃市场,吸引成千上万投资者蜂拥而至,无论新增股民、休眠股民还是老股民,或者是盲目入市,或者盲目搏杀,投机色彩严重,投资理念缺失,都希望在上涨的时候分得一杯羹。然而,没有永远只涨不跌的市场,在2008年年初和2015年年中,股市出现较大幅度的调整,大多投资者证券市值出现急剧缩水,让很多非理性投资者切身领会到了“股市有风险,投资需谨慎”的真正含义。

投资者作为证券市场发展的砥柱中流力量,其稳定性直接关乎证券市场的稳定性,是证券市场赖以生存和发展的核心基础。由于大多数投资者缺乏对市场的理性

① 数据来源:中国结算网:http://www.chinaclear.cn/zdjs/xmzkb/center_mzkb.shtml,最后访问日期:2018年1月19日。

了解，在遇到行情大起大落的刺激时，丧失信心，控诉市场，远离市场，甚至怨天尤人，给证券市场的健康发展带来了不稳定因素。

（三）开展投资者教育工作的意义

无论是成熟的还是新兴的资本市场，其证券市场发展的历史都表明，一个国家或地区的投资者权益保护越好，资本市场越发达，抵抗金融风险的能力就越强，对经济增长的促进作用也就越大，所以国际证监会组织（International Organization of Securities Commissions，IOSCO）把投资者保护作为其三大监管目标之一。各国（地）证券监管组织和自律组织亦普遍认为，投资者教育是保护投资者权益的重要内容和手段。[①]

对于这样一项基础、常规又长期的工作，如何增强投资者对市场的分析和判断能力，如何帮助投资者认识并摒弃侥幸心理、避免盲目投资，如何引导投资者树立正确的理性投资意识、培养投资者风险意识，成为证监会、行业协会、交易所、证券经营机构等各个部门都刻不容缓的工作重心。

考虑到我国广大投资者接受证券期货教育服务的途径有限，投资经验和风险意识不足，建设投资者教育基地，成为适应我国投资者特征，持续、系统开展投资者教育的现实需要。[②]

2015 年 9 月中国证监会投资者保护局正式启动首批投资者教育基地申报工作。在建设投资者教育基地方面，证监会出台指导意见和配套指引，鼓励符合要求的市场主体、教育机构、新闻媒体申请设立线下或线上等多种形式的投资者教育基地，方便社会公众就近、便捷、免费获取教育资源。虽然当前投资者教育基地存在着教育资源分散，教育水平参差不齐等问题，但建设统一的投资者教育基地势在必行。[③]

二、湘财特色

（一）湘财证券投教工作的定位

证券公司作为中国资本市场的前沿阵地，与投资者直接接触，对投资者教育工作的发展起着举足轻重的作用。

---

① 参见熊英、韩美琳：《国际金融市场监管的经验借鉴》，载《现代经济信息》2014 年第 11 期。

② 参见郭玉军、胡秀娟：《跨境网上银行风险监管的巴塞尔体制及启示》，载《武汉大学学报》（哲学社会科学版）2007 年第 1 期。

③ 参见杨琳：《金融集团监管国际比较及中国选择》，载《全球化》2013 年第 4 期。

湘财证券一直致力于投资者教育工作,首创以历道证券博物馆为平台开展系列活动。早在2004年1月10日,由湘财证券全资设立的历道证券博物馆在上海陆家嘴盛大开馆,经过几年探索,于2010年首创以博物馆为平台的"湘财历道行"投资者教育活动,利用其特殊的实体教育平台和影响力,面向社会公众进行投资者教育。

(二)历史的缩影:历道证券博物馆

以史为镜可知兴替,以人为镜可知得失,众人多了解交易所成立以后的证券市场演变,却鲜有人知很多资本经营之术、投资之道古已有之。立足于上海陆家嘴的历道证券博物馆用数千件藏品向人们诉说着证券历史的完整脉络。①

历道证券博物馆的设立,抢救和保护了证券史上一批非常重要而珍贵的金融、经济、证券历史文物,博物馆也因此成为国家文物局批准、民政部登记注册的唯一一家国家级证券博物馆,是民营非企业、非营利的证券文化公益事业单位,肩负着证券市场投资者教育的重要社会责任。

历道证券博物馆藏品珍贵,收有多张具有极高文物价值和深邃文化内涵的传世珍品。除有迄今为止现存最早的中国股票、博物馆的镇馆之宝——开平矿务局于光绪七年(1881年)发行的股票之外,还在博物馆的特色馆藏陈列区中展示了晚清、民国、新中国不同时期的股票、债券。在当时它们可能只是千万投资者手中的一份普通凭证,但由于传世甚少,这些现已难得一见的纸质实物是重现金融历史的最直接证明。仔细观察馆内的藏品票面不难发现,近现代风云史中的能人异士创新改革无不与商与民的经济生活相交错,如创办轮船招商局的李鸿章、创办中国商务公司的梁启超、粤汉铁路股票的总经理詹天佑,又如兰格志橡皮股票引发的橡皮风潮、川汉铁路股票引发的保路运动等,一个个鲜活的人物跃然纸上,叙述着每张股票背后的大时代。这些已变成无价之宝的有价证券,记录的不仅是中国证券历史发展的脉络,还是国人智慧情感的结晶。"我们现在摸索的好多事情其实老祖宗都已做过,资本市场的内在规律并没有变。"不少投资者在参观历道博物馆后无不如此感慨道。是的,每个时代都有理性与疯狂的象征,历道证券博物馆就是那台记录证券纸质发行历史的相机,也是投资者教育最真实的载体。

随着我国证券的无纸化发行,证券实物逐渐销声匿迹,为了紧随现代证券市场的发展,博物馆在立足于文物陈列的基础上又增设了现代化的多媒体互动展示区与意

① 参见宋鸿:《湘财证券历道博物馆背后的大时代——以史为鉴 投资有道》,载《投资者报》2017年第34期。

见征求区，通过开展丰富多彩的投资者教育活动，引导投资者在证券历史的长卷中驻足，在感慨中思考，在激荡中振奋，为今天证券市场的健康发展尽一己之力，而这也是历道博物馆作为国家级实体投资者教育基地的重要意义。

（三）湘财证券投教工作的开展以及经验

近年来，根据监管机构整体部署，投资者教育工作的开展、落实越发重要。湘财证券历来高度重视投教工作，自上而下、多部门协同，统筹投资者教育工作。为了能更好地落实各监管部门的要求，开展投资者教育工作，湘财证券将投资者教育纳入日常管理考核，通过制度夯实投教基础；全体营业部均设立投教专员，落实基层，定期组织投教相关培训，加强自我教育培养，更好地为投资者服务，全面开展投教工作。通过历年来举办的投教系列活动——“奔跑吧！全能君！”“小镜头 · 大湘财”“荣耀杯”等比赛，加强员工培训学习，坚定“尊重投资者、爱护投资者、服务投资者、一切为了投资者”的初心，彰显了湘财证券“为投资者服务永远在路上”的信心和决心。同时，借助于投教基地平台，大力丰富投资者教育活动的内容和形式，依托与投资者接触第一线的优势，面向社会公众，组织开展了一系列具有湘财特色的投资者教育活动。

“历道行”系列活动是湘财证券实体投教基地独具特色的一大活动，目前已举办过诸如“历道行”资本趋势论坛活动、上海证券交易所组织参观历道证券博物馆实体投资者教育基地、美国哥伦比亚大学来华暑期项目学员参观历道、新加坡国立大学金融硕士团参观历道、浦东中小学生走进金融城活动参观历道、“历道营业部行”开展的讲座活动以及历道回馈行制作的精美纪念品等一系列活动。活动至今，不仅总部与投资者教育基地热情接待了来自国内外投资者累计达 7 万余人，而且 55 家营业部依托历道证券博物馆这一实体投教基地，面向全国，积极开展投教讲座、专题报告以及座谈沙龙等“历道行”系列活动，反响热烈。期间投教基地还陆续开展“5 · 18 国际博物馆日”“世界文化遗产日”“历道高校行”“走进金融城”等特色公益性活动，将百年馆藏品和中国证券发展史纳入投资者教育的活动中。依托于投教基地，湘财证券定期组织投资者参与专题报告会、座谈沙龙以及一系列创新业务投教活动，如“首席经济学家面对面”“上交所首席公开课”等，旨在提升投资者专业水平，将投资者教育基地打造成为一个适合各类型人群的公益性证券期货知识学习和交流平台。

同时，为了实现投资者更近距离地接触和了解投资标的，发现潜在风险，引导投资者理性投资，湘财证券积极组织投资者参加证券交易所、上市公司协会组织的走进上市公司活动，包括光明乳业、飞乐音响、洽洽食品、科大智能等；在长沙、上海等地，湘财证券业也自行组织“走进上市公司湘财专场”活动,如科力远、新五丰、环旭电子、恒顺醋业、春晖股份、天地科技等公司,获得了投资者一致好评。根据活动情况,客观撰写调研报告,及时通过官网和微信公众号对外推送,服务广大投资者。每年约有400 余位投资者参与走访,调研报告受众达数十万人。

证券知识的普及和推广一直是我们关注的重点。在互联网特别是移动互联飞速发展的现在,越来越多的投资者更习惯于通过互联网平台去了解证券市场。湘财证券在保持线下投资者教育特色的同时,也在积极探索线上投资者教育宣作,通过官网与官方微信公众号定期发布投资者教育相关文章,普及证券知识,提示市场风险;特别开通“湘财证券投教基地”微信公众号,更及时向投资者提供更加丰富的专业的证券知识。内容形式也不拘泥于传统的图文形式,还增加了视频、动画等通俗易懂、寓教于乐的作品,广泛覆盖不同阶段、层面的投资者。

三、探 索 突 破

我国证券市场属于新兴市场,在不断变化的环境中,如何更加科学地服务于投资者,是这个市场永恒的主题。我国中小投资者基数大,服务需求多样性,传统的资讯信息或服务内容无法满足投资者多样性的需求。在做好传统投教工作的同时,更重要的是从适当性匹配出发,做好专业的财富管理,以攻为守寻求突破。这是一项系统性工程,涉及面广,实施难度大,需要证券市场各主体的积极参与和共同努力,从而建立更好的服务机制。

(一)投资者需求是重点

众所周知,中小投资者的专业知识、投资理念等与机构投资者存在较大差异,需要的服务也有所不同。在投资者服务实践中,投资者面临的问题总结起来主要分为两类:其一,收益率不达预期;其二,服务不达预期。而这两类都是投资者的主观体验,没有统一的标准,只有为投资者提供定制化服务,才可以从根本上提升投资者满意度。考虑到中小投资者的占比较大,投资者分类服务工作就显得尤为重要,更能达成投资者满意度和收益风险的再平衡。我们认为可以从资产量、投资期限、流动性需求和心理偏差这四个方面重点着手。

1. 资产量

在完备的资产配置过程中,需对投资者的资产做全面了解,由于我国投资者普遍呈现出不愿露富的文化特征,从而增加了资产配置的难度。问题的解决需要较长的过程,解决这个问题的关键点是提高投资者的信任度。通过服务的提升赢得投资者信任的同时,不断让投资者的财富保值增值,才是长久之计。根据投资者的需求与风险承受能力进行再分类时,资产量是一个非常重要的指标,它会直接影响客户期望收益率。

2. 投资期限

投资期限是影响投资者风险承受能力的重要因素之一,与风险承受能力呈正相关关系。在投资者教育中,需要提前约定投资周期对于收益的影响,并督促投资者做适合自己的投资,赚取适合自己投资方式的收益,否则非常容易遭受不必要的损失。

3. 流动性需求

"杠杆"与"期限错配"是资产配置中常犯的错误,前者可以从空间维度理解为"以小博大",后者可以从时间维度理解为"以短配长"。举个简单的例子,投资者本月 1 日要交房租了,但其唯一收入是这个月 15 日才发的工资,投资者的现金流入流出无法匹配,就产生了期限错配。一个简单的道理是杠杆不能乱配、期限不能错配,否则一旦需要资金而又无法顺利变现时,就容易出现问题。

4. 心理偏差

每个投资者在实际操作中都会面临一定的心理偏差,就是心理作用在投资中的具体体现,如心理账户、成本锚定、禀赋效应等。做好投资者服务,不仅要帮助投资者识别这些心理偏差,还要努力帮助投资者做到理性投资。行为经济学家塞勒获得 2017 年诺贝尔经济学奖,足以说明这并不是个案,而是投资者面临的普遍性问题,只有尽可能帮助投资者充分了解自己的心理特征,才能使其更理性地面对这个不断变化的市场。

(二)产品分类是关键

资本市场的不断创新在客观上提升了开展投资者教育的难度,因为复杂且高风险的金融产品会随着创新而层出不穷。如果投资者对产品特征了解不够充分,就容易造成产品的错配。

十年光阴弹指一挥间,2008 年的美国金融危机犹在眼前。众多投资者在这场危机中亏损巨大的一个重要原因就是大量投资者购买了与其风险承受能力不相适应的 CDO(担保债务凭证,一种金融衍生品,Collateralized Debt Obligation)。金融危机过后,巴塞尔银行监管委员会、国际证券监管组织、国际保险监管组织联合发布了《金融产品和服务零售领域的客户适当性》,专门将世界范围内的投资者适当性做出了明文报告。金融危机也使我国的金融监管机构和金融机构意识到了适当性的重要意义。2017年7月1日,《证券期货投资者适当性管理办法》终于得到了实施。

那么,为什么产品分类会成为证券公司服务投资者的关键所在呢?因为随着证券市场的发展,越来越多的投资者看到了通过投资证券获得巨大财富的机会,但产品背后可能存在的高风险却很容易被投资者忽视。作为证券公司,湘财证券始终将投资者利益放在首位,坚持把适当的金融产品销售给适当的客户。因为我们深知随着市场不断发展与变化,创新将成为常态,市场上会有越来越多的新产品、新业务、新业态,我们不仅要充分了解金融产品的收益特征,还要做到对这些金融产品的风险进行精准识别,精准解读以及精准分类,为投资者把好最后一道关。只有这样才能确保服务过程中,投资者充分了解产品,使证券公司和投资者获得"双赢"的局面,使资本市场实现资源优化配置,使金融更好地服务于实体经济。

(三)适当性匹配是核心

面对我国数以亿计的中小投资者,投资者服务的核心是适当性的匹配,也就是让投资者对所交易的金融产品有充分的了解和准备。同时,在销售金融产品前必须对金融产品做好充分的尽职调查,以做好风险分类,并根据客户的实际情况制定投资决策声明,以确保投资者选择符合自己的金融产品。

适当性匹配工作的难点在于随着金融市场的不断变化,投资者的需求也在不断变化。而金融产品的交易,归根结底交易的是不同人的思想,为什么买入与在什么情况下卖出应该是投资者经过深思熟虑后做出的决策,应该是根据自身的实际情况与交易习惯做出的,应该是理性因素与非理性因素综合作用的结果。必须帮助投资者建立"为自己负责"的基本理念,与投资者共同践行"契约精神",使投资者客观正视在交易中遇到的突发情况,否则投资者服务工作就很容易陷入死结。

(四)健全机制是突破

作为中国证券市场的首批参与者,湘财证券与监管部门、广大投资者、企业、机构风雨同行,虽已共同走过了20多年的历程,但投资者服务工作仍在路上,还需要不断完善与突破,拓展投资者服务的广度和深度。

证券公司还应建立健全的投资者纠纷解决应急机制。机制是否健全,直接影响着投资者分类服务工作的实施效果。一旦出现投资纠纷,极有可能影响投资者十分看重的资金安全性与流动性,一般情况下,投资者都期望能尽快解决。当出现极端情况时,要根据机制要求迅速回应,切实保护好投资者权益。

我们期望经过几代证券人的共同努力,协助监管部门不断建立健全投资者服务工作的机制,并通过一系列活动的开展与推动,让“契约精神”和“为自己负责”的基本交易理念深入人心,让资本市场更好地服务实体经济。

提升投资者服务水平,湘财人一直在努力。

资管新规监管背景及逻辑

沈宇锋*

摘　要:2018年4月27日,央行、银保监会、证监会和外汇管理局联合发布了《关于规范金融机构资产管理业务的指导意见》(银发〔2018〕106号),该文件系监管层对资管业务的首个统一监管文件,堪称资管新规。近年来,随着我国资管业务快速发展、资管规模逐步攀升,而资管新规的出台将对我国资管行业造成重要而深远的影响。笔者尝试以宏观外部视角,通过梳理分析新规出台的背景因素,帮助大家解读新规背后的监管逻辑,以便更好地理解和把握新规,并希望在此基础上对实际的资管业务有所指导和借鉴。

关键词:资管新规　资管产品　宏观杠杆率　影子银行　金融风险

一、资管行业历史发展脉络

根据我国资管行业的历史发展情况,可将资管行业分为四个发展阶段。

(一)第一阶段(1998~2007年)

1997年11月原国务院证券委员会发布《证券投资基金管理暂行办法》;1998年国泰、南方、华夏、博时等公募基金公司纷纷成立,同年上述基金公司发起设立了国内首批封闭式基金。这标志着我国最早的资管机构——公募基金公司和资管产品——封闭式公募基金登上了历史舞台,1998年也成为我国"资管元年"。

2001年4月28日,《信托法》颁布,并于2001年10月1日开始实施。我国信托业在经历此前多次整顿后终于从法律制度上规范了信托关系和信托行为。2002年6

* 浙江五联律师事务所。

月和7月，央行又相继颁布了《信托投资公司管理办法》《信托投资公司资金信托管理暂行办法》，使信托公司业务向本源回归，即围绕"受人之托，代人理财"的信托内涵开展业务。

2003年7月16日，中国人保资产管理有限公司经批准设立。该公司是我国境内首家保险资管公司。2004年4月21日，原中国保险监督管理委员会（现为中国银行保险监督管理委员会）颁布了《保险资产管理公司管理暂行规定》，从制度上确立了保险资管机构的主体地位。

2004年10月光大银行以预期收益率的形式发行了国内首支银行人民币理财产品——"阳光理财B计划"，由此开启了商业银行理财（资管）业务的序幕。2005年9月银监会发布《商业银行个人理财业务管理暂行办法》和《商业银行个人理财业务风险管理指引》，确立了商业银行此类业务监管的基本制度框架。

在此阶段，公募基金、资金信托、保险资管和银行理财等资管产品类型先后在市场上出现，但市场主要是以公募基金为主导，其业务本质也最能体现"受人之托，代客理财"的资管本质，投资标的则以标准化资产为主，包括股票、债券、货币和国债等，随着同期股票市场的一路走高，以投资股票为主的股票型基金和混合型基金市场需求猛增，公募基金资管规模在该时期迅速增长。

（二）第二阶段（2008～2011年）

2008年美国次贷危机爆发进而引发全球金融危机，同期我国股市暴跌，2008年11月国家为了应对国际金融危机和稳定国内经济，决定实施一系列财政和货币政策，投资总规模约4万亿元，简称"四万亿计划"。

股市暴跌之后，公募基金规模增速下降，公募基金一家独大的市场格局逐步结束，银行理财、信托、保险资管等作为预期收益类资管产品逐步获得市场的青睐，其资管规模迅速赶超了公募基金。

由于实施宽松货币政策，2009年流动性直接推高了资产（房地产）价格，导致地方政府融资平台和房地产企业通过银行表内贷款大肆举债。2010年中央决定对房地产进行调控，在金融层面主要体现在央行对涉及地方政府融资平台和房地产项目的银行表内业务进行限制。由于表内资金受限，银行理财资金借助信托通道绕开监管通过"非标"投资在表外进行信贷扩张。因此，该时期银信合作业务迅速发展，银行理财和信托的规模同步上涨。该阶段由于银行手握资金端（表外理财资金）和资产端（表内业务受限的非标资产），信托在整个交易结构中仅仅作为对接资金端和资产端的通道,因此,其原有“受人之托,代客理财”的资管属性逐渐向具有“通道”性质的纯工具属性发展。同时,由于银行将表内信贷资产表外化,突破了贷存比、贷款规模等约束,规避了监管层的信贷政策,表外资金多数流向“两高一剩”领域,造成了大量的债务风险。

2009年1月23日,原银监会发布《信托公司证券投资信托业务操作指引》,此前存在多年的阳光私募模式得到监管认可;同年深圳证券交易所推出创业板,将原有企业上市门槛降低,一批早期私募股权投资机构均借助创业板上市成功退出后获取高额回报。在此背景下,大批私募股权投资机构纷纷成立,并吸引大量社会资金投资私募基金。但同时,由于私募行业缺乏监管约束,造成泥沙俱下,一些以私募名义进行非法集资犯罪的案例层出不穷,这也为后续监管对私募行业进行严厉整顿埋下了伏笔。

(三)第三阶段(2012~2015年)

2012年以来,我国资管行业迎来了一轮监管放松、业务创新的浪潮。这一轮的监管放松,体现为扩大投资范围、降低投资门槛、放开牌照资源以及减少相关限制等方面,打破了各金融机构之间原有的资管业务壁垒,使资管行业进入竞争、创新、混业经营的大资管时代。在该阶段,信托原有的通道优势随着其他金融机构资管牌照的放开而弱化,不同类型的资管机构相互竞争、合作,推动了整个资管行业和资管规模的迅速发展。同时,由于银行理财具有天然的吸收社会资金的渠道优势,因而形成了银行理财一家独大、其他资管机构并驾齐驱的市场格局。

(四)第四阶段(2016年至今)

在前一阶段资管行业快速发展的背后,也积聚了大量的问题和风险,而同时期我国宏观经济也出现了增速下降的问题。为了有效应对和解决我国经济问题,自2016年开始中央实施了供给侧结构性改革,表现在金融领域则由此前的宽松监管进入去杠杆背景下的严监管。在该时期,“一行三会”纷纷出台相关监管文件,并对前期各机构存在的金融违规行为进行了排查和处罚。

二、资管行业发展背后的问题与金融风险

结合我国宏观经济背景,我们再将视角移回到资管行业。由于资管行业在近10年来的飞速发展,其在满足居民财富管理需求、增强金融机构营利能力、优化社会融资结构、支持实体经济等方面确实发挥了一定的积极作用。但同时也

产生了非常多的问题和风险，而解决这些问题和风险，也就成了本次资管新规出台的直接原因，以下笔者将就资管行业发展背后的问题与金融风险分别进行梳理分析。

1. 监管套利问题

资管行业存在监管套利问题，主要是由于我国金融监管的分业监管体系与资管行业的混业经营现状所造成的，由于不同金融监管部门对各自所监管的资管机构所采取的监管措施不一致，导致各个资管机构通过各种形式的合作实现监管套利，特别是银行的表外理财业务，利用银信、银证或银基等合作模式以规避监管，将表外资金投入监管在表内业务中严控的地方融资平台、房地产和“两高一剩”行业，实现了监管套利的目的。监管套利问题背后所造成的风险就是笔者在前文中提到的影子银行风险，由于监管套利问题产生影子银行风险，并导致我国宏观调控政策及监管措施无法有效执行，客观上干扰了宏观政策的执行，使政策执行的效果大打折扣。因此，要解决监管套利问题，必须解决资管行业的统一监管问题，改变原有分业监管模式的局限性。

2. 刚性兑付问题

预期收益型资管产品，特别是集合类资管产品（如银行表外理财、集合资金信托等），其背后始终存在刚性兑付的阴影。由于此类资管产品的投资者主要为自然人，资管机构往往以“保本保收益”和相对较高的“预期收益率”来吸引社会资金。因此，作为投资者而言，一方面，出于对金融机构特别是商业银行的天然信任，另一方面，也是由于资管产品“保本保收益”的自身宣传，资管产品就成了金融机构保本保收益的“类存款”产品。因此，若资管产品一旦出现投资风险，投资者就会要求资管机构进行刚性兑付，而资管机构出于各种原因（机构形象、社会稳定、牌照价值、后续销售等）也会通过各种各样的方式进行刚性兑付。虽然刚性兑付从投资者的角度来看非常有利，既保护了投资者的投资收益，又解决了资管机构的资金来源，但其背后却存在更大的风险隐患。一方面，刚性兑付将原本应由投资者承担的表外风险传导到表内，而资管机构为了瞒报风险或缓冲风险，又会通过资金池运作或同业交易掩盖或延缓风险的爆发。长此以往，将会在金融机构特别是商业银行的表外风险表内化问题积聚到一定程度将可能造成严重的系统性风险，这也是监管最担心的问题。另一方面，由于刚性兑付的存在，让投资者在选择资管产品时完全不考虑风险因素，而只关注收益率高低，因此，刚性兑付无形中推高了市场无风险利率，人为增加了实体经济的融资成本。而资管产品无法反映风险溢价,直接影响了金融市场的资源配置效率,导致资金脱实向虚和金融空转套利,进而影响了我国实体经济的健康发展。因此,打破刚性兑付既有化解金融机构表内风险的需要,又有通过风险溢价和市场选择实现金融资源对实体经济进行有效配置的作用。

3. 多层嵌套和通道业务问题

多层嵌套和通道业务的本质其实是同一个问题,即资管机构之间为了规避金融监管指标和宏观调控政策所进行的业务合作,其背后的实质还是监管套利问题。同时,多层嵌套和通道业务除监管套利所造成的规避监管和产生影子银行风险问题以外,还存在下列问题和风险。

(1)社会资金通过多层嵌套和通道业务层层叠加杠杆,直接放大了投资风险,并间接推高了宏观杠杆率。

(2)多层通道的业务结构推高了资金使用成本,由于每个参与交易的资管机构都要收取一定费用的通道费用,而该通道费用本身只是反映了各资管机构的牌照溢价,资管机构本身所投入的管理成本和资源却非常有限,以致客观上增加了实体经济的融资成本,其背后则是金融资本对实体经济微薄利润的挤压和掠夺。

(3)多层嵌套和通道业务背离了资管业务"受人之托,代客理财"的本质属性,资管机构在通道业务中不承担任何主动管理职责,仅利用牌照优势进行被动管理,最终造成除资金提供方的商业银行以外的其他资管机构沦为对接资金的无技术含量而只靠牌照红利获益的附属通道工具。

(4)由于多层嵌套和通道业务的存在,资管产品的交易结构将变得异常复杂,无论是站在投资者角度还是监管角度都无法对资管产品的底层资产进行有效了解,甚至有些参与业务本身的资管机构也无法了解最终资管资金的真实流向。由于资金缺乏有效监控,即便采取穿透监管原则,也会存在客观上无法穿透的情况。因此,多层嵌套和通道业务直接导致了资管资金的流向不明,降低了资金利用的透明度,也提升了监管层对资金流向的监管难度。

4. 资金池问题

资金池问题是为了满足资管机构短募长投和刚性兑付的需求而产生的。由于公募类资管产品特别是银行理财从社会中募集的投资者资金大部分是1年以内的短期产品,而这些短期资金所投资的底层资产大部分是1年以上才能收回的投资标的(如非标资产),因此出现了短募长投的矛盾,即资金来源短期化和资金运用长期化的矛盾。为了解决这一矛盾,必须通过其他资金来续接,而该续接资金一般是通过滚动发行的新资管产品的销售资金来对接;另外,资管机构为了维持其已发产品的潜在刚性兑付需求,则会通过滚动发行的新资管产品所获取的资金去满足已发产品的刚性兑付需求。因此,资管机构通过运作滚动发行、集合运作、期限错配、分离定价的资金池业务解决了上述短借长贷和刚性兑付的问题,但背后却造成了更大的金融风险。一方面,资金池运作直接造成了资管机构的流动性风险,如果后续没有新入池资金,则将产生资管产品到期无法兑付的流动性风险,若资管机构以自有资金进行刚性兑付,则会造成金融体系内的风险积聚;另一方面,资金池运作造成资金端和资产端无法一一对应,因此,资管机构也无法对具体的资管产品进行合理估值,而只能按照预先确定的预期收益率向投资者先行进行兑付,若一旦资金池内的一个资管产品出现风险,则风险将传导到整个资金池内的产品,从而导致金融风险的传递和扩散。

由于资管行业快速发展背后的监管套利、刚性兑付、多层嵌套和通道业务、资金池等问题及由此产生的金融风险积聚,直接造成大量资金在金融系统内空转,整个金融业脱实向虚、畸形繁荣。由此推动了监管层对资管行业进行统一监管的进程,在此背景下,新规的出台也就自有其合理性与必要性。

三、资管新规出台的监管背景

1. 中央宏观经济政策背景

由于我国自2012年起整体经济增速回落明显,我国进入经济发展新常态阶段。一方面,我国GDP(国内生产总值,Gross Domestic Product,GDP)总量已超过日本,仅排在美国之后,成为世界第二大经济体,已成功步入中等收入国家行列;但另一方面,我国经济的结构化发展不平衡和前期政策刺激所带来的产能过剩、高负债和资产泡沫等后遗症问题日益严重。因此,为了有效解决我国经济的结构性转型问题,2015年12月召开的中央经济工作会议上提出了实施"供给侧结构性改革",并明确了"去产能、去库存、去杠杆、降成本、补短板"五大任务。同时,由于"三去"条件下系统性金融风险的防范至关重要。如对"三去"采用的方法不当,则不仅会导致大量企业倒闭和大批工人失业,甚至会导致债务大规模的债务违约,如果叠加外部不可预知的负面冲击,则我国存在爆发系统性金融风险的可能。因此,整个中央宏观经济政策就在坚持"供给侧结构性改革"和"防控系统性金融风险"两个维度展开。具体情况如表1所示。

表 1 中央宏观经济政策情况

时间	会议	内容
2016 年 12 月	中央经济工作会议	强调 2017 年要继续深化供给侧结构性改革和深入推进“三去一降一补”;在去杠杆方面,要在控制总杠杆率的前提下,把降低企业杠杆率作为重中之重
2017 年 7 月	全国金融工作会议	提出设立国务院金融稳定发展委员会,强化人民银行宏观审慎管理和系统性风险防范职责;同时在该会议中进一步明确,要把国有企业降杠杆作为重中之重,严控地方政府债务增量
2017 年 10 月	中共中央十九大	提出“坚持去产能、去库存、去杠杆、降成本、补短板”和“健全金融监管体系,守住不发生金融风险的底线”的要求
2017 年 12 月	中央经济工作会议	未来三年工作重点是“三大攻坚战”:防范化解重大风险、精准脱贫、污染防治,其中打好防范化解重大风险攻坚战方面,重点是防控金融风险
2018 年 3 月	国务院机构改革方案	将银监会和保监会进行合并,成立中国银行保险监督管理委员会(银保监会),确定了“一委一行两会”的金融监管体系
2018 年 3 月 28 日	中央全面深化改革委员会第一次会议	通过了《关于规范金融机构资产管理业务的指导意见》。会议指出,规范金融机构资产管理业务,要立足整个资产管理行业,坚持宏观审慎管理和围观审慎监管相结合,按照资产管理产品的类型统一监管标准,实行公平的市场准入和监管,最大限度消除监管套利空间,促进资产管理业务规范发展
2018 年 4 月 2 日	中央财经委员会第一次会议	首次提出“结构性去杠杆”,为“打好防范化解金融风险攻坚战”划定基本思路。要以结构性去杠杆为基本思路,分部门、分债务类型提出不同要求,地方政府和企业特别是国有企业要尽快把杠杆降下来,努力实现宏观杠杆率稳定和逐步下降

2. 监管层对资管行业的强监管背景

自 2015 年 12 月中央提出实施“供给侧结构性改革”的宏观经济政策和明确“三去一降一补”的五大任务后,监管层便开始着手对资管行业进行了一系列的强监管动作,直至 2018 年 4 月 27 日资管新规正式稿的落地,具体情况如表 2 所示。

表 2 监管层对资管行业的强监管情况

时间	监管层	监管措施
2016 年起	央行	对银行实施宏观审慎评估体系(Macro Prudential Assessment, MPA)考核
2017 年起	央行	将银行表外理财纳入广义信贷测算范围
2016 年 6 月 22 日	保监会	《关于加强组合类保险资产管理产品业务监管的通知》

续表

时间	监管层	监管措施
2016 年 7 月 15 日	证监会	《证券期货经营机构私募产品管理业务运作管理暂行规定》（“新八条底线”）
2016 年 7 月 26 日	银监会	《商业银行理财业务监督管理办法（征求意见稿）》
2017 年 3 ~4 月	银监会	启动“三三四十”检查，连续下发 8 项文件，矛头直指金融风险防控
2017 年 8 月	国务院法制办	《私募投资基金管理暂行条例（征求意见稿）》
2017 年 11 月 17 日	“一行三会”、国家外汇管理局	《关于规范金融机构资产管理业务的指导意见（征求意见稿）》
2017 年 12 月 6 日	银监会	《商业银行流动性风险管理办法（修订征求意见稿）》
2017 年 12 月 22 日	银监会	《关于规范银信类业务的通知》
2018 年 1 月 5 日	“一行三会”	《关于规范债券市场参与者债券交易业务的通知》
2018 年 1 月 5 日	银监会	《商业银行股权管理暂行办法》
2018 年 1 月 5 日	银监会	《商业银行大额风险暴露管理办法》
2018 年 1 月 5 日	保监会	《关于保险资金设立股权投资计划有关事项的通知》
2018 年 1 月 6 日	银监会	《商业银行委托贷款管理办法》
2018 年 1 月 9 日	证监会	《关于进一步加强证券基金经营债券交易监管的通知》
2018 年 1 月 13 日	银监会	《关于进一步深化整治银行业市场乱象的通知》
2018 年 4 月 3 日	互联网金融风险专项整治工作领导小组	《关于加大通过互联网开展资产管理业务整治力度及开展验收工作的通知》
2018 年 4 月 27 日	央行、银保监会、证监会、国家外汇管理局	《关于规范金融机构资产管理业务的指导意见》

3. 资管新规的监管思路

将前述的中央宏观政策背景和监管层对资管行业的强监管背景通过时间轴串联起来以后，会发现在 2018 年 4 月 27 日资管新规正式稿落地以前，中央通过制定和实施“供给侧结构性改革”政策，确立了在金融监管层面对资管领域实施强监管的原则，整体的监管背景就围绕着配合中央实施“供给侧结构性改革”的五大任务和三大攻坚战而展开，因此，资管新规的出台并不是一个孤立的偶然事件，而是中央和监管在本轮强监管背景下有序推进的一个必然结果。

因此,笔者认为中央及监管层对于资管行业的监管思路可以明确为三个方面:一是补"短板",通过设立金融稳定发展委员会和成立银保监会来补原有的分业监管原则下无法协同监管的"短板",通过制定一系列的金融监管文件特别是资管新规来对资管行业进行统一监管,补原来资管行业混业经营造成监管套利的监管"短板";二是控风险,通过一系列的监管文件和监管措施,将之前监管宽松背景下金融创新和金融扩张所积聚的金融风险进行有序化解,根据"新老划断"的原则进行过渡;三是结构性去杠杆或者稳杠杆,通过金融去杠杆分部门、分债务类型解决实体经济高杠杆的问题,通过金额监管努力使我国宏观杠杆率稳定和逐步下降。而这三种监管思路也全都体现在了资管新规的具体规定中(见图1)。

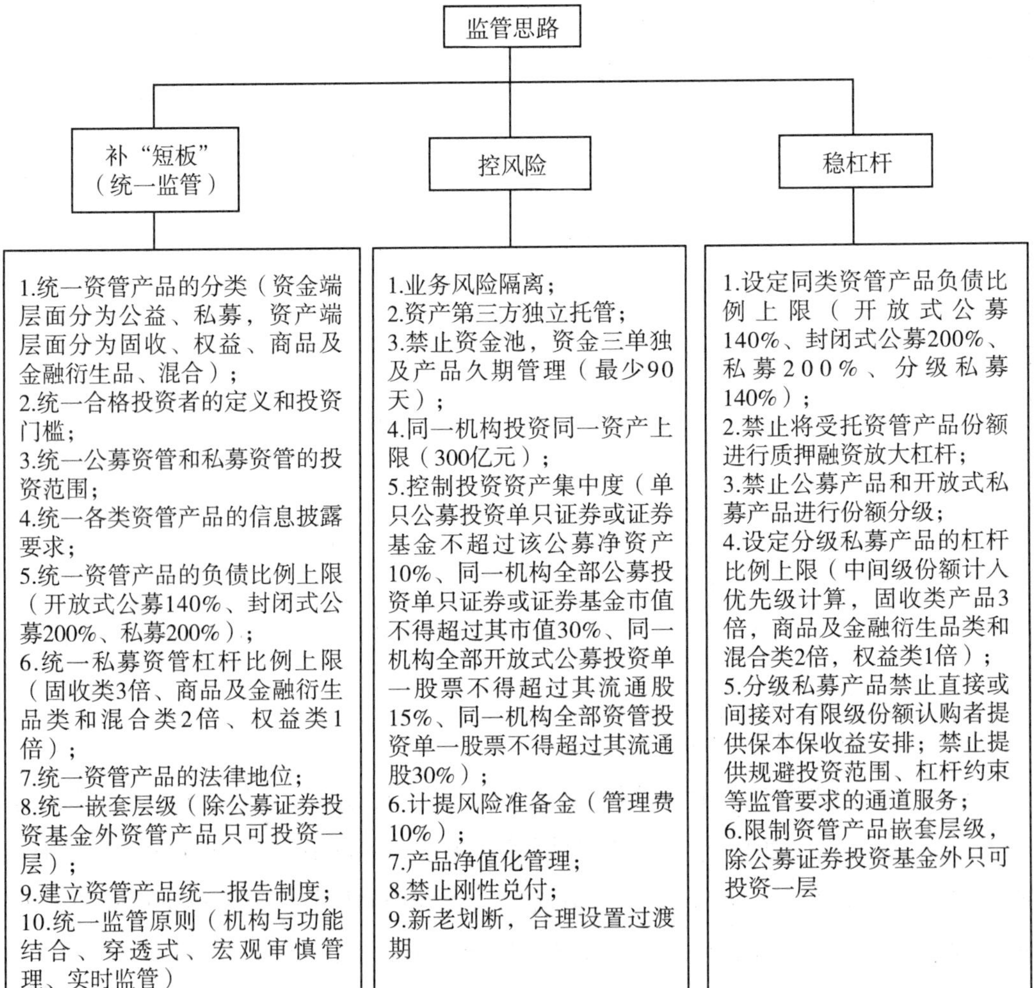

图1 三种监管思路

4. 资管新规的监管逻辑

在分析完资管新规出台的监管背景后，本次资管新规的监管逻辑就已经呼之欲出了。笔者尝试通过中央政策、监管政策、资管行业和实体经济四个维度去理解和分析本次资管新规的监管逻辑。

（1）中央政策

中央政策应该是整个资管新规监管逻辑的大纲，所谓“纲举目张，执本末从”，只有先梳理和解读中央宏观经济政策，才能从宏观角度把握整个资管新规的监管逻辑。而本次资管新规出台的中央经济政策就是笔者在前文中多次提及的“供给侧结构性改革”和“防控系统性金融风险”。

（2）监管政策

监管政策属于金融监管部门根据中央政策在金融领域进行执行的问题，因此，我们可以看到此次金融强监管就是在中央“供给侧结构性改革”政策制定后开始的，而在强监管背景下金融监管部门所制定的具体监管政策特别是资管新规都是有的放矢，其背后都是为了配合中央政策的有效推进和执行。

（3）资管行业

如果说中央政策和监管政策都是属于政策维度，那么资管行业和实体经济则属于市场维度。政策维度是为了解决市场维度的问题，而市场维度的问题本身就为政策维度提供了决策依据和参考。因此，资管行业本身存在的问题就是政策维度的中央和监管制定具体政策的依据，由于资管行业在市场流动性宽松、监管放松和混业经营的大资管背景下飞速扩张和发展，一方面在金融体系内积聚了大量的金融风险，另一方面通过金融对实体经济的传导作用也产生了推高实体经济杠杆、增加实体经济融资成本和金融空转等负面效应。正是由于资管行业上述问题的存在，所以才促使中央和监管层面启动强监管，有针对性地解决资管行业的相关问题。

（4）实体经济

实体经济同资管行业一样，都属于市场维度问题，也是政策维度制定具体政策的依据。同时，实体经济比资管行业更重要，实体经济问题直接关系国家的稳定和发展，因此，中央层面对于实体经济的发展也特别看重和呵护。由于我国目前经济已经进入了“经济发展新常态”，为了有效解决实体经济中存在的产能过剩、资产泡沫、高杠杆和融资难等问题，中央实施了供给侧结构性改革，而在金融监管层面则启动金融强监管，通过整顿和改善金融环境，促使整个金融行业特别是资管行业更有效地为实体经济服务,帮助实体经济健康发展。因此,实体经济不仅仅是所有中央宏观政策制定的归属和落脚点,也是本次资管新规监管逻辑的底层基础和最终目的。

四、资管业务展望

在监管合规的背景下,笔者建议资管机构及从业人员可按照以下角度分析构建未来的具体资管产品体系,通过设计和对接契合监管背景逻辑的资管产品,发挥资管行业对实体经济的积极作用,更好地为实体经济服务。

(一)宏观经济数据

宏观经济数据是客观反映我国实体经济的重要指标,也是制定和调整中央经济政策和金融监管政策的重要依据和参考。考虑到目前我国面临的国内国际背景日趋复杂,因此,未来我国实体经济的发展形势仍存在较大的不确定性,宏观经济数据应该是中央和监管判断实体经济发展情况的重要指标,因此,对该部分宏观经济数据必须保持高度关注和及时研判。

(二)中央经济政策

中央经济政策是整个经济工作和金融业务的核心,我们对于中央经济工作的整体政策必须吃透吃准,要顺势而为,贯彻领会中央经济政策的用意和重点。同时,由于未来经济形势的不确定性,中央经济政策及相关货币政策、财政政策根据经济形势的变化存在各种微调的可能性,因此,我们必须对中央经济政策具有高度的政策敏感性。

(三)资管新规及配套监管文件

除了资管新规的现有规定外,我们还要关注了解未来各监管部门即将陆续出台的配套监管文件。资管新规作为资管行业的纲领性文件,监管层肯定还需要构建新规体系下的配套实施细则,在遵循新规确定的监管原则前提下,细化各自监管领域内的管理问题,以便新规有效落地执行。

(四)监管窗口指导

我们发现,资管新规许多规定的表述均留有一定的“空间”,并没有直接明确,笔者认为这并非监管的不严谨,而是体现了监管艺术。由于经济发展的不确定性,因此,未来中央宏观政策和监管政策均存在根据实际情况进行微调的各种可能性。而资管新规中的这些看似遗漏的“空间”都将成为未来监管对资管机构和资管行业进行政策微调的一个个窗口。因此,我们也应充分关注监管层根据实际情况所做出的各种窗口指导,未来资管行业的市场发展空间可能就会出现在这一个个窗口中。

I 案例探析
INVESTOR

公司章程的多层次审查:投服中心的初始贡献

张　巍[*]　邓　峰[**]

摘　要:公司章程自治日益成为一个理论问题,其合规性和正当性审查也日益并且应当成为资本市场、证券监管和公司法律研究的重点问题之一。无论是公司登记机关、产业监管部门,还是证监会、证券交易所、法院,还是以法定公益股东定位的投服中心,也都面临这一问题的挑战。诸如控股股东滥用股权、小股东权利保护等重大命题,都与章程审查密切相关。本文对章程审查的必要性、现有审查的法律体系和层次进行了总结,结合投服中心已开展的工作,对所有上市公司章程梳理的初步结论进行了阐释,并对未来的工作进行了展望。

关键词:章程　章程审查　抽象性审查　股东权利保护　利益攸关者

公司具有独立的法律人格,以章程为基础。章程构成公司的存在依据,组织体的"宪法"或"纲领"为公司的设立和运营提供了组织规范和行为规范。章程作为对公司的组织和行为进行调整的具有公共性质的法律文件,在内部效力上,规范着股东与公司、股东与股东、股东与管理者之间的关系,同时也规范着股东和不属于高管人员的公司职工之间的关系。① 因为章程的公示,建立起第三人对公司的信赖。②

随着公司通过发行股份或者债券而构建起来的资本市场的发展,在公司自治的理念不断为人们所接受,多元化公司治理作为私的秩序(private ordering)日益受到重视的背景下,公司的章程审查也成为促进公司自治、改善公司治理、加强投资者保护

---

* 北京大学法学院博士研究生。

** 北京大学法学院教授、博士研究生导师,法学博士。

① 参见邓峰:《普通公司法》,中国人民大学出版社2009年版,第120~121页。

② 同上书,第235页。

的重要手段。本文将结合中证中小投资者服务中心(投服中心)组建之后,基于合规、合法的上市公司审查工作和得到的一些初步判断,对公司的章程审查的必要性、现有法律的层次以及章程审查的困难进行相应的阐释。

一、公司章程审查的必要性

(一)公司自治与法律介入之间的平衡

公司章程与公司法的关系一直是公司法理论与实务中的热点问题。章程的边界在理论上争议不断的,现在的各国公司法通常均允许公司根据自身的特点在章程中对权力分配、决策规则和盈余分配等作出自己的安排,这被称为章程自治的理念。但同时,公司的章程规定又必须具备公司法规定的特定内容,并不得违反法律、行政法规的规定。这两者之间的张力,产生了种种的不同理解和具体实践。尽管存在着理论争议,不过可以达成共识的是,公司的章程条款可能构成对公司法规定的细化、补充或替代。①

我国早期的《公司法》实践,公司法的管制特色明显,更多强调公司对公司法强制性规范的遵守,在公司章程自治层面留下的空间较少,公司章程更多是对公司法规定的简单重复,章程大多千篇一律,而较少根据公司自身的特点制定具体的切实可行的章程条款。

随着2005年《公司法》更多地允许股东在章程中对相关的公司治理事项"另有规定",②公司自治的空间相应得到扩展,公司的章程条款开始结合公司自身特点与公司治理的需要进行个性化的安排,公司章程也更多地是对公司法条款的补充和替代。在公司章程条款的这种差异化安排中,违反、超越法律、行政法规与相关公司法原则或精神的情形也不断增加,如公司章程的条款可能侵害了部分股东的财产权利和表决权、知情权、质询权等管理性权利,可能淡化了董事、监事、高级管理人员的诚信义务等,公司治理中需要更多地处理公司章程与公司法不一致的情形,这就使公司章程的法律审查显得尤为必要。

---

① 参见时建中:《公司法与公司章程在公司治理中的协调》,载《中国发展观察》2006年第2期。

② 如《公司法》第41条第1款关于股东会会议召开提前通知的规定,《公司法》第42条关于股东行使表决权的规定,《公司法》第49条第2款对经理职权的规定,《公司法》第71条对股权转让的规定,《公司法》第75条对死亡股东股权继承的规定,《公司法》第166条第4款对股份公司利润分配的规定。

（二）股权平等与小股东保护

在以股东会为中心的公司治理规则下，很容易出现公司权力被控股股东或其代理人控制的情形，公司的利益演变为控股股东的个人私利。在这种公司的标准化、程式化和理性化不足的情况下，小股东的保护就容易成为一个问题。①

当公司章程的修改被多数股东控制，章程规定侵害少数股东、无表决权的特别股股东或者优先股股东的权利时，小股东通过事后的诉讼对自身权利进行救济往往比较困难，并且对股东的救济也通常建立在法院对公司章程效力进行判断的基础上，从促进股权平等、保护小股东利益的角度出发，章程的审查也十分必要。

（三）代理成本与控制权市场

公司由于所有权与经营权的分离，容易产生委托代理问题。尤其是在公司股权高度分散而管理者权力相对集中的情况下，股东缺乏足够的信息和相应的机制来监督管理层，管理者更容易控制公司，并从自身利益角度出发而采取与公司目标和利益不一致的行为。而公司并购就是解决代理成本问题的一种方式。公司在并购活动中，可以替换掉被收购公司的管理层而代之以新的管理层，从而形成公司的控制权市场。并购活动中外部人的这种监督和压力，使公司一旦经营业绩下滑就可能面临被收购的危险，公司管理层必须努力改善公司运营以降低被收购的可能性。

然而，对于过度着眼于短期利益的公司收购行为，收购者可能只是追求短期的公司溢价而忽视公司运营的整理价值，从而不利于公司的长远发展，这使适当的反收购措施成为必要。另外，如果任由公司设置反收购条款来增加公司收购的成本和难度，则可能导致公司控制权市场应有的制度功能被架空。同时，我国公司治理中普遍存在着大股东控制公司的问题，大股东的利益与公司的利益通常具有同质性，董事会的权力与独立性较薄弱，大股东可能利用公司的章程条款抵御收购，这使公司章程条款的设计更多地出于对大股东利益的考量，而非从公司整体利益和其他利益攸关者出发。从这一角度出发，也有必要对公司的章程条款进行审查。

二、公司章程审查的法律体系

（一）公司章程审查的法律体系

在我国的现行法律制度和实践中，公司登记机关、证监会、人民法院也都或多或

① 参见邓峰：《普通公司法》，中国人民大学出版社2009年版，第411～412页。

少地存在着对公司章程的审查。

我国的公司登记机关为市场监督管理机关,《公司法》第29条、第83条第3款分别规定了有限公司和股份公司的设立登记。[①] 公司章程是公司设立时的登记事项之一,《公司登记管理条例》第23条对公司的章程审查进行了规定:“公司章程有违反法律、行政法规的内容的,公司登记机关有权要求公司作相应修改。”根据该条规定,公司登记机关应当就公司章程是否违反法律、行政法规进行审查,如果公司章程的规定违反了法律、行政法规,公司登记机关有权要求公司进行修改,使之符合规定。

证监会对公司章程的审查主要体现在对上市公司的监管中。证监会发布的《上市公司章程指引》作为行业规范,为上市公司的章程制定与修订提供了模板。在此之外,证监会对上市公司的章程审查主要体现为对公司章程中反收购条款的审查以及其他内容的审查。关于上市公司章程反收购条款的合法性审查,《上市公司收购管理办法》第80条第2款规定:“上市公司章程中涉及公司控制权的条款违反法律、行政法规和本办法规定的,中国证监会责令改正。”对上市公司章程合法性的审查,亦主要判断是否符合法律、行政法规与《上市公司收购管理办法》的相关规定。

人民法院对公司章程的审查,最高人民法院《关于适用〈中华人民共和国公司法〉若干问题的规定(四)》采取了尊重公司章程的立场。最高人民法院《关于适用〈中华人民共和国公司法〉若干问题的规定(四)》第5条[②]确定的公司决议不成立的五种情形中,公司决议违反公司章程,法院可以直接认定决议不成立。违反公司章程导致决议不成立的情形建立在法院对公司章程效力默认的基础上,法院可以直接适用公司章程对公司决议的效力进行判断,而无须对公司章程是否违反法律、行政法规进行审查。而在股东向法院提出公司章程效力审查请求的情况下,关于公司章程的效力判断,法院的判断标准通常也是对公司章程是否违反法律、行政法规的规定进行判断。例如,北京市高级人民法院《关于审理公司纠纷案件若干问题的指导意见》指

---

① 《公司法》第29条规定:“股东认足公司章程规定的出资后,由全体股东指定的代表或者共同委托的代理人向公司登记机关报送公司登记申请书、公司章程等文件,申请设立登记。”《公司法》第83条第3款规定:“发起人认足公司章程规定的出资后,应当选举董事会和监事会,由董事会向公司登记机关报送公司章程以及法律、行政法规规定的其他文件,申请设立登记。”

② 最高人民法院《关于适用〈中华人民共和国公司法〉若干问题的规定(四)》第5条规定:“股东会或者股东大会、董事会决议存在下列情形之一,当事人主张决议不成立的,人民法院应当予以支持:(一)公司未召开会议的,但依据公司法第三十七条第二款或者公司章程规定可以不召开股东会或者股东大会而直接作出决定,并由全体股东在决定文件上签名、盖章的除外;(二)会议未对决议事项进行表决的;(三)出席会议的人数或者股东所持表决权不符合公司法或者公司章程规定的;(四)会议的表决结果未达到公司法或者公司章程规定的通过比例的;(五)导致决议不成立的其他情形。”

出，“公司章程是股东之间的协议，是公司的组织准则与行为准则，只要不违反法律、行政法规的强制性规定，公司章程即具有法律约束力。公司章程与《公司法》条款规定不一致时，应当结合具体案件判定所涉法条的性质是否属于强制性规定，凡所涉法条不属于强制性规定的，即不影响公司章程的效力”。

在公司章程效力的审查中，上述三类机关虽然在审查的时间、审查的重点、审查的启动程序上存在差别，但对章程的效力判断都是对章程的合法性进行判断，即判断其是否违反了法律、行政法规的规定。

（二）公司章程审查的法律层次

1. 合法性审查与合理性审查

关于公司章程与公司法之间的关系，早在 20 世纪八九十年代，别布丘克（Bebchuk）教授就指出，公司章程与公司法不一致时，章程是否需要遵守法律的问题。[①] 而公司章程的合法性审查也首先需要处理这一问题。

对于公司法的规定，存在这样一种分类，即依照规范对公司章程的影响程度、是否允许当事人缔约改变其内涵和规范的表现形式，将公司法的规范分为强制性规范、补充性规范和赋权性规范。[②] 强制性规范具有不可通过约定予以排除或变更的特性。[③] 补充性规范允许当事人排除适用法律的规定，但如果当事人之间没有自治性的安排，则适用法律规范作出的安排。[④] 赋权性规范允许公司及参与者依照特定的方式采纳这些规范，便赋予其法律效力。[⑤] 由于补充性规范和赋权性规范允许公司章程排除或者补充公司法的规定，公司章程违反公司法的规定就主要是指违反公司法的强制性规范。

同时，对于公司法补充性规范和授权性规范所赋予公司自治空间的章程条款，在合法性问题之外，也可能违反公司法的有关原则和精神，因而也涉及对相关章程条款的合理性审查。例如，公司的大股东或者控股股东，通过在公司章程中制定不公平的条款为自己谋取利益，损害中小股东的利益，就违反了公司法的股东平等原则。

关于公司章程的效力判断，美国早期的判例中法院判决章程条款无效主要在于

---

① See Bebchuk, Lucian Arye, "Foreword: The Debate on Contractual Freedom in Corporate Law." *Columbia Law Review* 89. 7 (1989): 1395 - 1415; see also Lucian Arye Bebchuk, "Limiting contractual freedom in corporate law: the desirable constraints on charter amendments", 102 *Harv. L. Rev.* 1820 (1989): 1820 - 1860.

② 参见董慧凝：《公司章程自由及其法律限制》，法律出版社 2008 年版，第 233 页。

③ 同上书，第 234 页。

④ 同上书，第 240 页。

⑤ 同上书，第 242 页。

其与法律政策或者普通法建立的政策相冲突。这种冲突程度的判断带有倾向性,法院的公共政策意识可能起着决定性作用。总体而言,如果法院认为法律不合时宜,它们更倾向于承认偏离法律规定的章程条款的效力。在长期的司法审查实践中,法院积累了判断章程条款效力的一些规则。通常而言,彻底的公司契约论者会执行股东制定的任何条款,除涉及欺诈或胁迫的情况下采纳的条款,而反契约论者则只能容忍最低限度的背离公司法的行为。对于采取中间立场的人而言,他们通常利用如下规则作为探索性工具而在公司章程条款的创新与机会主义行为之间进行权衡:章程的约定不得减少或限制公司诚信义务人公平交易(deal fairly)和诚信行事(act in good faith)的义务,不得与任何旨在保护股东及其之外的个人利益的法律规定、已经建立起来的公共政策的明确目的相冲突。如果章程条款是以章程修正案的方式被采纳,在该修正案不会使相比其通过之前股东状况更糟糕的情况下,由没有利害关系的多数股东通过。[①] 在具有判例法传统且以董事会为公司权力中心的美国,法院对公司章程效力的审查主要在于判断章程条款对诚信义务的影响,以及是否违反了法律、公共政策的明确目的。

2. 程序性审查与实质性审查

在对章程内容进行审查之外,公司章程的制定或修改是否符合公司法的程序性要求也会对章程的效力产生一定的影响。比如,法律要求公司成立时必须设立章程,同时允许公司成立后修改章程。公司章程的设立与修订存在不同的程序要求。公司设立时的章程订立,就有限责任公司而言,由全体股东共同制定并经全体股东签字、盖章;就发起设立的股份公司而言,由全体发起人制定公司章程;就募集设立的股份公司而言,由公司的创立大会通过公司章程。因而公司章程的制定,原则上需要经全体股东同意。而对于公司章程的修订,无论是股份责任公司还是有限责任公司,须经代表 2/3 表决权的股东通过,而不再是全体股东的一致同意。公司章程的制定或修改违反了相应的程序要求,也会对章程的效力产生影响。

3. 默认条款的缺乏与司法审查的薄弱

与公司法的强制性规范作为一种抗衡机会主义者修订公司章程的约束机制不同,公司法的默认条款以提供章程模板的方式允许当事人排除相关法律规则的适用,

① See Jr, John C. Coffee, "The Mandatory/Enabling Balance in Corporate Law: An Essay on the Judicial Role" *Columbia Law Review* 89.7(1989):1664 - 1665.

来约定更符合特定情形的交易机制。[①] 一方面,公司法的默认条款降低了股东设立和修订公司章程的时间和成本;另一方面,基于商业实践的多样性,公司法难以在“仅提供一套所谓的标准规则之基础上对不同的投资格局及治理模式予以很好的制度回应”。[②] 在公司自治理念日益强化的背景下,由于我国公司法的规定较简略,诸多法律空白需要当事人根据商业实践的需要自行填补,这就使立法者提供公司法默认规则的工作转嫁到由法院对当事人约定的章程条款的审查工作中。加上我国缺乏相应的判例法传统,在司法领域尚未发展出一套成熟的公司章程效力的判断规则,对章程条款的效力审查在目前就显得比较薄弱。

三、投服中心的公司章程审查工作

投服中心设立以来,积极开展相关的研究与实践工作,在公司章程的检索与分析、公司章程审查的司法裁判上均有所推进。

(一)投服中心已开展的章程审查工作

投服中心自成立以来,在其现有定位与职能的基础上,在公司治理与公司章程的检索与分析方面开展了一系列工作。截至 2017 年年底,投服中心完成了除湖南、广东、上海三个试点辖区之外 33 个辖区共计 2730 家上市公司章程的搜索工作,在章程的搜索与整理过程中,发现上市公司章程在投票制度、分红制度、不当反收购等方面不同程度地存在一些问题。

在公司投票制度上,公司章程在网络投票制度、征集投票权制度、单独计票制度、累积投票制度等方面都存在不同程度的问题。(见图 1)总体而言,网络投票制度方面,上市公司表现较好,只有 7 家公司未对此作出规定,占比仅 0.26%;在征集投票权方面发现的问题最多,共有 777 家公司章程中存在未明确征集投票权或在征集投票时对于征集条件做了一定限制的情况,占上市公司总数比重达 28.46%;单独计票方面,共发现问题上市公司 668 家,占比达 22.16%;累积投票制方面的问题较复杂,有 605 家公司章程中出现问题,占比达 22.16%,其中主要问题有以下几点:(1)公司未明确选举时实行累积投票制;(2)主板上市公司控股股东持股比例超过 30% 时未明确“应当”实行累积投票制;(3)中小板和创业板未明确“应当”实行累积投票制等。

---

① 参见杨志壮:《公司法律规范分类研究》,载《政法论丛》2014 年第 5 期。

② 周游:《从被动填空到主动选择:公司法功能的嬗变》,载《法学》2018 年第 2 期。

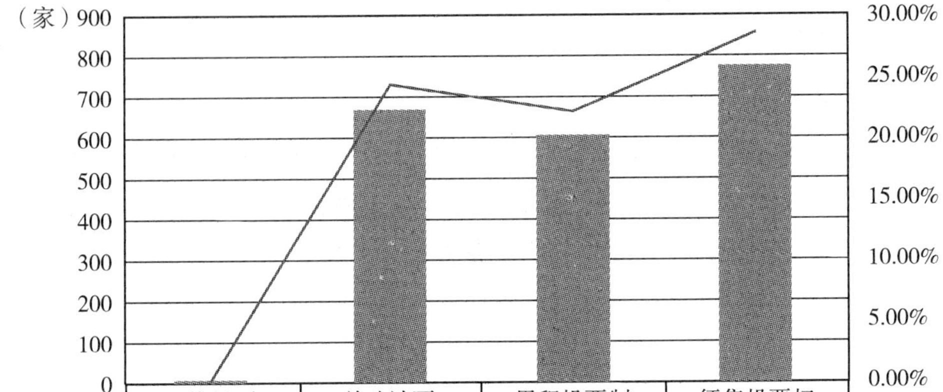

	网络投票	单独计票	累积投票制	征集投票权
数量(家)	7	668	605	777
比例(%)	0.26	24.47	22.16	28.46

图 1　投票制度问题分布

同时,整理发现,大股东持股比例与不当设置反收购问题数量呈反相关关系,而与对投票制度问题数量呈正相关关系,投票制度问题与不当反收购问题之间的比例随着股权结构越来越集中呈现上升趋势。如图 2 所示,在北京辖区,第一大股东持股比例在 30% 以下的公司中,平均每个公司在投票制度存在 0.75 项问题,在不当反收购存在 0.4 项问题;第一大股东持股比例在 30% ~50% 的上市公司中,平均每个公司在投票制度存在 1.13 项问题,在不当反收购存在 0.3 项问题;第一大股东持股比例在 50% 以上的上市公司中,平均每个公司在投票制度存在 1.29 项问题,在不当反收购存在 0.24 项问题。上市公司股权结构越集中,对中小股东投票权的限制就越多,在不当反收购方面的问题就越少。

在公司分红制度上,上市公司章程在分红决策机制方面问题较少,而在现金优先权方面问题最多,公司章程在规定分红政策制定过程中听取中小投资者意见的措施上,问题也较多。如图 3 所示,在分红决策机制方面上市公司表现较好,只有 49 家公司未对此作出规定,占比 1.79%;在现金优先方面发现的问题最多,共有 357 家公司章程中没有明确规定现金分红优先于股票分红,占上市公司总数比重 13.08%;有 333 家公司章程中没有规定在分红政策制定过程中听取中小投资者意见的措施,占比 12.20%。

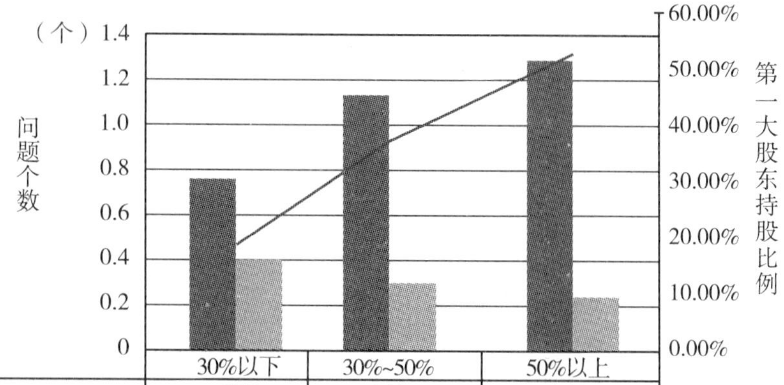

	30%以下	30%~50%	50%以上
股票制度（项）	0.75	1.13	1.29
不当反收购（次）	0.4	0.3	0.24
投票制度与不当反收购问题比（%）	1.90	3.71	5.27

图 2　北京辖区股权结构、投票制度与不当反收购关系

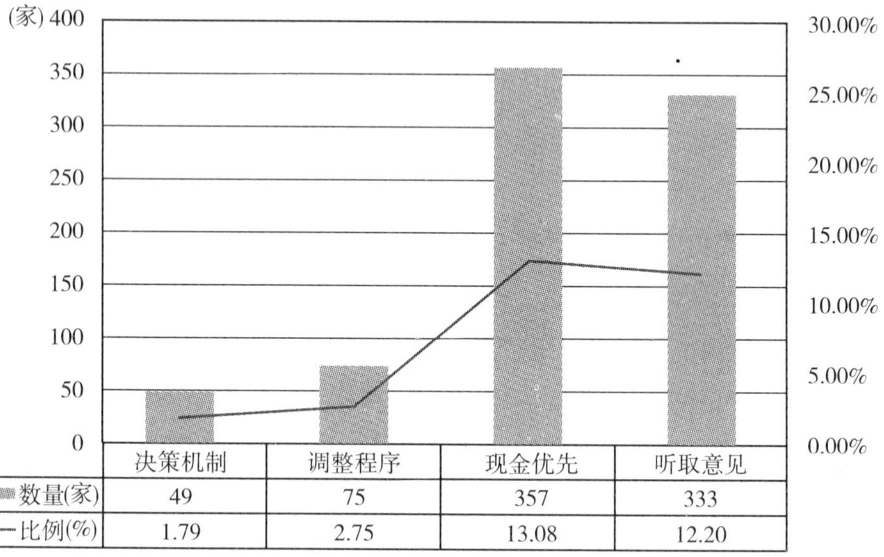

	决策机制	调整程序	现金优先	听取意见
数量(家)	49	75	357	333
比例(%)	1.79	2.75	13.08	12.20

图 3　分红制度问题分布

在反收购条款上，上市公司章程中的反收购条款主要集中在限制股东对董事和监事的提名提案权以及规定董事会换届的留任比例上。如图 4 所示，共 665 家公司章程设有限制股东提名提案权的条款，126 家公司对董事会换届时规定了董事的留任比例。自“宝万之争”之后，为防止“野蛮人”入侵，多家上市公司修改公司章程，引入反收购条款，采取种种限制措施、增加收购难度，阻止公司被市场化收购，不合理地限制股东权利或增加股东义务、抬高股东行权门槛。

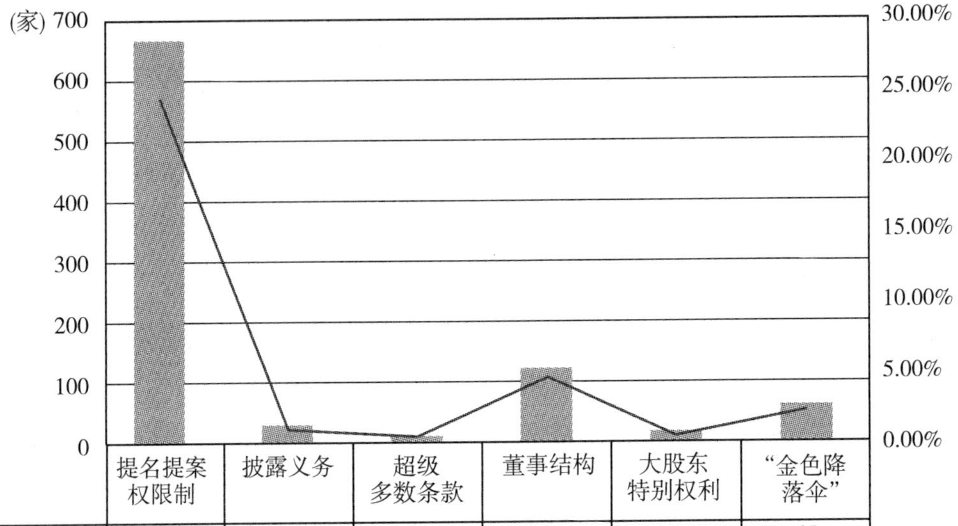

	提名提案权限制	披露义务	超级多数条款	董事结构	大股东特别权利	"金色降落伞"
数量(家)	665	32	14	126	21	65
比例(%)	24.36	1.17	0.51	4.62	0.77	2.38

图4　不当反收购问题分布

在对上市公司章程进行整理和分析的基础上，投服中心结合上市公司章程存在的问题提出了完善公司章程的建议，这些建议主要包括三个方面：第一，基于上市公司小股东的角色定位向公司发送股东建议函建议修改章程，或者在大量数据分析调查的基础上根据上市公司的行业、体量、股权结构等制定不同的公司章程模板供公司选择，督促上市公司不断完善公司章程。第二，投服中心可以其股东身份行使相关股东权利来监督公司对章程的实际执行。第三，建立上市公司章程评价体系，对上市公司章程的完善和执行情况进行评价。

除此之外，投服中心还基于其股东身份，在具体的案件中积极行使股东权利，推进对章程条款的合法性审查。例如，"在海利生物案"①中，投服中心在要求海利生物更改其章程自治侵权行为遭到拒绝后，以股东身份提起诉讼，请求法院确认公司章程中反收购条款的法律效力。本案中投服中心获得胜诉，本案也成为首例反收购条款司法确认案件，为公司章程中反收购条款的合法性审查提供了借鉴。

---

① 王一鸣：《投服中心首次股东诉讼，海利生物涉嫌违反》，载搜狐网：http://www.sohu.com/a/153238445_161623，最后访问日期：2018年7月15日。

(二)投服中心章程审查的法律依据与审查层次

1. 投服中心章程审查的法律依据

随着社会生活的不断发展,公司治理也会出现新的问题,相应的法律制度也在不断更新,《国务院办公厅关于进一步加强资本市场中小投资者合法权益保护工作的意见》于2013年公布,《上市公司股东大会规则》和《上市公司章程指引》于2016年更新,公司章程也随之做出了修改。投服中心对上市公司章程效力进行分析的法律依据,除相关的法律、行政法规之外,也参照了上述法律文件与行业规范。

2. 投服中心章程审查的层次

公司章程的内容是否完备。投服中心的章程审查首先是看上市公司的章程是否规定了应当具备的事项。在投服中心对上市公司章程中存在的问题的梳理中,很多问题是章程条款未对特定的问题进行规定。例如,在投票制度上,公司章程未规定网络投票制度,未明确选举时的累积投票制度,未明确征集投票权,也未明确不对征集投票权有最低持股比例限制。在分红制度上,公司章程未规定分红决策机制,未规定现金分红优先于股票分红,也未规定分红决策机制中听取中小投资者意见的措施。就公司法而言,《公司法》第25条、第81条分别规定了有限责任公司、股份有限公司章程应当载明的事项。[①] 对于上市公司,公司章程中应当载明公司的名称、住所、经营范围、设立方式、股份总数、每股金额、注册资本,发起人的姓名或者名称、认购的股份数、出资方式和出资时间,董事会的组成、职权和议事规则,公司的法定代表人,监事会的组成、职权和议事规则,公司利润分配办法,公司的解散事由与清算办法以及公司的通知、公告办法等事项。投服中心所指出的上市公司章程未规定的特定内容,虽然属于公司法要求规定的事项,但并不都是公司法要求公司章程明确规定的特定的制度。由于这些具体的制度为国务院办公厅《关于进一步加强资本市场中小投资者合法权益保护工作的意见》《上市公司章程指引》等文件所规定,因而投服中心在章程审查中也将这些制度纳入章程内容完备性的审查中。

---

① 《公司法》第25条第1款规定:"有限责任公司章程应当载明下列事项:(一)公司名称和住所;(二)公司经营范围;(三)公司注册资本;(四)股东的姓名或者名称;(五)股东的出资方式、出资额和出资时间;(六)公司的机构及其产生办法、职权、议事规则;(七)公司法定代表人;(八)股东会会议认为需要规定的其他事项。"《公司法》第81条规定:"股份有限公司章程应当载明下列事项:(一)公司名称和住所;(二)公司经营范围;(三)公司设立方式;(四)公司股份总数、每股金额和注册资本;(五)发起人的姓名或者名称、认购的股份数、出资方式和出资时间;(六)董事会的组成、职权和议事规则;(七)公司法定代表人;(八)监事会的组成、职权和议事规则;(九)公司利润分配办法;(十)公司的解散事由与清算办法;(十一)公司的通知和公告办法;(十二)股东大会会议认为需要规定的其他事项。"

公司章程是否损害了中小投资者利益。我国股权结构较为集中,中小投资者在公司治理中上很难有话语权。投服中心通过对上市公司章程进行分析,进而指出,在投票制度上,上市公司章程在网络投票制度、征集投票权制度、单独计票制度、累积投票制度上存在的问题,损害了中小投资者在公司机制构建上的话语权和参与度;在分红制度上,上市公司章程在分红决策机制、现金优先股票、决策中听取投资者意见等方面也存在问题,分红政策的制定和修改并未听取中小投资者的意见;在反收购条款的设置上,投服中心对反收购条款的考察也在于看其是否不合理地限制了股东权利,增加了股东义务,对广大中小股东的合法权益造成了损害。

投服中心对上市公司章程的审查主要是合法性审查与合理性审查,对公司章程的内容进行审查,而对于章程制定与修改的程序则并未涉及。在合法性审查上,主要审查上市公司的章程是否对特定的制度进行了规定,是否违反了公司治理原则,是否违反了股权平等原则,损害到中小股东利益,而该合法性审查也和合理性审查有所交错。

四、投服中心在公司章程审查中的法律定位

作为采用民事方式行使股权保护中小投资者利益的公益性组织,投服中心在职能设定上旨在促进投资者保护。一方面,投服中心以股东身份直接行使权利的特性十分明显;另一方面,作为公共监管部门授权设立的公共机构,投服中心类似于一个法定机构。在目前的实践中,投服中心的关注重点之一在于公司的合规义务,要求上市公司遵循既有的法律规则。①

而在中国特定的背景下,投服中心的角色、职能和任务设定可以分为不同的层次。第一,投服中心是填补监管弱项,弥补执法水平、频度、强度等质量不足的制度化机制。投服中心可以一手股票股东的身份,常规性地参与公司的各项活动,以股东身份进行日常的、常规监督。第二,投服中心可以在纠正董事、高管人员、控股股东的背信行为监督、追责以及寻求法律救济上,扮演机构投资者(公益股东)的角色,采用事前或者事中进入或者干预决策,或者事后追责或寻求法律救济的方式,补足中国制度中的薄弱环节。第三,投服中心可以凭借专业的公共机构角色,作为近似于自愿部门

① 参见邓峰:《论投服中心的定位、职能与前景》,载郭文英、徐明主编:《投资者》(2018年第2辑),法律出版社2018年版,第89~109页。

的组织,提供公共产品。第四,在股东派生诉讼规则刚刚确立的情形下,投服中心可以成为积极的股东权利主张者、董事和高管人员公共责任的法律追究者。第五,在中国现有的制度背景下,投服中心最终应当成为证券权利、股东权利等金融产品消费者保护领域的法案倡导者、立法者和纠纷解决者。[①]

不同于公司登记机关、证监会、人民法院的章程审查,投服中心的章程审查并不产生直接的法律效力,投服中心不能直接责令公司对违反法律规定的公司章程进行修改,也不能对公司章程的效力直接作出裁判。投服中心的章程审查工作更多地是基于其股东身份行使的参与公司治理的权利,敦促公司履行合规义务;作为机构投资者,投服中心也可以在合法性审查的基础上,结合自身的专业知识,提出相应的改进意见。同时,作为具备相应专业知识的公共机构,投服中心还可以承担起良好公司治理的知识提供者的角色。

五、投服中心公司章程审查的困难与未来发展

公司章程的合法性审查,这里的“法”在《公司法》《上市公司收购管理办法》等法律文件中被界定为“法律、行政法规”,在将公司法规范划分为强制性规范、赋权性规范、补充性规范的基础上,“法律、行政法规”通常是指“强制性规范”。但是,这种对公司法条文的定性,并非由我国立法机关作出,这种解释并非有权解释。同时,公司法的强制性规范和任意性规范(包括赋权性规范和补充性规范)也处于不断的变动之中,此时的强制性规范彼时可能成为任意性规范,按照此类法律标准对公司章程进行合法性审查,公司章程的效力也可能就具有不确定性。

再者,合法性审查中“法律”边界的模糊,可能导致合法性审查与合理性审查的边界也不是很容易区分。投服中心对上市公司章程的效力判断更多的是从维护广大中小投资者利益的角度出发,结合相关的政府文件、行业规范对公司章程的效力进行的判断,相关政府文件、行业规范在定性上更不属于“法律、行政法规”,因而投服中心对公司章程效力的审查更多的是一种合理性审查。

对于公司章程效力的合理性审查,投服中心指导性的判断标准在于改善公司治理、保护中小投资者利益,具体的合理性的判断规则虽然尚未形成,但随着公司治理

① 参见邓峰:《投服中心的定位、职能与前景》,载郭文英、徐明主编:《投资者》(2018 年第 2 辑),法律出版社 2018 年版,第 19 ~ 21 页。

的实践不断深入,公司理论不断发展,诸如股东平等、公司董事、监事、高级管理人员的诚信义务等规则也将在合理性审查中进一步深化和细化,公司章程合理性审查的判断规则在未来的发展中也应当进一步明晰。

公司章程的效力审查在我国尚处于起步阶段,相关的规则体系亟待建立。公司章程的效力审查,既要加强对现有法律规则性质的研究,逐步明晰法律强制性规定与市场主体意思自治的界限,也要从公司法层面对相关公司治理原则如诚信义务规则、股权平等原则等原则进行厘清。既要从规则提供的角度为公司章程的制定提供一套成熟的机制,又要从规则审查的角度为公司章程的效力判断提供相应的原则和标准。在具体的章程条款审查上,既要注重从实体层面对公司章程的内容进行审查,又要注重程序层面的要求,敦促公司遵守公司程式。在公司治理的实践不断推进的过程中,不断发展出相应的原则、规则和制度。

投服中心对公司章程的效力审查也只是一个初始。投服中心目前的章程审查工作多集中于对上市公司章程的研究,以及作为股东所行使的参与公司治理的权利,以敦促公司履行合规义务。在完善公司章程、提升公司治理的层面,投服中心仍有很大的发挥空间。投服中心作为一个类似于法定机构的公益性组织,可以更多地承担向社会提供公共产品的职能。其可以基于自身的专业优势与参与公司治理的实践经验,分担本来由立法者承担的标准条款供给的功能,总结并提供多样化的章程模板以供市场主体参照,使公司可以根据实际需要选择适合自身发展的章程条款,扩大公司参与者自主选择章程条款的空间,促进公司自治走向实质层面。同时,在公司章程的效力裁判上,面对我国判例法传统缺席、章程效力判断的规则体系尚未建立起来的现实,投服中心可以进一步加强法学研究工作,对其他国家已经建立起来的章程效力判断规则进行研究和总结,为我国的司法审判工作提供相应的知识供给,并在相关的立法工作中发挥建议者与倡导者的作用,更加充分地发挥其作为中间层组织的作用。

从两个调解案例看上市公司虚假陈述民事诉讼前置条件之缓和

范雪飞* 连 环**

一、背景及缘起

虚假陈述是我国证券法律法规的重点规制对象，但是在2002年1月15日最高人民法院发布《关于受理证券市场因虚假陈述引发的民事侵权纠纷案件有关问题的通知》以前，法律只规定了对虚假陈述的刑事责任和行政责任的追究，而没有明确规定对其民事责任的追究。最高人民法院在《关于涉证券民事赔偿案件暂不予受理的通知》（法明传〔2001〕406号）中以“受目前立法及司法条件的局限，尚不具备受理及审理这类案件的条件”为由，明确要求各地人民法院“暂不予受理”此类“涉证券民事赔偿案件”。直至2002年1月15日，最高人民法院发出《关于受理证券市场因虚假陈述引发的民事侵权纠纷案件有关问题的通知》，但该通知一方面只规定了虚假陈述的民事诉讼问题；另一方面还为虚假陈述民事诉讼设置了前置程序，即须以中国证监会及其派出机构调查并作出生效处罚决定为诉讼前提。尽管该前置条件遭到了不少批评，但是2003年最高人民法院《关于审理证券市场因虚假陈述引发的民事赔偿案件的若干规定》（法释〔2003〕2号）（以下简称《虚假陈述民事赔偿规定》）仍然坚持了前置条件的做法，只是将此前置条件的范围扩大了：一是将作为立案前提的行政处罚的作出主体进行扩大，不仅包括中国证监会及其派出机构，而且财政部及其他行政机关的行政处罚也可以作为立案的前置条件。二是不仅行政处罚可以，而且刑事判决也可以作为证券虚假陈述民事诉讼立案的前置条件。

* 最高人民法院应用法学研究基地研究员、西南政法大学副教授，法学博士。

** 中证中小投资者服务中心纠纷调解部高级经理，法律硕士。

这些前置条件引起了广泛的争议,最高人民法院及有关法官对前置条件的态度也逐渐缓和。如2007年6月15日生效的最高人民法院《关于审理涉及会计师事务所在审计业务活动中民事侵权赔偿案件的若干规定》(法释〔2007〕12号)第1条就规定确定:"利害关系人以会计师事务所在从事注册会计师法第十四条规定的审计业务活动中出具不实报告并致其遭受损失为由,向人民法院提起民事侵权赔偿诉讼的,人民法院应当依法受理。"参与起草《虚假陈述民事赔偿规定》的相关法官,在2010年明确指出要"取消虚假陈述民事赔偿诉讼前置程序",[①]在2014年进一步指出,设置民事诉讼前置程序是特定历史条件下的选择,经过11年的司法实践,现在取消前置条件的时机已经成熟,应当用更科学的证据规则来取代前置条件。[②] 2015年4月15日,最高人民法院印发了《关于人民法院推行立案登记制改革的意见》,改革人民法院案件受理制度,变立案审查制为立案登记制,对依法应该受理的案件,要求做到有案必立、有诉必理,保障当事人诉权。在实践中,根据裁判文书网搜索到的案件情况看,一些法院在实行立案登记制后仍然要求证券虚假陈述立案时要具备前置条件,而另一些法院则不要求具备前置条件。各个法院不同的立案标准,给虚假陈述受害人索赔带来了困扰,也会引发司法公平性问题,必须引起重视。可以说,立案登记制的实施,使虚假陈述诉讼前置条件的存废再次成为理论界和实务界关注和讨论的焦点。

二、两个案例

笔者在中证中小投资者服务中心(以下简称投服中心)受聘参与相关纠纷调解工作,有幸亲自参与和接触了不少上市公司虚假陈述纠纷的调解工作,其中两个上市公司在未收到中国证监会行政处罚的情况下,与投资者达成和解的案例为我们重新审视立案登记制实施背景下的诉讼前置条件提供了独特的视角。[③]

(一)首例民事赔偿先于行政处罚的虚假陈述诉讼案件

2017年第二季度,某中级人民法院在中国证监会尚未作出行政处罚决定的情形下即正式受理了"投资者诉某上市公司虚假陈述纠纷案",针对涉案上市公司的行政处罚尚未确定的情况,某中级人民法院与投服中心紧密沟通、协调联动,积极发挥调

① 江沂:《最高法院民二庭审判长贾纬:将取消虚假陈述民事赔偿诉讼前置程序》,载《中国证券报》2010年5月10日,A17版。

② 贾纬:《证券市场侵权民事责任之完善》,载《法律适用》2014年第7期。

③ 本文所引用案例经过加工改编,并非实际对应的案例,请读者勿对号入座。

解柔性解决纠纷的优势,提醒上市公司权衡调解解决与判决解决的利弊,督促其主动与投资者和解,维护公众公司的形象,取得了“双赢”的效果。2017 年下半年,在主审法官主持和投服中心调解员组织的数轮磋商、斡旋和评议下,双方于法院现场达成和解协议,首批和解投资者数量为 50 多人,上市公司支付和解赔偿金 100 多万元,和解后投资者撤回对上市公司的起诉。该案达成和解之际,上市公司仅收到中国证监会《行政处罚事先告知书》,正式行政处罚决定尚未作出,该案成为证券市场调解促成的首例民事赔偿先于行政处罚的虚假陈述诉讼案件。

(二)某上市公司因受交易所纪律处分赔偿投资者案

2016 年年底,某省投资者对某上市公司虚假信息披露导致自己遭受严重经济损失一事,进行投诉。该投资者称,2016 年 1 月某上市公司披露 2015 年年度业绩预盈公告,预计 2015 年年度经营业绩将实现扭亏为盈,净利润为 500 万元左右。该投资者据此先后两次买入该公司股票 34,000 股,市值达到 60 多万元。但 2016 年 4 月该公司又披露业绩预告更正公告:“……预计 2015 年年度实现归属于上市公司股东的净利润为 -2050 万元。”该上市公司由于未及时更正业绩预告信息被证券交易所予以纪律处分,股价下跌一发不可收拾。该投资者随后便“割肉”卖出所持全部股票,要求该上市公司赔偿损失约 31 万元。

调解机构接到投诉后,经调解员与案件双方多次耐心沟通,双方均同意接受调解。调解员认为,该公司的业绩信息披露违规行为已经证券交易所调查核实并予以处分,其行为确实严重影响了投资者的预期,对投资者决策产生误导。该上市公司在调解员的主持下向投资者作出了详细解释,并表示愿意对投资者进行一定数额的补偿,但双方一度因赔偿金额差距过大,调解陷入僵局。经过调解员耐心细致的工作,投资者也逐步认识到股票投资的风险。最终双方当事人达成共识,上市公司当场赔付投资者 12 万元整,投资者撤回对上市公司的投诉,双方对调解结果均表示满意。

三、前置条件的商榷

上述两个调解案例,前案的调解是在只有行政处罚事先告知书而无正式行政处罚决定的情况下完成的,后案的调解是在没有行政处罚和刑事处罚,只有证券交易所的纪律处分的情况下完成的。这些成功的调解案例说明,证券虚假陈述民事诉讼前置条件的缓和已经具有相当的社会实践基础。但这是否足以说明我国废除虚假陈述民事诉讼前置条件的时机已经成熟?我们认为答案是否定的,同时我们也认为现行前置条件过于僵化,应当予以缓和,而缓和的具体方法就是扩大前置条件的范围,即除有关行政机关所作出的行政处罚决定、责令限期改正的通知、处理意见、检查公告和人民法院的刑事裁判文书以外,证券业协会作出的自律管理措施和纪律处分以及证券交易所作出的纪律处分、虚假陈述行为人自认的书面证据也可以作为虚假陈述民事诉讼的前置条件。

(一)前置条件当下不可废

第一,国家治理证券市场的基本方略决定了不能贸然取消前置条件。在维护金融稳定的前提下推进证券市场治理是我国证券市场治理的基本方略,在这个方略中,金融稳定是前提,任何证券市场治理举措都必须要服务于这个前提。习近平总书记在2017年全国金融工作会议上,就强调金融工作要"坚持稳中求进工作总基调",新成立的国务院金融稳定发展委员会的基本职责之一也是"研究系统性金融风险防范处置和维护金融稳定重大政策",而证券市场的稳定是金融稳定的应有之义。因此,我国证券市场治理基本方略应当是在保持证券市场稳定的前提下,规范证券市场中的各种要素,逐步消除证券违法违规行为。既然是逐渐消除,显然应当有一个过程,而贸然取消证券虚假陈述前置条件显然不是在保持证券市场基本稳定中实现规范的稳健做法。

第二,当下我国证券市场不成熟乃是众所周知之事,取消前置条件可能会产生诉讼爆炸问题。我国证券市场自建立以来证券虚假陈述现象常有发生,如果贸然废除前置条件,涌入人民法院的此类案件可能使法院难以承受。如果取消前置条件,那么就会出现只要投资者主观认为自己受到虚假陈述侵害就可以向人民法院提起民事赔偿诉讼的情况,这将会大大激发投资者提起证券虚假陈述民事诉讼的积极性,并进而产生诉讼爆炸问题。更严重的是,由于我国已经实行了立案登记制,所以即使投资者并没有行为人涉及虚假陈述的表面证据,法院也必须要立案并且进入审判程序,这其中不可避免地会出现滥用诉权、浪费司法资源的问题。这样不仅会降低审判效率,而且还会影响裁判质量,反而不利于投资者保护,甚至还可能进一步加剧人民法院案多人少、人才流失的困境。同时,保留前置条件还有助于实现证券纠纷的多元化解决。由于前置条件的存在,当事人综合考虑可能更愿意通过行业调解来维护自己的权益,这也可以在一定程度上避免证券虚假陈述案件的诉讼量剧增。

第三,证据与证明性质的前置条件是《民事诉讼法》的要求。根据《民事诉讼法》

第119条有关当事人起诉必须要有“事实、理由”的规定,该事实、理由至少要有表面证据证明,而不能将该“事实、理由”解释为连表面证据的证明都不需要的、原告单纯的主观认识,否则《民事诉讼法》将起诉与立案程序作为一项程序就完全失去其意义。虽然我国实行了立案登记制,但是最高人民法院《关于人民法院登记立案若干问题的规定》第2条明确规定,只有符合法律规定的起诉、自诉,人民法院才应当当场予以登记立案,不符合法律规定的起诉、自诉,人民法院应当予以释明。其第4条第1款第3项亦规定民事起诉状应当记明“诉讼请求和所根据的事实与理由”。就法律解释而言,《民事诉讼法》第119条和最高人民法院《关于人民法院登记立案若干问题的规定》第4条所规定的“事由与理由”都应当解释为需要有表面证据的证明,而取消证券虚假陈述民事诉讼的前置条件之后,基于立案登记制,将可能让法院甚至无法对作为案件起诉条件之一的“事实与理由”进行形式审查,这也是不符合立案登记制要求的。

第四,保留前置条件有助于减轻投资者的证明负担,提高法院案件审理效率。根据《虚假陈述民事赔偿规定》第6条、第18条、第19条的规定,只要投资者有表面证据证明行为人实施了证券虚假陈述行为,且投资者在相关期间内所投资的是与虚假陈述直接关联的证券,那么除非被告有相反证据证明,就推定虚假陈述与损失之间具有因果关系。从这些规定可以看出,如果取消了具有证据与证明作用的前置条件,就会出现如下不利后果:(1)投资者的证据收集负担明显加重。在前置条件被取消后,被告的行为是否构成证券虚假陈述将成为诉讼最核心的争议焦点,因为原告必须要寻找各种能够证明被告实施了虚假陈述的各个证据,且这些证据是否具有足够的证明力原告也有权衡的负担,这反而会增加投资者的证明负担。(2)当事人质证和法院的认证负担将明显加重。如果不取消前置条件,当事人与法院不需要对表面证据进行非常详细的质证和认定,由于《虚假陈述民事赔偿规定》规定的是推定因果关系,因此投资者几乎只需对证据的真实性进行质证和认定即可,这可以大大减轻投资者的质证负担和法院的认定负担,进而提高案件审理效率。(3)法官将承受更大的对虚假陈述重大性的判断负担。根据《虚假陈述民事赔偿规定》的规定,只有实施了重大虚假陈述行为的被告,才需要承担民事赔偿责任。如果取消了前置条件,虚假陈述行为的重大与否将成为此类民事诉讼的另一核心焦点问题,若保留前置条件,则人民法院根据相关国家机关和社会团体(自律组织)的决定以及被告的自认即可认定虚假陈述行为重大与否,其判断负担就要轻很多。

(二)前置条件应缓和

《虚假陈述民事赔偿规定》所规定的前置条件,太过狭窄且对投资者进行了不合理的限制,削弱了对市场违法主体的民事责任震慑作用,在当前不断强化投资者保护力度、严格监管执法的大环境下,立足前置条件的证据与证明的本质,适当放宽前置条件是必要的,也是大势所趋。

第一,前置条件在性质上属于证据与证明问题,可以适当放宽。根据《虚假陈述民事赔偿规定》第6条的规定,作为前置条件的"行政处罚决定或者公告,或者人民法院的刑事裁判文书",与自然人、法人或者其他组织的身份证明文件以及进行交易的凭证等投资损失证据材料,都只是证据,参与该司法解释起草的法官也确认了这一点。[①] 既然《虚假陈述民事赔偿规定》所规定的前置条件在本质上只是证据,那么原则上所有能够证明行为人实施了证券虚假陈述行为的表面证据,都可以作为投资人提起虚假陈述民事赔偿诉讼的前置条件。但是,有必要对前置条件所包含的表面证据的范围进行适当限制,并对证据的专业性作一定要求,因为如果不做适当限制和要求,那么就与前置条件废除论没有什么区别了。而基于本文前述结论,我国现阶段还不宜废除前置条件,而适当放宽前置条件则应当是可以允许的。

第二,放宽前置条件,既可以避免《虚假陈述民事赔偿规定》所规定的前置条件所具有的、广受批评的弊端,也可以继续发挥前置条件所具有的优势。《虚假陈述民事赔偿规定》所规定的前置条件,带来了对当事人诉权的过度限制、行政人员怠惰等导致投资者维权周期拉长、责任人承担行政上的或刑事上的财产责任影响其对民事责任的承担等"溢出"弊端。而按本文的见解,大大放宽前置条件的范围之后,却可以有效去除以下弊端:首先,投资者对虚假陈述行为人民事责任的追究并不以行为人被追究了行政责任、刑事责任为前提。其次,虽然本文的主张对投资者的诉权也有所限制,但这种限制已经较《虚假陈述民事赔偿规定》的规定缓和了许多,尤其是考虑到本文所主张的五类证据,几乎已经涵盖了全部或者至少涵盖了绝大多数情形下人们能够证明行为人实施了虚假陈述行为的表面证据,如此其对当事人诉权的限制就更轻微了。再次,由于本文所主张的前置条件范围较广,可以有效避免行政怠惰所带来的问题。因为行政处罚不再是阻碍民事诉讼的"拦路虎",行政人员的怠惰问题不会如之前一般影响投资者利益保护。最后,此举还有利于行政监管机关自身的廉洁。上

---

① 《解读最高人民法院司法解释·指导案例》(商事卷),人民法院出版社2011年版,第474页。

市公司通过不当影响或运作使行政部门不作出或者拖延作出虚假陈述的行政处罚决定，进而避免被提起民事诉讼的路径被堵上。

第三，本文所主张将五种书面形式的表面证据，作为证券虚假陈述民事诉讼前置条件，具有合法性与正当性。其一，其符合《民事诉讼法》的规定。《民事诉讼法》第119条和最高人民法院《关于人民法院登记立案若干问题的规定》第4条所规定的"事由与理由"都要求原告必须就其诉讼请求提出表面证据，而本文所主张的五种形式的书面证据正好符合此规定。其二，其契合《虚假陈述民事赔偿规定》设置前置条件的立法目的。根据《虚假陈述民事赔偿规定》主要起草人的介绍，设置前置条件的主要考虑是中国证监会及其派出机构是专业机构而证券市场是专业性较强的市场，相对于人民法院而言，这些专业机构对于虚假陈述的判断更为专业。而本文所主张的五类前置条件，第一类、第二类是已经被判定为虚假陈述的证据，第五类证据是被告的自认，这三类证据作为前置条件显属正当，形成第三类证据的证券业协会和形成第四类证据的证券交易所，均是从事证券市场工作的专业机构，它们形成的证据并不比中国证监会逊色。

第四，证券交易所具有监督和调查信息披露义务人披露信息的职责，这使其形成的有关虚假陈述的纪律处分具有较强的证明力。如《上市公司信息披露管理办法》第9条第2款即规定："证券交易所应当对上市公司及其他信息披露义务人披露信息进行监督，督促其依法及时、准确地披露信息，对证券及其衍生品种交易实行实时监控……"同时，《中国证监会委托上海、深圳证券交易所实施案件调查试点工作规定》第2条和第3条亦规定："中国证监会及其派出机构负责证券期货市场违法案件的调查工作，中国证监会依法委托上海、深圳证券交易所（以下简称交易所）实施部分案件的调查取证。""中国证监会委托交易所对部分涉嫌欺诈发行、内幕交易、操纵市场、虚假陈述等违法行为，实施调查取证；采用一事一委托的方式，委托交易所对涉嫌重大、新型、跨市场等特定违法行为，实施调查取证。"在实践中，上市公司虚假陈述案件的部分调查取证工作，其实是由证券交易所进行的，这也是中国证监会权力下沉改革的方向。原因其实很简单，中国证监会作为一个系统的证券市场管理机构，很难在具体案件中参与每一起案件的调查，其执法力量在面对3000余家上市公司时显得较为薄弱，而证券交易所作为上市公司证券运营的直接平台和管理方，相较于中国证监会有更大的主动性和可行性。总之，证券交易所在虚假陈述案件中的调查取证的专业性和技术性是有保障的，中国证监会以及社会对证券交易所在虚假陈述案件中的调查取证的技术性和专业性也是认可的，其所形成的纪律处分是完全可以作为证券虚假陈述民事诉讼前置条件的。

第五,证券业协会是依法设立的证券业自律性、非营利性社会团体法人,根据其章程的规定,证券业协会具有"监督、检查会员行为,对违反法律、行政法规或者协会章程的,按照规定给予纪律处分"的职责,而且根据《中国证券业协会自律管理措施和纪律处分实施办法》《中国证券业协会自律监察案件办理规则》的规定,其形成较为完备的案件处理程序,这使其形成的有关虚假陈述的自律管理措施和纪律处分具有较强的证明力。

第六,加大投资者保护力度需要扩大前置条件的范围。在证券虚假陈述纠纷的解决过程中,由于上市公司在经济实力、法律资源和信息掌控等方面较投资者具有很大的优势,且民事诉讼费时耗力导致投资者权益很难得到充分的保护,扩大而非废除前置条件,不仅可以防止前述废除前置条件的弊端,而且可以较为充分地保护投资者合法权益,同时还可以大幅度增强证券虚假陈述纠纷调解的有效性,进而减轻人民法院在此类案件上的司法负担。

四、结　　论

笔者认为,尽管不能说证券虚假陈述民事诉讼前置条件已经被取消了,但是该前置条件一直在缓和之中,并且可以预见的是,在将来条件更成熟的时候该前置条件一定会被取消。当下正是前置条件将取消而未取消的过渡时期,应当立足于前置条件的证据本质,将前置条件的范围进一步放宽,所有已经生效的、能够初步证明行为人实施证券虚假陈述行为的、相关国家机关或者社会团体或者虚假陈述行为人作出的、书面形式的表面证据(prima facie evidence)都应当被纳入前置条件之中,其主要包括五种书面证据:其一,有关行政机关所作出的行政处罚决定、责令限期改正的通知、处理意见、检查公告等;其二,人民法院的刑事裁判文书;其三,证券业协会作出的自律管理措施和纪律处分;其四,证券交易所作出的纪律处分;其五,虚假陈述行为人自认的书面证据。上述五类证据,实质上是在多方平衡的考量之下的最优结果,其不仅几乎涵盖了全部或者至少涵盖了绝大多数情形下人们能够证明行为人实施了虚假陈述行为的表面证据,同时还符合《民事诉讼法》对于起诉基本事实的要求,而且还满足了证券市场证据的专业性和技术性要求,最大限度地达到了保障投资者的诉权、证券市场稳定、证据专业性以及《民事诉讼法》的兼顾。

域外译丛

INVESTOR

德国《投资者示范诉讼法》[1]译文

上海市第一中级人民法院课题组*

第一条　适用范围

1. 本法适用于民事争议，当此争议中系下列请求权被主张：

（1）由于公开资本市场信息披露的错误、误导性或者不作为产生的损害赔偿请求权；

（2）由于利用错误、误导性公开资本市场信息，或由于信息披露的不作为所致公开资本市场信息错误、误导性而产生的损害赔偿请求权；或者

（3）依据《证券收购与兼并法》中一项要约所产生的合同履行请求权，包括《交易所法》第三十九条第三款第三句和第四句所产生的请求权。

2. 公开资本市场信息系指与证券发行人或其他投资资产提供者相关、针对为数众多的投资者的关于事实、情况、标志性数字与其他经营者数据的信息。这尤其是指信息存在于：

（1）《证券公开法》中的招股说明书和《证券交易法》中的信息表；

（2）《招股说明法》《资产投资法》、至 2013 年 7 月 21 日有效的《投资法》版本以及资本投资法中的招股说明书、资本投资信息表和关键投资者信息；

（3）在欧盟 Verordnung（EU）Nr. 596/2014 所述意义上关于内部人信息之告知；

（4）依据《股份法》第四百条第一款第一项在股东大会上关于公司各种关系包括它们与关联企业联系的陈述、概况、讲话与问询；

（5）年度决算、管理报告、康采恩决算、康采恩管理报告以及发行人之半年财政报

---

① 也译为关于资本市场法律争议的示范诉讼法、投资者示范诉讼法。

* 上海市第一中级人民法院承接的投服中心课题“证券支持诉讼示范判决机制”，课题组组长汤黎明，课题组成员为单素华、郑天衣、胡震远、黄佩蕾。

告;以及

(6)依据《证券收购与兼并法》第十一条第一款第一句的要约说明。

第二条　示范诉讼的申请

1. 在初审诉讼中请求权赖以建立或与请求权具特别关联性之前提条件存在与否的确定,或者法律问题的解释,当法律争议的决断取决于此时,均得提出请求(确证之目的)。示范诉讼申请可由原告与被告提出。

2. 示范诉讼的申请是通过向初审法院说明确证目的与公开资本市场信息而提出的。

3. 示范诉讼申请中应指明事实与证据。申请提出人必须阐明,对其他处于相同境况之法律争端来说,关于示范诉讼申请之决定具有超出单一法律争议的意义。

4. 申请相对人得对此提出看法。

第三条　示范诉讼申请的准许

1. 当有以下情形时,初审法院以不可撤销裁定的方式驳回示范诉讼申请:

(1)潜在争议的决定与提出确证目的无关;

(2)所标明的证据不合适;

(3)示范诉讼申请对于其他争议的意义没有被说明;

(4)这项示范诉讼申请是出于拖延诉讼程序而提出的。

2. 初审法院以不可撤销裁定的方式将获得准许之示范诉讼申请依照投资者示范诉讼法在联邦电子公告上公告。公告仅包括以下内容:

(1)被告及其法定代表人的完整说明;

(2)示范诉讼申请所涉及的证券发行人或其他资产提供者的说明;

(3)初审法院的说明;

(4)初审法院案号;

(5)示范诉讼申请确证之目的;

(6)事实的简要说明;以及

(7)初审法院收到示范诉讼申请的时间以及公告的时间;

(8)初审法院应在收到申请后6个月内将被准许的示范诉讼申请公告,公告的延迟应以通过不可撤销的裁定说明理由。

3. 当示范诉讼程序符合本法第六条第一款第一项所规定情形时,初审法院可不予公告示范诉讼申请。

第四条　诉讼登记;法规授权

1. 多个示范诉讼申请,其确证目的涉及同一事实(同一指向示范诉讼申请),将依公告顺序为诉讼登记所包括。

2. 初审法院对于由其在诉讼登记中公告的数据承担数据保护的法律责任,尤其是对于其调查统计的合法性,公开的许可与数据的正确性。

3. 诉讼登记的查阅对每个人均为免费。

4. 诉讼登记所保存的数据应在示范诉讼程序具有法律效力的终结之后,或者依据本法第六条第五款所规定在示范诉讼申请被驳回后予以销毁。

5. 联邦司法部出于消费者保护而获得授权,可通过行政法规细化诉讼登记之内容与结构,尤其是关于登记、更改、销毁、查阅权、数据安全与数据保护之内容。在此,销毁期限将被预先规定,上述法规应确保公告:

(1)保持完好性、完整性与应时性;

(2)任何时候均能依其来源被有序编排。

第五条　程序的中断

示范诉讼申请的公告将导致诉讼程序的中断。

第六条　地区高等法院移送;法规授权

1. 在示范诉讼申请首次公示六个月内有至少九个新的同一指向的示范诉讼申请被公告的,应通过移送裁定的方式向上一层级的地区高等法院提交依其确证目的为同一指向的多个示范诉讼申请。移送裁定不可撤销且地区高等法院受其约束。

2. 移送裁定由首个公告示范诉讼申请的初审法院作出。

3. 移送裁定包括:

(1)确证目的;

(2)多个示范诉讼申请所依据同一事实的简要说明。

4. 初审法院应公告移送裁定内容。

5. 若当时一示范诉讼申请在公告之后六个月之内,没有其他新的同一指向的示范诉讼申请被公告,初审法院裁定驳回该申请并继续诉讼程序。该裁定不可撤销。

6. 若在一州之内存在多个地区高等法院,州政府可通过法规的方式指定地区高等法院其中之一或州最高法院管辖。州政府可通过法规的方式授权州司法行政部门进行该指定。通过州之间协议可由一个州高等法院管辖若干州某一地区或全部地区。

第七条　移送裁定的阻却效力

随着移送裁定的作出,对于依据本法第八条中止的诉讼程序而言,进一步的示范诉讼程序的导入,不获准许。

第八条　中止

1. 在移送裁定公告之后,若争议的裁决依赖于示范诉讼确证目的的,初审法院将所有已经系属或直至示范决定时作出仍系属的诉讼程序中止。该中止与诉讼程序中是否提出示范诉讼申请无关。当事人得要求听证,除非他们声明放弃。

2. 原告可在中止裁定送达之日起一个月内无须被告同意而撤回起诉,即使主要事实已进入言辞辩论。

3. 初审法院通过中止裁定告知原告:

(1)按比例分担的示范诉讼费用属于诉讼费用;

(2)若原告在中止裁定送达之日起一个月内撤回起诉的,前项规定不予适用。

4. 初审法院必须毫不迟延地向开展示范诉讼程序的地区高等法院告知中止事项,并附以说明与示范诉讼确证目的相关的请求权金额。

第九条　示范诉讼的参加人

1. 示范诉讼的参加人是:

(1)示范诉讼的原告;

(2)示范诉讼的被告;

(3)诉讼参加人。

2. 地区高等法院以公平裁量的方法通过裁定的方式在其诉讼程序依本法第八条第一款中止的原告中择定示范诉讼原告。须考虑:

(1)各原告的资格,示范诉讼程序适当考虑诉讼参加人的利益;

(2)各原告对择定示范诉讼原告达成一致;以及

(3)与示范诉讼确证目的相关的请求权金额。

裁定不可撤销。

3. 未被择定为示范诉讼原告的原告方,是示范诉讼的诉讼参加人。

4. 若示范诉讼原告不适宜开展示范诉讼程序,地区高等法院可依诉讼参加人的申请废除示范诉讼原告并依第二款的标准另行选定新的示范诉讼原告。

5. 示范诉讼被告是诉讼程序被中止的所有被告。

第十条　示范诉讼的公告;请求权的登记

1. 选定示范诉讼原告后,地区高等法院应予公告:

(1)示范诉讼原告及其代理人;

(2)示范诉讼的被告及其代理人;以及

(3)地区高等法院的案号。

2. 依第一款所作的公告六个月内,可将请求权以书面方式在地区高等法院进行示范诉讼登记。已就同一请求权提起诉讼的,该登记不被准许。登记人必须委托律师代理。登记的形式、期限以及效力应在第一款所规定的公告中予以说明。

3. 请求权的登记必须包括:

(1)登记人及其代理人;

(2)示范诉讼的案号及申请登记的请求权说明;

(3)请求权所指向的示范诉讼被告;以及

(4)申请登记的请求权理由及金额。

4. 登记应送达所涉及的示范诉讼被告。

第十一条　一般诉讼规则;法规授权

1. 若无特别规定,民事诉讼规则第一审诉讼程序中于州法院适用的部分适用于示范诉讼程序。《民事诉讼规则》第二百七十八条第二款至第五款、第三百零六条、第三百四十八条至第三百五十条、第三百七十九条不适用。裁定中无须标示所有诉讼参加人。

2. 对诉讼参加人预约日期邀请和阶段性决定的送达可通过公开公告替代。公开公告经诉讼登记生效。在公开公告与预约日期之间必须至少间隔四个星期。

3. 联邦政府与州政府可在其主管区域内通过行政法规确定:

(1)示范诉讼使用电子卷宗的时间点;

(2)电子卷宗的构成、运作与保管。

州政府可通过行政法规的方式将这一权力授权州司法行政机构。

4. 联邦政府与州政府可在其主管区域内通过行政法规确定:

(1)在示范诉讼程序中的文书可以电子方式提交法院;

(2)送达回证可以电子方式回函;

(3)诉讼当事人须确保其可以接收经法院寄送的电子材料;

(4)诉讼材料可被处理的合适方式。

州政府可通过行政法规的方式将这一权力授权州司法行政机构。

第十二条　预约准备;诉讼文书

1. 出于预约准备之目的,可由审判委员会主席或一个由其确定的委员会成员将示范诉讼原告的诉讼文书交给诉讼参加人,尤其需要为有解释必要性争点的解答设定一个期限。

2. 诉讼参加人的诉讼文书以及地区高等法院的阶段性文书将在只有参加人可进入的电子信息系统中发布。在该电子信息系统中所存储的数据将在所有被中止的诉讼程序经具有法律效力的终结或特别终止之后立即予以销毁。

第十三条　撤回的效力;程序的终结

1. 示范诉讼原告在示范诉讼程序中于平行案件上撤回其起诉,或者进入破产程序的,地区高等法院可依本法第九条第二款的规定择定新的示范诉讼原告。

2. 上款规定同样适用,当示范诉讼原告诉讼代理人依下列原因之一申请中止示范诉讼程序的:

(1)示范诉讼原告死亡;

(2)示范诉讼原告不具有诉讼能力;

(3)示范诉讼原告法定代表人缺位;

(4)遗产管理机构被指定;或

(5)遗产继承人加入。

3. 诉讼参加人撤回起诉对示范诉讼程序的继续不产生影响。

4. 示范诉讼程序申请的撤回对示范诉讼原告的地位和示范诉讼程序的继续不产生影响。

5. 若示范诉讼原告、示范诉讼被告及诉讼参加人欲协商一致终止示范诉讼程序的,示范决定不会被作出。地区高等法院通过裁定终止示范诉讼程序。该裁定不可上诉且应当被公告。本法第十一条第二款第二句适用之。

第十四条　诉讼参加人的法律地位

诉讼参加人必须确认,示范诉讼程序在其加入诉讼期间存在;他获授权,可使诉讼攻防手段生效,可有效履行所有诉讼行为,只要他的陈述与行为没有与主要当事方(示范诉讼原告或示范诉讼被告)陈述与行为产生冲突。

第十五条　示范诉讼程序的扩张

1. 依本法第六条第四款的移送裁定公告后,地区高等法院依示范诉讼参加人的

申请以裁定的方式扩张于其他争点的确证,只要

(1)示范决定所涉争议依赖于该争点的确证;

(2)移送裁定所依据的事实与该争点所涉事实为同一事实;

(3)地区高等法院认为扩张有利于查明有关情况的。

提交于地区高等法院的申请应说明确证目的以及公开资本市场信息。

2. 地区高等法院应将示范诉讼程序的扩张予以公告。

第十六条　示范决定

1. 地区高等法院基于口头协商以裁定方式公布示范决定。诉讼参加人不必在示范决定的标题部分标示。示范决定应送达诉讼参加人及登记人。送达可通过公告替代。本法第十一条第二款第二句适用之。

2. 由初审法院对示范诉讼费用进行分摊。

第十七条　和解申请

1. 示范诉讼原告及被告可通过提交书面和解申请以终止示范诉讼程序及平行案件或者以文书声明接受法庭提出的书面和解建议的方式,达成有法律效力的和解。诉讼参加人必须有机会发表意见。和解协议需要法庭依据本法第十八条予以确认。当依据本法第十九条第二款声明退出的诉讼参加人低于百分之三十的,和解经确认即生效。

2. 和解申请应包含下列条款:

(1)当事人所协商义务的分担;

(2)由当事人提交的其有资格履行义务的证明;

(3)义务履行的期限;以及

(4)当事人对示范诉讼程序费用的分担。

第十八条　和解的确认

1. 法庭通过不可撤销之裁定的方式确认和解协议。

2. 和解协议经确认后不得撤回。

第十九条　和解的公告;退出

1. 经确认的和解协议应送达诉讼参加人。

2. 诉讼参加人可在和解协议送达之日起一个月内声明退出和解。和解的退出应以书面形式向法庭声明;他可以向书记员声明。

3. 诉讼参加人应就和解的声明退出,应遵守的形式与期限以及和解的法律效果

得到辅导。

第二十条　上诉

1. 上诉针对示范决定产生。此事项在德国《民事诉讼法》第五百七十四条第二款第一项含义基础上始终具有原则性意义。上诉不能基于如下事由,即初审法院根据本法第六条第一款和第二款错误地收回示范诉讼决定书。上诉权利人为全体当事人。

2. 上诉法院应将上诉事宜通知示范诉讼程序其他的当事人及登记人,只要该上诉是在所获允许限度内并以法定形式在法定期限内提出。通知应当被送达。送达可由公告替代;第十一条第二款第二句适用之。

3. 其他当事人可在依据第二款发出的通知送达之日起一个月内参加上诉。参加的书面申明依据第二款发出的通知送达之日起一个月期限内提交;《民事诉讼法》第五百五十一条第二款第五句和第六句适用之。

4. 当事人拒绝参加或者没有在第三款所规定的期限内申明,则上诉法院对示范诉讼程序的审理继续且不再考虑该当事人。对于参加上诉程序的当事人,本法第十四条适用之。

5. 关于上诉的裁定应送达当事人及登记人。送达可以公告替代。本法第十一条第二款第二句适用之。

第二十一条　示范诉讼的上诉人

1. 示范诉讼的原告提出上诉的,则其作为上诉审程序中的示范上诉人(Musterrechtsbeschwerdeführer)继续推进示范诉讼程序。上诉审法院依照公平裁量以裁定的方式在示范诉讼被告中择定示范被上诉人。《民事诉讼法》第五百七十四条第四款第一句适用于其他示范诉讼被告。

2. 示范诉讼原告未提出上诉,而由一个或若干个诉讼参加人就示范决定提出上诉的,则上诉审法院将其中首个提出此法律救济手段的诉讼参加人确定为示范上诉人。

3. 一个或若干个示范诉讼被告针对示范决定提出上诉的,上诉审法院将其中首个提出此法律救济手段的示范诉讼被告确定为示范上诉人。示范被上诉人为示范诉讼原告。《民事诉讼法》第五百七十四条第四款第一句适用于诉讼参加人。

4. 示范上诉人撤回上诉的,上诉审法院依据第十三条第一款的规定在参加上诉审程序的该方当事人中确定新的示范上诉人,除非其同样放弃上诉的权利。

第二十二条　示范决定的效力

1. 对于所有按照第八条第一款而中止的程序,示范决定对程序法院都有约束力。在不违反第三条的前提下,示范决定对所有参与者发生效力,无论该决定对他们是有利还是不利,也无论示范诉讼程序中已经确认的事实是否是他们自己表述认可的。即使原告或者后来参与进来的参与者在平行案件程序中,按照第二十四条第二款指定的期限撤回起诉,也不影响本款前两句的适用。

2. 在示范诉讼中,裁定对于事实的确定具有法律上的既定力。

3. 在示范诉讼程序结束后,如果诉讼参加人在自己的程序中提出异议,主张示范诉讼原告在示范诉讼程序中未合适地行使权利,进而对被告提出诉求,那么这种异议仅在以下两种情况下应当被听取:

(1)由于诉讼被中止,或者由于示范诉讼原告的陈述或行为,导致这些诉讼参加人无法有效行使攻击或抗辩权利的;或者

(2)这些参加人所不知道的攻击或抗辩事由,因示范诉讼原告故意或重大过失而没有提出主张的。

4. 示范诉讼程序中的当事人一旦递交具有法律效力的示范决定,那么平行诉讼就会再次被启动。

5. 示范决定对于那些没有参加上诉的当事人也同样生效,无论对他们有利还是不利。

第二十三条　和解的效力

1. 地区高等法院以不可撤销的裁定的方式确认和解协议是否生效。该裁定应当公告。第十一条第二款第二句适用之。当确认和解协议是否生效的裁定被公告,该和解协议对所有当事人生效,无论该和解对他们是有利还是不利,只要他们没有声明退出。

2. 和解将使示范诉讼程序终结。

3. 只要原告不声明退出,则初审法院裁定终结依据第八条第一款所中止的程序并依公平裁量决定费用的负担,第十七条第二款第四项所规定的条款应当被考虑。反对该项裁定的,应立即提起上诉。对上诉作出决定之前,应听取相对方的意见。

4. 如果原告主张和解未得到履行,那么诉讼程序将依原告的申请而重启。从此时起,如果原告诉请变更为要求履行和解协议,那么该种诉请变更是被允许的。

第二十四条　平行诉讼中费用决定的对象

1. 在示范诉讼一审程序中对原告和诉讼参加人发生的费用,应作为每一个平行诉讼中第一审程序费用的一部分。

2. 在示范诉讼一审程序中对被告发生的费用,应按份额分摊到每一个平行诉讼的一审程序的费用中去,除非平行诉讼中的中止决定送达之日起一个月内原告撤回起诉。上述所称"份额"依比例确定,即各个原告按规定提出的诉请与所有按照第八条第一款中止的程序中对被告提出诉请总和之间的比例。上述所称"诉请",以符合示范诉讼中的确证目的为限。

3. 一项请求权在此将不予考虑其依照第二款在总额中分摊,当该案件在平行案件中止裁定送达之日起一个月内撤回起诉的。

4.《民事诉讼法》第九十六条适用之。

第二十五条　违反向地区高等法院移送的条件

初审法院对平行案件的判决基本上不可由于以下理由导致无效,即州高等法院对示范诉讼判决的作出无管辖权或示范诉讼程序移送的前提条件未达成。

第二十六条　上诉程序中费用的决定

1. 由示范诉讼原告或一个与其同处一方之诉讼参加人提出的不产生效果的上诉费用必须根据参与程度由示范上诉人与参与示范上诉程序的诉讼参与人共同承担。

2. 上诉审法院可在案件中自主决定,示范诉讼原告和所有与其同处一方之诉讼参加人依据其在第一审示范诉讼程序中参与程度必须承担一个由示范诉讼被告或与其同处一方诉讼参加人提出的富有成效的上诉费用。

3. 在部分胜诉与败诉之情况适用《民事诉讼法》第九十二条。

4. 若上诉审法院撤销地区高等法院的示范决定,并将案件发回重审,则于同一时间地区高等法院需伴随示范决定之发出根据公平原则决定关于上诉程序费用之承担。在此应以示范诉讼程序之终结为基础。德国《民事诉讼法》第九十九条第一款适用。

5. 只要示范诉讼原告和与其同处一方之诉讼参加人被责成承担上诉程序之费用,那么他们必须仅依据价值分别偿还由示范诉讼被告或与其同处一方诉讼参加人缴纳之法庭费用和示范诉讼被告或与其同处一方诉讼参加人支付的律师费用,其产生自他们在初审程序中有效提出并作为示范诉讼程序对象的请求权。

第二十七条　过渡期规定

2012 年 11 月 1 日前已经进入言辞辩论的案件,仍继续适用截至 2012 年 11 月 1

日有效的投资者示范诉讼法版本。

第二十八条　失效

本法于 2020 年 11 月 1 日失效。

图书在版编目(CIP)数据

投资者. 第3辑 / 郭文英,徐明主编. -- 北京 : 法律出版社, 2018
ISBN 978-7-5197-2649-2

Ⅰ. ①投… Ⅱ. ①郭… ②徐… Ⅲ. ①投资-研究-中国 ②投资-金融法-中国 Ⅳ. ①F832.48 ②D922.280.4

中国版本图书馆CIP数据核字(2018)第203067号

投资者(第3辑)
TOUZIZHE(DI 3 JI)

郭文英 徐 明 主编

策划编辑 陈 妮
责任编辑 陈 妮
装帧设计 李 瞻

出版 法律出版社
总发行 中国法律图书有限公司
经销 新华书店
印刷 固安华明印业有限公司
责任校对 李景美
责任印制 吕亚莉

编辑统筹 财经法治出版分社
开本 787毫米×1092毫米 1/16
印张 15
字数 260千
版本 2018年7月第1版
印次 2018年7月第1次印刷

法律出版社/北京市丰台区莲花池西里7号(100073)
网址/www.lawpress.com.cn
投稿邮箱/info@lawpress.com.cn
举报维权邮箱/jbwq@lawpress.com.cn
销售热线/010-63939792
咨询电话/010-63939796

中国法律图书有限公司/北京市丰台区莲花池西里7号(100073)
全国各地中法图分、子公司销售电话:
统一销售客服/400-660-6393
第一法律书店/010-63939781/9782
西安分公司/029-85330678
重庆分公司/023-67453036
上海分公司/021-62071639/1636
深圳分公司/0755-83072995

书号:ISBN 978-7-5197-2649-2
定价:80.00元
(如有缺页或倒装,中国法律图书有限公司负责退换)